エレーヌ・カレール＝ダンコース

エカテリーナ二世

十八世紀、近代ロシアの大成者

上

志賀亮一訳

藤原書店

大公グリゴリー・オルロフ（1734-83）、トレッリ筆

タヴリダ大公ポチョムキン（1739-91）、
ジャン＝バティスト・ランピ筆、1791年、サンクト＝ペテルブルク、
エルミタージュ美術館

皇帝ピョートル三世（1728-62）、
A＝P・アントロポフ筆、1762年

ニキータ＝イヴァノヴィチ・パーニン伯爵（1718-83）、
アレクサンダー・ロスリン（1718-93）筆、
モスクワ、プーシキン美術館

皇帝パーヴェル一世（1734-1801）、
S・シューキン筆、ヴォルフ刻

若き**エカテリーナ**の肖像、
L・カラヴァク筆

エカテリーナ、版画、
P・ロタリ筆の肖像より

エカテリーナ
E = S・ロコトフ（1735-1808）筆、1763 年

エカテリーナ、
A・ポポフ筆、1852 年

エカテリーナ、ツァルスコイエ・セローの庭園にて、ヤルコフ筆、1794 年
（シバノフ筆、1788 年の複製）

日本の読者へ

一七六二年にクーデターによって夫・ピョートル三世を帝位から追いはらい、女帝となったエカテリーナ二世は、三四年にわたってロシアを統治することになる。

かの女が権力の座に就いたとき、かの女に対しては以下のように予言されたものだった。すなわち、かの女の治世は短命で、かの女には困難のかずかずをのり超えることなどできまいし、人民に拒否されるだろうというのである。これは、なんとも愚かな予言だった。かの女の治世は、ピョートル大帝の治世とならんで、全ロシア史をつうじてもっとも栄光ある治世のひとつだった。またこの治世は、ひとつの運命と並はずれた資質とを物語っている。

ドイツの公女として一四歳でロシアにやってくると、エカテリーナは全面的にロシアに同化し、この国をヨーロッパの列強に仲間入りさせようと望んだ。当時ヨーロッパの大国の君主たちが、ロシアを除けものにし、ほとんど敬意を払っていなかったにもかかわらずにである。かの女はそれをなし遂げる。そしてロシアは、かの女の治世から一九一七年の革命まで、ヨーロッパの政治ゲームにおいて、きわめて重要な当事者とみなされていた。かの女は、領土を西でも——ポーランド——南でも——クリミアとカフカース——拡大し、それによってピョートル大帝未完の夢を成就させた。つまり、ヨーロッパに進出し、黒海沿岸に確たる地位を築いたのである。かの女はまた、ロシアを改革したが、それは、教育に依拠してのことだった。教育が、人々の心性を近代化する主要な手段だったからである。この女性政治家はまた、偉大な知識人でもあって、ロシアに対してフランスの哲学者と啓蒙精神への道を開いた。最後にかの女は、とくにフランス語の、卓越した著述家でもあった。

かの女の私生活はかなり波瀾万丈なもの——かの女には多くの愛人がいたが、かの女は、かれらのことなどほとんど歯牙にかけていなかった——であったため、多分に誇張された忌まわしい伝説を生みだした。銘記しておかなければならないが、かの女は、男性のごとく——かの女と同時代のルイ十五世のごとく——権力を行使していたから、自分にはルイ十五世と同様に快楽に身を委ねる権利があると考えていたのだった。けれどもかの女は、いかなる愛人とも、いかなる助言者とも、けっして権力を分かちあうことがなかったし、だれにも影響されることがなかった。

この女性は、貪欲にその情熱に身を委ねはしたが、なによりも、この世紀でもっとも偉大な「政治家」のひとりであり、君主たちの世界にあっては、もっとも教養ある精神の持ち主のひとりだった。ヴォルテールはかの女を高く評価していたが、それは間違ってはいなかったのである。

二〇〇四年五月

エレーヌ・カレール＝ダンコース

エカテリーナ二世　上　目次

第Ⅱ部　エカテリーナ二世の世界

〈エカテリーナ二世　下〉

エカテリーナ二世——十八世紀、近代ロシアの大成者　上

わが師にして同僚かつ友、ジャン＝バティスト・デュロゼルの思い出に

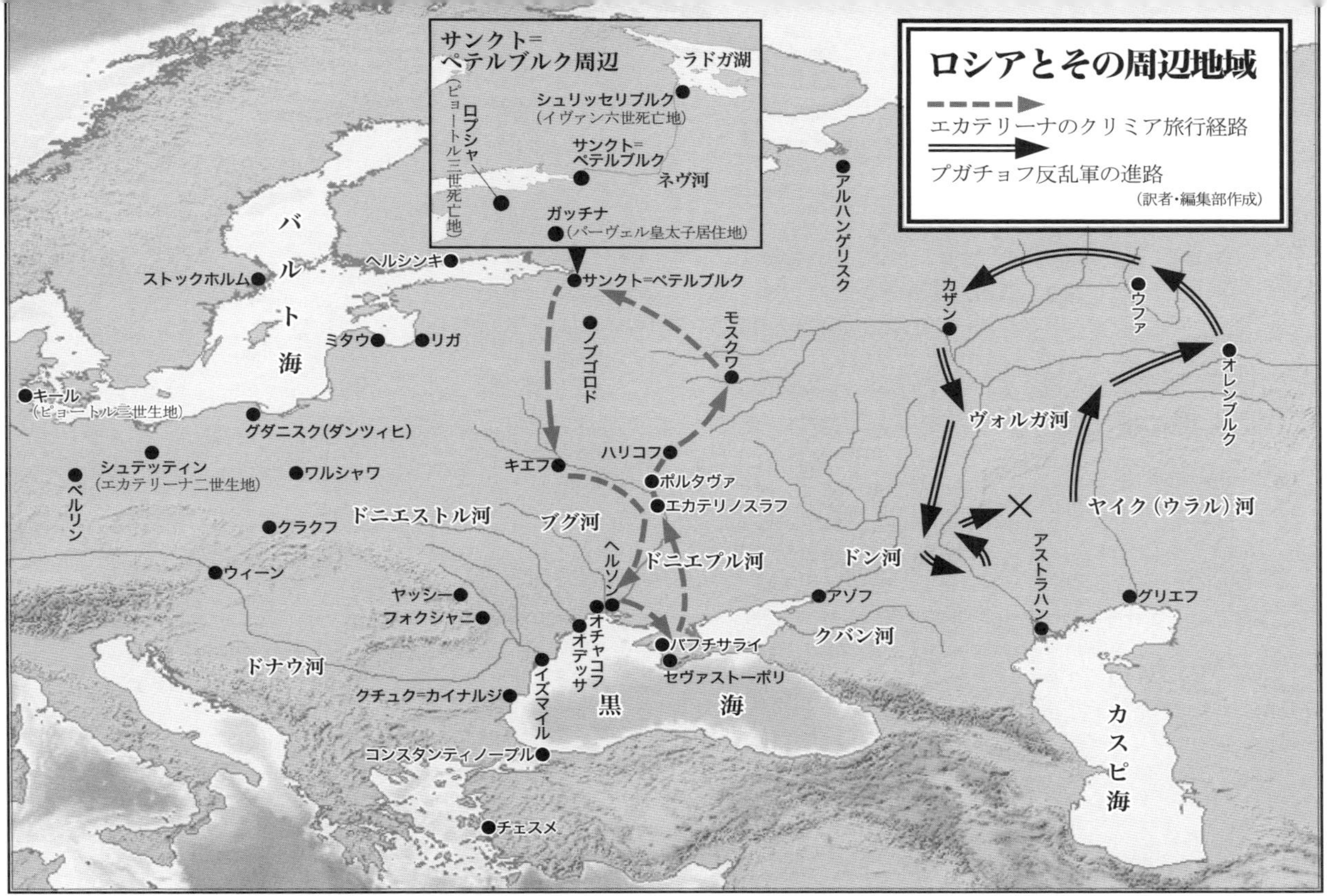

ロシアとその周辺地域
エカテリーナのクリミア旅行経路
プガチョフ反乱軍の進路
(訳者・編集部作成)
サンクト=ペテルブルク周辺
ラドガ湖
シュリッセリブルク
(イヴァン六世死亡地)
ロプシャ
(ピョートル三世死亡地)
サンクト=ペテルブルク
ネヴ河
ガッチナ
(パーヴェル皇太子居住地)
アルハンゲリスク
バルト海
ヘルシンキ
ストックホルム
サンクト=ペテルブルク
ノブゴロド
モスクワ
ミタウ
リガ
キール
(ピョートル三世生地)
グダニスク(ダンツィヒ)
シュテッティン
(エカテリーナ二世生地)
ベルリン
ワルシャワ
ハリコフ
キエフ
ポルタヴァ
エカテリノスラフ
ドニエストル河
ブグ河
クラクフ
ヘルソン
ドニエプル河
ウィーン
ヤッシー
フォクシャニ
オチャコフ
オデッサ
バフチサライ
セヴァストーポリ
ドナウ河
イズマイル
クチュク=カイナルジ
黒海
コンスタンティノープル
チェスメ
カザン
ウファ
オレンブルク
ヴォルガ河
ヤイク(ウラル)河
ドン河
アストラハン
アゾフ
クバン河
グリエフ
カスピ海

凡例

一　本書の翻訳には、Hélène Carrère d'Encausse, *Catherine II. Un âge d'or pour la Russie*, Paris, Fayard, 2003を用いた。

一　原書のイタリックによる強調は、傍点ないしルビで、大文字や“　”および《　》による強調、論文名、文書名、機関名（恒常的機関——たとえば、宗務院——は除く）などは、原則として「　」で、書名は『　』で示している。

一　本文欄外に※で示されている原著者註、および訳者註は、それぞれ※、＊でパラグラフのあとに記してある。

一　また、〔　〕による原著者註ないし補足は、そのまま〔　〕で、比較的短い訳者註はとくに表記することなく訳文中に織りこんでいる。ただし、訳者註で必要のある場合は、〔　〕で示してある。

一　地名、人名などの固有名詞は、原則として現地読みとしている。

一　右の地名をはじめ、ロシア史関係の専門用語は、原則として、『ロシア史１・２』（田中陽兒、倉持俊一、和田春樹編、山川出版社、一九九四—五年）に準拠している。ただし母音の長短は多くの場合無視し、また一部は、日本で使用頻度の高いものに変更している（例、エカテリーナ）。

序

一七六二年六月二七日*、ひとつのクーデターによって、そう、またしてもクーデターによって、ロシアの帝位に三三歳の若き女が就いた。エカテリーナである。だがこのできごとにも、上流社会は驚きはしなかった。というのも、一七二五年のピョートル大帝の死以来、皇帝《ツァーリ》たちの帝国は、これと似たようなできごとの連続だったからである。帝位に野心のあるものがこれに就くと、すでにその座にいたものを放逐する。もっとも、放逐されたものもまた、これよりさき同じようにして、その座に就いていたのだった。エカテリーナは、その夫にして正統なるツァーリ・ピョートル三世にとって替わったのだが、ピョートルはエリザヴェータ一世の後継者で、エリザヴェータもまた、二〇年後のエカテリーナとまったく同様に、一七四一年にクーデターによって女帝となったのだった。一七六二年のクーデターが一七四一年のクーデターの二番煎じだったとされるのは、ひとつには二度とも女性が帝位に就いたからであり、また、その方法が同じだったからである。つまり、近衛部隊が事件の推移を決定していたのである。とはいえ、両クーデターの類似点はここまでである。ピョートル大帝の娘であったエリザヴェータとはちがって、新しい女帝エカテリーナは、いかなる統治資格も有してはいなかった。かの女はロマノフ王朝とは無縁のものであり、さらにロシアに対してすら無縁のものだった。かの女の血統図がそれを立証している。ロシアの血は、一滴たりともかの女の血管に流れていない。かの女とこの国を繋ぐものは、唯一ピョートル三世、すなわち、かの女のせいで退位させられた前ツァーリだけだった。

＊　エカテリーナのクーデターは、六月二七日に陰謀加担者のひとりパセクが逮捕されたのに端を発しているが、かの女が実際に行動に出たのは、翌二八日の朝である。したがって、わが国では多くの場合、このクーデターの日付を六月二八日としている。

この君主の交代によってヨーロッパにもたらされた印象は、惨憺たるものだった。だがそれは、エカテリーナが女だったからではない。かの女に先だって、ほかにもなん人かの女帝が、一七二五年以来ロシアの帝位に就いていたからである。また、偉大なる女帝マリア＝テレジアが、一七四〇年以来ハプスブルク帝国に君臨していたからである。しかしながら、ヨーロッパ君主「クラブ」へのこの新参者は、これら君主たちからみて、帝位簒奪者でしかなかった。かの女が、近衛部隊の若い将校グループの企んだ陰謀によって、帝位に就いたからである。さらに悪いことには、その首謀者はかの女の愛人だったのだ！　一七六二年には、ヨーロッパじゅうで、だれひとりとしてエカテリーナを認めていなかったし、かの女の政治生命が長いなどと考えてもいなかった。

かててくわえて、この十八世紀の後半においては、ロシア自体が立派な評判をえていたわけではなかった。ヨーロッパの大君主たちはこのころ、ロシアは半分野蛮な国であり、かれらの多様な外交関係のなかでは副次的な役割しか振られていないとみなしていた。たしかにかれらは、ロシアを自分たちの統治する国と同等だなどとはみなしていなかったのである。なるほどピョートル大帝は、みずからの帝国を西欧化しようとする決意によって、またバルト諸国の征服によって、ヨーロッパに大きな印象を与えた。この征服によって、ロシアとロシア以外のヨーロッパ大陸とのあいだに突破口を開いたからである。そして、かれの娘エリザヴェータ一世は、オーストリア継承戦争（一七四〇—四八年）を有効に利用して、ロシアを、ヨーロッパ外交という一大ゲームにおいて無視できないカードにした。だが、エカテリーナ二世の相手方となる君主たち——もっとも強大なものたちだけを挙げるにとどめるが、フランスのルイ十五世、プロイセンのフリードリヒ二世、オーストリアのマリア＝テレジア——には、依然として根強い考え方があった。すなわち、ピョートル大帝やエリザヴェータのヨーロッパへの「闖入」にもかかわらず、ロシアは、かれら自身の国と同等の地位や順位を主張することなどできまいというのである。そして、新しい女帝がペテルブルクの帝位に就きはしたものの、その際の諸条件がこれら君主たちの主張をさらに強固なものにした。かれらは、ロシアをそれまでの地位にとどめておくことなど、自分たちにとって容易なことだと確信していたのである。つまり、ヨーロッパにおける下級の地位にである。

だから、エカテリーナ二世の政治的未来は、幸先のいいものではなかった。またロシア国内においても、状況がこれよりましだったというわけではない。ロシアの人々は、クーデターに慣れっこになっていたので、一七六二年のそれには反対しなかったが、かれらは過去の経験から、ある確信をひき出していた。すなわち、新しい女帝の統治は、かの女の寵臣たちの統治であり、したがって、かの女に影響を及ぼすことのできる男たちの統治だというのである。国家の頂点においてさえ、つまりエリートたちにおいてさえ、こうした感情が共有されていた。政治的経験も現実的な正統性ももたずに、若い女がどうして一国の政府の長などになれようかというのだ。寵臣自身も例外ではない。かれが陰謀の中心となって、エカテリーナ二世を帝位に就けたからである。この寵臣の名は、グリゴリー・オルロフといった。

したがって一七六二年六月には、あらゆることからして統治の行く末を予見することができた。すなわち、権力なき女帝、強力なる寵臣たちの果てしない抗争、そして最後は新たなるクーデターというわけである。

ヨーロッパじゅうでも、またロシア国内でも、このように予見されていたが、そうした事態は起こらなかった。エカテリーナ二世は三四年間統治し、その死だけが統治に終止符を打った。たしかに、かの女の統治は平穏とはほど遠いものであり、たび重なる疫病、かず多くの蜂起、一度の大反乱、連続する戦争……などなどがあった。このような総決算からみて、かの女の統治の終わりには、荒廃して膝を屈した国が後継者に託されたと思われるかもしれない。ところが、その遺産はまったく違ったものだった。ひとつの貴重な指標から、そのことを苦もなく知ることができる。すなわち、ロシア帝国の人口である。一七六二年には、ロシアの住民は三〇〇〇万に満たなかった。ところが一七九六年〔エカテリーナの死の年〕には、四四〇〇万になっている。この人口の増加は当時としては注目すべきものだったが、おそらくそこには、エカテリーナの七度の征服によってロシア帝国に編入された七〇〇万人が含まれている。(1) それでもこの増加は、なによりも、もっと幅広い進歩のかずかずを象徴するものなのだ。

人口が増加するだけでなく、国土空間も西と南に拡大するが、エカテリーナ二世の治世は、ピョートル大帝の治世と同様に、国際政治でのめざましい成功を特徴としている。いく人かの君主たち――ルイ十五世とマリア゠テレジア――は、ヨーロッパ大陸という政治の舞台でロシアに現実的な地位を認めることを、だれよりもためらっていた。だが、右の成功の結果として、かの女の治世の半ば以降、これらの君主も、ロシアにふさわしい地位を認める決断をしなければならなくなる。そして二人の後継者――ルイ十六世とヨーゼフ二世――も、こうしたロシアの新しい地位を、その政治的目論みと計算のなかに組みいれることになる。

エカテリーナ二世の国際的な成功はただちに、ひとつの考察を想い起こさせる。そしてその考察は、十九世紀ロシアの大歴史家クリュチェフスキーの、なん度もくり返された指摘と結びついている。クリュチェフスキーにいわせれば、ロシアは、「国家の対外政策と人民の国内での進歩とのあいだで、両者の不正常な関係に苦しんでいた(2)」のだ。別な言い方をすれば、ロシアは、力を背景とした対外政策の手段をもっていなかったのだ。ピョートル大帝は、正面から、その近代化計画と対外行動をおし進めた。そしてこの対外行動は、ロシアに不凍海域への出口を保障するためのものだった。かれは、バルト海においては成功し、地中海では失敗した。かれのあとを受けてエカテリーナ二世は、同様の対外目標を定め、先行した大帝が失敗した場所においても成功をおさめた。だがかの女には、ピョートル大帝と同じく、その対外活動に本物の国内計画を結びつけることができたのだろうか？　要するに、かの女は、さまざまな計画を国内外で進めようとしていたが、それら計画に関する明晰なヴィジョンをもっていたのだろうか？　そして、その代償はなんだったのだろうか？　かの女自身の正統性には、異論の余地があった。また、大帝の死に続く帝位継承上の争いにもかかわらず、大帝が、かの女の模範だった。だから、おそらく、エカテリーナ二世がみずからひき継ごうとしたのは、大帝の業績であり、大帝の野心だった。大帝の二つの目標——西欧化と国力——もまた、かの女の目標であった。ただし、かの女にとって、後者の国力のほうは、国家利益という形態をとっていた。このようにかの女は、大帝との連続性をひき受けようとしていたから、おそらくそれが、かの女の称号の起源となったのだ。すなわち、オーストリアの軍人リーニュ公は、外交使節としてロシアにいたことがあるが、かの女に「エカテリーナ大帝」という称号を奉っている。

　けれども、このような連続性が認められるからといって、いくつかの疑問点が排除されるわけではない。たとえば、十八世紀ロシアの二大君主が追求していたのは、はたして同一の意図だったのだろうか？　ピョートル大帝に関していえば、あのソルジェニツィンも、現代アメリカのロシア史家リチャード・パイプスも、そしてある点まではクリュチェフスキーですら指摘しているように、近代化の夢はもっぱら、力を、つまり軍事力と国力を獲得するためのものだった。それはまた、エカテリーナ二世の視点でもあったのだろうか？　あるいは、かの女の業績を区別して、諸制度や人々の精神をヨーロッパ化しようとする意思は、たんに、ロシアの対外的な力を確固たるものにする手段だったとみなすことができるのだろうか？　ピョートル大帝が推進したヨーロッパ化は、「仮借なき強制という鞭のもとで」強行されたと、クリュチェフスキーは書いている。この歴史家はまた、「ピョートルの改革は、専制君主とその人民のあいだの果てしない闘争を特徴としていた」とつけ加えている。それはまた本当のところ、エカテリーナ二世の手法でもあったのだろうか？　かの女の治世に対しては、啓蒙哲学者たちが最高度に買いかぶった形容詞を送ると同時に、歴史家たちはこれと正反対の判定を下している。こうした対立は、複雑な性格と波乱に富んだ生涯とにだけでなく、啓蒙哲学者と歴史家がそれぞれ評価しようとしている業績の違いによるものではないのか？　プーシキンもまた、これら二面をもつ反応の例となっている。かれは、エカテリーナを「スカートと王冠をつけたエセ信者《タルテュフ》(3)*」と形容する一方、小説『大尉の娘』のなかで、人民の「至賢の母」としてエカテリーナの肖像を描いてみせている。**

＊　川端香男里訳、「十八世紀ロシア史についてのノート」、川端香男里・米川哲男訳、『プーシキン全集5評論・歴史・紀行』、河出書房新社、一九七三年、一二ページ。同書の邦訳では、「スカートをはき王座についていたタルチュフ」。

** 小説『大尉の娘』では、ヒロイン・マリアの許婚で要塞守備隊将校グリニョフが、プガチョフの反乱鎮圧に際して、反乱軍への加担の罪に問われる。マリアは、その嫌疑を晴らすべくペテルブルクにやってきて、お忍びで散歩に出たエカテリーナに偶然出会い、相手が女帝と知らずに首都来訪の意図を語る。これを聞いたエカテリーナは、ただちにグリニョフの嫌疑を調査させ、その潔白を知ってこれを許す（神西清訳、『大尉の娘』、神西清訳、『プーシキン全集 4 小説』、河出書房新社、一九七二年、五七二—八一ページ）。

これがエカテリーナの謎である。それは、性格の謎であり、かの女を突き動かしていたものの謎であり、かの女が残すことになる遺産の謎である。本書の野心は、事実と史料と、あい対立する評価との迷宮のなかに、エカテリーナ二世の真の相貌を、そしてなによりも、かの女が真にロシアにもたらしたものを再発見することにある。

開幕宣言にかえて——動揺するピョートル大帝の遺産（一七二五—六二年）

ピョートル大帝は一七二五年一月二八日に死んだ※。この死が伝説の扉を開く。当時ロシアのコンスタンティノープル代理大使だったネプリュエフはこのとき、「この君主は、わが国を他国と同水準にまで育てあげた。かれはわたしたちに、わたしたちがひとつの国民であると認識することを教えた。わたしたちがロシアにおいて重視しているものすべてが、その起源をかれのうちにもつ。そして、未来においてなされるであろうことすべてが、この源泉から生じる」(1)と書いている。多くのロシア人たちが、帝のものだった品々を集めて、一種のピョートル博物館をつくり始め、それによってこの超人の神話を育もうとした。だが他方では、零細な人民は、この死に自分たちの状況の緩和を期待した。税も、奉仕義務も減ることを。このように、終焉した治世に関しては、いくつものあい矛盾する評価があったが、それらをこえて、のちの困難をすこしでも予測したものはまだいなかった。これに続く四〇年間に、かずかずの困難が崩御したツァーリの築いた体制を揺るがすことになる。

※ ロシアでの諸事件を指す日付は、ユリウス暦のものか、旧暦によるものである。

帝位の継承が、一連の危機と断絶の起源となる。一七二二年、ピョートル大帝は、この問題に関して法律を制定して長子相続の原則を放棄し、君主が自由にその後継者を選定することとした。だが死は、この特権を使用する時間をかれに与えなかった。(2) そしてそこから、さまざまな問題が生じる。

ピョートルにはもはや、直系の男子相続者がいなかった。かれの息子アレクセイは、一七一八年に実の父親が命じた拷問によって死んでしまっていた。そのうえ、この冷厳な君主は、息子との長い抗争のあいだに、息子が王冠への権利を放棄するよう強要していた。大帝は、リヴォニア生まれの召使い女エカテリーナと二度目の結婚をしたが、たしかにこの結婚から、いく人かの息子が生まれていたけれども、そのすべてが早世している。もっとも、ほとんど疑義の余地のない後継者たちが、なん人かは存命していた。まず帝の孫ピョートルであるが、この人物は、反抗して否認された後継者アレクセイの息子だった。つぎに帝の二人の娘、アンナとエリザヴェータ。そして最後に帝の皇后エカテリーナである。あるいはさらに、ピョートル大帝の血統を放棄すれば、大帝の異母兄イヴァン五世の血統に戻る。イヴァン五世には二人の女相続人エカテリーナとアンナがおり、この二人も帝位を主張することができた。

この継承者争いの混迷は、各派のあいだに情け容赦のない抗争を生みだした。これら分派は、それぞれの皇帝候補の名を利用して権力を独占しようとしていたのだ。それに、候補者の寵臣たちもまた、帝位獲得のあかつきには、そこで果たした役割を口実に、自分自身のために第一級の役職を要求しようとしていた。これら継承争いの結果、いく人かの君主の驚くべき連続が生まれることになる。うんざりした注釈者たちは、「三七年のあいだ、ロシアは六人の専制君主に委ねられたが、そのうち三人は女であり、あとは一二歳の男の子と、乳呑み児と、精神薄弱者だった」と要約している。

エカテリーナ一世とピョートル二世、二つの短命な治世

ピョートル大帝の死に際しては、二つの強力な分派がたがいに対立していた。一方は、大帝の一二歳の孫を担ぐ連中で、もう一方は、リトアニア生まれの召使い女エカテリーナを担いでいた。かの女は、一七一二年に正式に后となっていたのである。※大帝の孫を支持していたのは、伝統的ロシアの支持者たちで、とくにゴリツィン一族とドルゴルコフ一族で、かれらは、この孫の父親、つまりかつてのツァーリ皇太子アレクセイがピョートルの西欧化政策と絶望的に対立し、結局は無駄に終わったことを忘れてはいなかった。これとはまったく反対に、エカテリーナの肩をもっていたのは、亡きツァーリがとり立てたものたちと、直系の相続者アレクセイの裁判と抹殺に関わったものたちだった。かれらの考えるところでは、殉教死した皇太子の息子が帝位に登れば、自分たちが危うくなるというのだった。かれらは、軍と行政で指揮権をもつポストを占めていたので、その絶大な力は明らかだった。そこで、幼いピョートル＝アレクセーヴィチの支持者たちは、相手方に妥協をもちかけることにした。

ピョートル＝アレクセーヴィチのツァーリ即位を宣言するが、大后に摂政権を保障してはどうかというのである。かれらの弁明によれば、こうすれば、継承権と当時の力関係の現実とが折りあうだろうというのである。だが、この妥協案はエカテリーナの支持者たちから拒否されてしまう。こちら側の反論するところでは、折衷的な解決によって、継承権を事実上分割すれば、さまざまな陰謀と恒久的な不安定に扉を開くことになるというのだ。かれらはさらに、ピョートル大帝が継承の規則を破棄したのだから、それに復帰する理由などないし、ぎゃくにそのことは、大帝の選択肢がエカテリーナだったことを暗に示していると論じた。かの女は、一七二四年に皇帝妃として戴冠し、ついで権力を共有したのではなかったのか、というわけだ。最終的には、エカテリーナの立場は近衛部隊に、つまりセミヨノフスキー連隊とプレオブラジェンスキー連隊に支持されており、両部隊がかの女の支援部隊となった。そのおかげでエカテリーナは、「ピョートル大帝の御遺志に忠実に」、ロシア唯一の女帝であると宣告されることになる。

※　生名マルタ・スカヴロンスカヤは、リトアニアの農夫の娘として一六八四年にリヴォニアで生まれ、メンシコフ麾下のロシア軍の捕虜となり、一七〇三年にピョートル大帝に「差しだされ」た。

亡き君主の意思に準拠したのは、この選択に正統性を付与するためであったが、だからといって、即位の在り方に混乱が生じたことを隠すわけにはいかなかったようである。だがともかく、この問題は、「紛争の時期」を経て、ようやくその規則をみいだしたのである。それはまず、近衛部隊の介入に始まる。別の言い方をすれば、武力による裁定に始まる。そしてこのとき――またのちに、もう一度起こる！――から、武力が、権力闘争において決定的な役割を果たすようになる。闘争のもうひとつの重大な要素は、帝位が女性に託されたことである。たしかに、ピョートル一世（大帝）の異母姉ソフィアは、一六八二年から八九年にかけて摂政として実権を振るった。けれども、かの女を帝位に就けようなどとは、だれも考えはしなかった。だがエカテリーナのほうは、女帝となることになる。しかも、かの女は外国人であり、ロシア軍の捕虜だったことがあり、大帝の二度目の結婚で妻となった。つまり、かろうじて正統であるにすぎないのだ。となればどうして、寵臣たちがかの女にかわって統治するにちがいないと考えずにいられよう？　エカテリーナを利する選択は、力を背景になされたが、多くのロシア人たちのあいだに不満をひき起こした。まず、ロシア正教古儀式派*の半数以上が、女に忠誠を誓うことを拒否し、その決意に対して拷問と、さらに生命という代償を支払うことになる。

＊　十七世紀中葉、当時の総主教ニコンが儀式改革を断行すると、とくに十字を二本指で切るのか三本指で切るのかをめぐって、正教内に激しい対立が起こった。モスクワ風の伝統に二本指で切るべしと主張するものたちは、ニコンによって厳しく弾圧され、破門や流刑に処された。これが古儀式派である。別名分離派ともいう（田中陽兒ほか編、『ロシア史１』、山川出版社、一九九五年、四三一―三三ページ）。

エカテリーナの敵対者たちの予言は、部分的には確証されることになる。すなわち、かつて大帝の寵臣で、かの女の愛人となったメンシコフが、女帝の他の助言者たちが怒りをかき立てる間もなく、絶対権力者となった。とはいえ女帝は、制度的な改革によってでなければ、ピョートル大帝の方針をなにひとつ放棄しようとはしなかった。その改革が、一七二六年の「最高枢密院」創設である。同院は六名の議員からなり、もちろんメンシコフがその一角を占めていたが、女帝自身がこれを主宰していた。また同院は、元老院や宗務院をおしのけて国事をとり扱ったが、それは、亡き大帝の統治慣習とは無縁のものだった。ところでエカテリーナは、明確な継承規範がないことからくる危険に気づいていたので、一七二七年に死ぬまえに、大帝の若き孫ピョートルを後継者に指名した。また、「最高枢密院」に摂政権を託したが、かの女は、自分の二人の娘アンナとエリザヴェータ、すなわち幼いツァーリ皇太子の二人の叔母を同院に加えていた。このように後継者を指名することによって、エカテリーナは、新たな危機を防ごうと望んだが、新たな危機の要素すべてが、このいささか複雑な継承制度の構造のうちに、すでに含まれていたのである。

エカテリーナ一世の治世は短かったため、なにごとにおいても先代大帝の治世を裏切ることはなかった。だが、この治世は、いくつかの欠陥を萌芽のかたちで抱えており、それらが、エカテリーナ二世の治世までロシアの政界を特徴づけることになる。まずはメンシコフが、依然として状況の支配者だった。かれは若きツァーリを自分の支配下に置き、自身の宮殿に住まわせて、自分に献身を誓った従僕でツァーリを包囲し、ツァーリと自分の娘を結婚させようとした。けれども、若きピョートル二世（大公）は、独立を熱望して他党派に寝返る。この党派は、一七二五年、すでにかれを支持していたことがあった。すなわちピョートル二世は、ドルゴルコフ一族の助けを借りて、メンシコフをシベリアに流刑とすることに成功する。そしてメンシコフは、流刑先で死ぬ。

メンシコフは、ピョートル大帝のもっとも側近の協力者で、エカテリーナ一世の寵臣だったが、「古きルーシ」同盟をまえにして抵抗することができなかったのである。けれども、「歴史」はくり返す。

ドルゴルコフ一族が、戦いの制圧者となり、また同時に若き大公の意思の支配者となるが、かれらは、この大公に対して、メンシコフがしたと同じ行動をとる。かれらは大公を、自分たちに翳りをもたらすかもしれない影響すべてから遠ざけ、みずからの党派の成員でとり囲み、寵臣アレクセイ・ドルゴルコフの娘エカテリーナと婚約させようとする。ひとりの寵臣から別の寵臣へ、ひとつの分派から他の分派へと替わっても、方法は同じである。ただ、政治の方向だけは変わった。ドルゴルコフ一族とともに実権を握ったのは、古きロシアだったのだ。宮廷はモスクワに戻り、ヨーロッパは興味の対象ではなくなり、ピョートル大帝の夢はうち棄てられる。けれども、転換がこうしてその輪郭を表したとはいえ、この転換には未来がなかった。一七三〇年の初め、ピョートル二世は、わずか一五歳にすぎず、結婚もしていなかったが、天然痘で突然みまかってしまう。

* 原文は、イヴァン・ドルゴルコフ。だが正しくは、イヴァンの父アレクセイ・ドルゴルコフが、息子と図って娘エカテリーナを皇帝妃にし、あわせて帝位継承権をこの娘に与えようと画策したようである（クリュチェフスキー、『ロシア史講話 4』、八重樫喬任訳、恒文社、一九八三年、三一〇―一一ページ）。

五年間のあいだに、ロシアにはすでに二つの治世が出現し、かずかずの内部抗争が起こった。だが、戦争はなかった。ピョートル二世の短い治世で注目すべきことは、ロシアとプロイセンのあいだで条約が調印され、ポーランドのアウグスト二世の継承が問題とされたことである。この国を細分化する、つまり分割するという考えが、はじめて検討されたのだ。

「ドイツ党」の手に落ちたロシア

ピョートル二世の死は、すべての人々を不意撃ちした。いかなる継承の準備もなかっただけではない。そのうえに、ロマノフ家の男子の血統が消えてしまったのである。こうしてつくり出された空白にたじろいで、「最高枢密院」と、高官のいく人かとは、たえまなく会合を開き、解決策をみつけようとした。それも、いかなる利益も、いかなる有利な立場も脅かすことのない解決策を。かれらはまず、ひとつの原則に同意する。君主の権威を制限し、ロシア貴族に一種の憲章を与えるべしというわけである。つまり、ポーランド式体制である。「最高枢密院」は、議員全員の地位を保全し、国事を管理しつづけるつもりだった。そのうえ、指名された君主は、宣戦布告することも、税をひき上げることも、公債を発行することもできないとされた。そして最後に、近衛部隊の諸連隊と軍は、「最高枢密院」の権威下にのみあるとされた。これらの原則が確定されると、残されたのは、かくも厳しい条件を受け入れ、それに署名する人物をみつけだすことだった。

可能性のある後継者は、ピョートル大帝の娘たちか、大帝の異母兄イヴァン五世の娘たちだったが、なかで唯一適任にみえたのは、イヴァン五世の娘アンナ＝イヴァーノヴナだった。かの女は当時クールラント辺境伯の未亡人で、子どももなく、一見したところでは帝位に就くチャンスもほとんどなく、したがって失うものもなにもなく、すべてを手に入れることになるからである。かの女は躊躇することなく、提示された条件を受け入れた。かの女はさらに、これとは別の制約をいくつか求められた。

すなわち、けっして再婚しないことと、継承者を指名する権利を放棄することである。イヴァン五世の娘には人格などないと考えられており、かの女を選んだものたちは、かの女が自分たちの手中で操り人形になるだろうと確信していた。だがかれらは、その幻想を棄てなければならなくなる。こうしてロシアではじめて、合意が成立し、その条項によって立憲権力が確立された。けれどもその命脈は、きわめて短かった。この体制は、ごく少数の利益集団によって確立されていたため、貴族たちを動揺させた。貴族たちは、あるいは、この合意によって認められた政治的特権が自分たちにも及ぶことを望んでいた。あるいは、合意そのものに異議を唱えていた。女帝アンナは、その擁立者たちが考えていたほどお人好しではなかったから、そうした貴族たちの動向を利用して、盛大なモスクワ入城の日に、近衛部隊と貴族との組織的な庇護のもとに身を置き、かつて合意した文書を破り棄ててしまう。女帝の論法によれば、かの女はたしかにすべてに同意したが、それは、それが人民の意思に従うことだと考えたからだというのである。だが、近衛部隊と貴族の動揺によって、自分にも分かったのだが、それは単なる陰謀であって、いく人かの高官によって、権力を独占するために仕組まれたのだというのである。ついでかの女は、「最高枢密院」を廃止する。こうして独裁政治が復活する。ロシアに立憲権力を確立するチャンスは、かくしてついえる。

　クールラント*辺境伯の弱々しい未亡人は、たちどころに情け容赦のない女帝に変身し、復讐の欲求につき動かされることになる。アンナは、かの女を擁立したものたちが考えていた以上に利口だったから、自分の権威を制限しようと唱えるものたちをすべて、段階を追って厄介払いするすべを知っていた。かの女はまず手始めに、ロシア党の代表的人物たち、すなわちドルゴルコフ一族とゴリツィン一族をその領地に追い返す。また、ほかのものたちをシベリア送りとする。そして、貴族たちの反撃がないと確認するや、最終的にはすべての敵を厄介払いする。あるものたちは拷問によって死に至らしめ、またあるものたちを斬首の刑に処したのである。そして女帝は、一連の人物たちでまわりを固めるが、歴史はこれらの人物たちを、ドイツ党を結成したものとして記憶にとどめることになる。クールラントの下級貴族出身のビロン※、外交を任せたオステルマン、軍の責任者としたミュンニヒ、レイシー＊＊、ビスマルクらと、大使となったコルフ、カイザーリンクらである。

※　エルンスト＝ヨハン・（フォン・ビューレン）ビレン、あるいはビロン。

＊　当時ポーランド北東端にあった公国。今日では、ラトヴィア南部からリトアニア北部にまたがる地域にあたる。

＊＊　レイシーは、ドイツ人でなくスコットランド人（前掲、『ロシア史講話　4』、三四九ページ）。

こうした「ドイツ人の登用」は、女帝アンナがロシア貴族に対して深い不信をいだいていたことに起因している。かの女は、貴族を廃止しようとしていたのだろうか？　アンナは、長いあいだクールラントの首都ミタウに隠棲しており、そこですでにドイツ人たちにとり囲まれていた。ありていにいって、これらドイツ人の一部、たとえばオステルマンやミュンニヒは、大した能力の持ち主だったたし、かれらの果たした役割は、かつてピョートル大帝が呼びつけたドイツ人たちの役割を思い起こさせないでもない。だがまた、なんと多くの寵臣たちが、その資格もないのに、要職を専有していたことだろう！　かれらは、ロシアについてなにも知らなかったし、ロシア人を軽蔑しきっており、自分ができるだけ早く富を貯めこむことに汲々としていたにすぎない。女帝の愛人、エルネスト＝ヨーガン・ビロン（ないしビレン）に関しては、「歴史」がその残忍さを記憶にとどめている。かれは際限なく、警察による迫害という手段に訴えたのである。また、かれが尊大だったこと、莫大な物的利益をアンナからむしりとったことを記憶にとどめている。人民はすぐさま、女帝の治世全体を、かれの名を借りて指すことになる。すなわち、かの女の治世は「ビロン体制《ビロノフシチナ》」となったのである。

このきわめて個人的な権力体制の犠牲者たちのなかに、まずはロシア正教古儀式派の人々を数えなければならない。だが、だからといって、エカテリーナ一世の治世と同様、アンナの治世は、ピョートル大帝のヴィジョンとの断絶を特徴としているわけではない。アンナは「最高枢密院」を廃止し、元老院に「指導機関」という呼称を復活したが、この機関に対するかの女の信頼もそこまでだった。実際には、権力は、かの女の主宰する「官房《カビネット》」と、「機密局」に握られていた。またアンナは、帝位に就くやすぐに首都をサンクト＝ペテルブルクに戻し、ミュンニヒがそこに「陸軍幼年学校《カデッツキー・コルプス》」を設立する。そこでは、三六〇名の若ものが、かつてピョートル大帝が推奨したのに近い原則のもとで、武官としてだけでなく文官としても勤務の訓練を受けた。余計なことにはなるまいから指摘しておくと、そこでは、ドイツ史が教えられていたにもかかわらず、ロシア史はカリキュラムになかったのだ……。

この治世に対する判断は、きわめて不評なものである。ドイツ人が重用され、ロシア貴族が残酷に扱われただけでなく、農民もまた残酷な扱いを受け、ほとんど前代未聞の税の取り立てに悩まされたからである。にもかかわらず、この治世に対する評価は、二つの要因によって和らげられている。まず対外政策は、どちらかといえば理にかなっており、ロシア外交の伝統的な骨格に一致していた。まずはじめに、ポーランド継承戦争（一七三三—三五年）においては、ロシアは、フランスの推す継承候補者でスウェーデンびいきのスタニスワフ・レシチンスキに対して、みずから擁立したアウグスト三世の勝利を確実なものとした。ついで一七三六年から同三九年にかけて、対トルコ戦争において、ロシアはもう一度フランスと対立する。ヨーロッパ大陸におけるフランスの影響力を牽制するという意思が、当時のオステルマンの推進する政策を支配していたからである。もうひとつの考慮すべき要因は、ドイツ人たちの影響のもとで、精神と慣習の「西欧化」が一定推進されたことである。宮廷には多くの寵臣たちがおり、人々は贅沢に暮らしていたが、その贅沢さには悪しきドイツ趣味と野蛮さが混じっていた。にもかかわらず、フランスの影響が登場する道が、用意されつつあったのである。

帝位継承という政治的問題がまだ残っていたが、この問題は、例のピョートル大帝の決定以来つねに起こってくるのであった。アンナは、ロシア人を軽蔑していたし、自分の従姉妹でピョートル大帝の娘エリザヴェータを嫌っていたため、健康が衰えるや、この問題を「ドイツ式」に解決した。すなわち一七四〇年、かの女は、自分の跡を継承するものとして、生後わずか二ヵ月の乳呑み児イヴァンを指名した。イヴァンは、ドイツ貴族であり、イヴァン五世の曾孫であると同時に、アンナの姪でメクレンブルク＝シュヴェーリン公女アンナ＝レオポルドヴナとブラウンシュヴァイク＝ヴォルフェンビュッテル大公とのあいだの息子だった。ピョートル大帝の血統はまたしても断罪され、ドイツ貴族がロシアの帝位に居座ることが通例となるがごとくみえた。そのうえ、すべてを紛糾させるもとになったのは、アンナが、摂政職を寵臣ビロンに託したことだった。

当時ロシアは、ドイツ人が帝位を占めていることと、ビロンの権力が続いていることに苛だっていた。だからこの帝位継承は、ロシア人たちを鎮めるどころか、その苛立ちに火をつけることになる。そのうえ、なぜ新しい皇帝の父親が摂政職から遠ざけられているのか、だれにも分からなかった。ドイツ生まれの皇帝にドイツ人の摂政ということなら、この父親も、ビロンとまったく同様に適任だったはずだ。ブラウンシュヴァイク一族は、宮廷に自分たちの自身の寵臣を呼び寄せていたが、これら寵臣たちの行き過ぎが、たちどころに有名になる。だが、今度はこの一族が、ビロンを厄介払いし、亡き女帝が自分たちに与えなかった権力を横取りする手段を探していた。ビロンは、自分に対する荒れ狂う敵意に気づいていたが、それに対する打開策があると考えていた。かれは、ピョートル大帝の孫でホルシュタイン゠ゴットルプ大公ペーター（のちのピョートル三世）を宮廷に呼び寄せ、大公を自分の娘と、また自分の息子と大帝の娘エリザヴェータを結婚させようと考えたのである。このようにビロンは、ピョートル大帝の末裔との姻戚関係を増やすことによって、自分の権力を永久に強固なものにしようと望んだのだ。けれども、ビロンの陰謀も、かれの力不足を埋めあわせることはできなかったし、かれの取り巻きの苛立ちを収めることもできなかった。取り巻きたちは、もしビロンが企てに成功すれば、今度は自分たちが根こそぎにされるのではないかと恐れていたのだ。そこでミュンニヒが事態を掌握し、幼いイヴァン六世の母親と交渉して、一一月のある夜、ビロンとその一党を排除することに成功する。かれは、一部のものたちを投獄し、他のものたちをシベリアへ送り、最後に摂政職をアンナ＝レオポルドヴナに委ねた。

たしかに、女帝アンナ＝イヴァーノヴナは、貧弱な政治的能力しかもち合わせていなかったし、寵臣たちの要求を丸のみしていた。けれども、新しい摂政アンナ＝レオポルドヴナも、ミュンニヒの意思で自分の目的にたどりつきはしたが、その職務をひき受けるうえで、前女帝以上に有能だというわけではなかった。帝位の継承は、あい変わらず非正統の刻印を押されたままだった。継承をとりしきるドイツ人たちが、もっぱら、自分たちの権限を守ることに腐心していたからである。いったいロシアで、だれが不幸なイヴァン六世の行く末に心を痛めていただろうか？　この幼いドイツの貴族は、ピョートル大帝の血統とは無縁だったし、年齢からいっても統治のできる状態ではなかった。一部のものたちは、ミュンニヒをはじめとして、摂政をいいなりにして、かの女にかわって統治しようと企んでいただけだった。また摂政自身も、投げやりに、助言者たちのいさかいを眺めているにとどまっていた。ロシアは統治されてなどいなかったのだ。助言者たちはだれであれ横柄で、その要求も尽きるところを知らなかったから、国民の苛立ちはつねに増幅しつづけていた。一部の人々は、宮廷の近くにあって、ロシアの帝位がドイツ人の手にあることに終止符を打とうと、その手段を探していた。助言者たちの横柄さと要求は、とりわけこうした人々の苛立ちを増幅していた。

皇帝はまだ乳呑み児にすぎず、かれが長命を保つかもしれないと考えられはしたが、ここでもう一度、継承の問題が起こる。これまで、いくつも解決策がすでに探られてきたが、大帝の娘エリザヴェータがまだ残っていた。かの女は、美しく人好きのする若い娘で、抜け目がなく、勇気に欠けてもいなかった。アンナ＝イヴァーノヴナとビロンの統治のもとで、かの女は情け容赦のない監視のもとに置かれていた。女帝アンナは、このライヴァルを恐れていた。この娘が、ほとんど非の打ちどころのない正統性をかさにきて、帝位への権利を要求することができたからである。女帝の知るところでは、近衛部隊のいくつかの連隊では、大帝の娘をかつぎ出して、女帝に対抗しようという気運が高まっていた。女帝が、ロシアの権力をドイツ人の助言者どもに譲り渡してしまったからである。また、もうひとつ女帝の知るところでは、エリザヴェータは、その慎重さ――かの女は、自分にほんのちょっとでも陰謀の疑いがかかれば、死ぬまで修道院送りになるのではないかと恐れていた――にもかかわらず、兵士たちのあいだで人望を獲得していた。だからエリザヴェータは、女帝アンナの治世のあいだは口をつぐみ、大人しくしていた。けれどもアンナ＝レオポルドヴナの摂政のもとでは、それほど寡黙でも、大人しくもなくなっていた。摂政が呑気で、それほど極端な性分でもなかったため、いく度もエリザヴェータと和解しようとし、以前ほど要注意人物とはみなさなくなっていたからである。エリザヴェータはこれを利用して兵舎を訪れ、忠臣を獲得し、なによりも軍隊での知名度を上げようとした。一七四〇年までは、エリザヴェータはまだ手の届かない最後の手段だと考えられていた。だが、アンナ＝レオポルドヴナが摂政のあいだに、この最後の手段というアイディアが現実性を帯びてきた。この皇女の人気がたえず高まっていったからである。ピョートル大帝の娘、正真正銘のロシア人として、エリザヴェータは、いたるところでその意思を知らしめた。すなわち、ロシアを統治するうえで、ロシア人たちにその本来の地位をとり戻すという意思を。

エリザヴェータはまた、国外からの強力な支持をえていた。当時フランスにとって、ロシアにおいてドイツの影響力を縮小し、オーストリアとの一七二六年の軍事同盟を破棄させる必要があった。そのため、フランスの駐ロシア大使・ラ゠シュタルディ侯爵は、そうした動きすべてを支持するよう、大臣から指示を受けていたのである。ピョートル大帝は、その特別積極的な対外政策によって、自国に確たる地位をもたらすことができた。すなわち、国際舞台に関心をもつ列強のひとつという地位をである。ラ゠シュタルディは、ルイ十五世によってロシアに派遣されていたが、それは、こうしたロシアの地位に終止符を打つためだったのである。かつてロシアは、ヨーロッパにおいてモルダヴィア以上の重要性をほとんどもっていなかった。たしかに、世紀半ばにおいて、こうした状況にロシアを戻しうるなどと考えることは、非現実的なことだった。けれども、フランス王は、すくなくとも、ロシアの主張を弱めることを考えていたのだ(3)。当時フランスの政治を指導していた枢機卿フルリーとラ゠シュタルディとの書簡からも、このことは明らかである。

ロシアの急激な方向転換は、フランスにとって別の意味でも必要だった。一七四〇年代末に、カール六世の死によって、オーストリアの継承問題が発生したからである。フランスにとって、ロシアの支持を当てにすることが焦眉の急となったのだ。だが、ラ゠シュタルディと皇女エリザヴェータとの接触を隠しとおすことは困難だった。摂政アンナ゠レオポルドヴナは、危険性に気づき、前女帝アンナにならって、厳しい態度に転換し、エリザヴェータを遠ざけることにした。この皇女が、次第しだいに不安をもたらすライヴァルになってきたからである。摂政はエリザヴェータに、フランスの代表との接触を断つよう厳命し、フランス人侍医ジャン・レストック――エリザヴェータに味方する企てすべてのキーパーソンのひとりだった――を解雇すると脅した。そして、いやでも応でも、エリザヴェータを自分の義理の兄弟ルートヴィヒ・ブラウンシュタインと結婚させることにする。そうすればエリザヴェータは、ロシアを去って、夫の公国に赴かなければならなくなるからである。

政治危機が訪れた。エリザヴェータは、長いあいだ実力行使を煽ることをためらっていた。もし失敗すれば、終身修道院に閉じこめられることになり、たんに追放されるだけではすまなくなっていたからである。だがかの女は突然、選択しなければならなくなる。スウェーデンは、たび重なるピョートル大帝の征服への恨みを、けっして忘れることがなかった。そして、まさにこのとき、ロシアへの敵意をかき立てはじめたからである。またそのために、エリザヴェータに好意的な近衛連隊が、国境へ移動せよとの命令を受けたからである。エリザヴェータは、味方を失うところだったのではないのか？　摂政アンナ＝レオポルドヴナとの抗争が沸点に達している、まさにそのときに。かの女の支持者たちはみな、行動を起こすよう促した。それはまずフランス人たち――ラ＝シュタルディとレストック――だったが、またロシア人たちもおり、そのなかには、かの女の寵臣アレクセイ・ラズモフスキーと、ミハイル・ヴォロンツォフほかの近臣たちがいた。

ヴォロンツォフとレストックは、ただちに行動を起こすよう熱心に主張していた。そこで一七四一年一一月二五日の夜、皇女は、この二人をともない、プレオブラジェンスキー連隊の兵舎に赴き、「ピョートル大帝の娘」として兵士たちのまえに姿を現す。血は流さぬと誓わせたうえで、かの女は、兵士たちとともに摂政の住まいである冬宮へ向かう。ことの成り行きに気づいておらず、無防備だったため、摂政は、その閣僚たちや、家族、および取り巻き全員とともに逮捕されてしまう。一一月二五日の明け方、人民は、声明によってピョートル一世の娘エリザヴェータ＝ペトローヴナが帝位に就いたことを知る。三日後の一一月二八日、専制女帝は、新たな声明によって帝位継承をとどこおりなく済ませる。かの女は、三二歳で独身だったため、エカテリーナ一世が望んだとおりに、父ピョートル大帝の血統を復活するため、甥のホルシュタイン＝ゴットルプ公爵ペーターを継承者に指名することにした。ペーターはまだ一三歳の少年で、キールで暮らしていた。かの女はこのとき、母エカテリーナ一世の意思に準拠することができた。エカテリーナ一世は、その意思を文書で表明していたが、この文書ははじめ行方不明になっており、その後きわめて都合のいいことに発見されていたのである。一七四二年二月、ホルシュタイン＝ゴットルプ公爵ペーターが、サンクト＝ペテルブルクに到着し、そこでロシア正教に改宗する。それが、帝位継承を主張するために必要不可欠《シネ・クア・ノン》の条件だったからである。そして正式に継承者となる〔ロシア名ピョートル〕。

　新女帝はつねに、流血を避けるという自身の意思に忠実だった。摂政アンナ＝レオポルドヴナは、はじめバルト海に面したリガに送られ、ついでホルモゴリに移された。幼い皇帝イヴァン六世は廃位となり、シュリッセリブルク〔現ペトロクーポスティ〕の要塞に幽閉された。だが、かれが生き延びたことは、のちに問題を残し、結局は暴力——ロシアでは日常茶飯事である——がこれを解決することになる。* ドイツ党時代の重臣たち——オステルマン、ミュンニヒ、ビロンら——は、はじめさまざまな刑に処されたが、のちに恩赦を受けた。

＊ イヴァンは、近臣と図って要塞を脱出しようとし、警備兵に発見されて格闘のすえに刺殺された（八一―八四ページ参照）。

ロシア党の逆襲、女帝エリザヴェータ一世

一七四一年の革命は、結局のところ平和裡に行なわれ、立派な治世がそのあとに続く。また、この革命はとくに、それまでとは異なった内外政策に道を開く。ドイツ党時代は終わり、国家利益とロシアの伝統とが地位を回復する。

こうして、一六年の騒乱の時期（一七二五―四一年）は終わるが、この時期を画するのは、疑問の多い帝位継承法の変更と、たえず武力が介入して継承問題に決着をつけたことと、そしてなによりも、ドイツ人の支配が一定期間続き、ロシアの集団意識を傷つけたことだった。

この喧噪と実力行使の時期には、もはやいかなる正統性も優先されることがなかったが、その根源には、つねにピョートル大帝の決定が認められる。エリザヴェータはその犠牲者だった――かの女は、皇帝とエカテリーナ一世とのあいだの娘ではなかったのか？――ため、ロシアの政治体制に決定的な前進を実現させる。つまりかの女は、ただちに自分自身の継承問題に決着をつけるとともに、その即位が波乱に富んだものだったにもかかわらず、敵対者たちに対して暴力に訴えることを避けたいという意思を表明したのである。かの女が幼い廃帝を要塞に閉じこめ、自分の管理下においたのは、おそ

らく、廃帝が敗退分子たちのリーダーの役を務めないようにするためだった。これら分子が、たえず闘争の再開を狙っていたからである。けれどもかの女は、ラ＝シュタルディ侯爵の臆面もない忠告にもかかわらず、廃帝を生かしたままにしておいた。侯爵は、偽ドミトリーたち*を引き合いに出して、「イヴァン六世の治世の痕跡をいっさい消し去る」(4)必要性を女帝に説いたのである。だが、このように女帝が廃帝を生かしておいたことは、すでに、注目すべき進歩だった。最後に女帝は、まずもって、ロシア人中心の構想に戻り、ロシア貴族の代表を政界に迎えるという意思を表明した。あまりにも目立つ外国の影響を排除したいという人民の熱望を、確認していたからである。

＊　偽ドミトリー一世は、一六〇一年にイヴァン四世の皇子ドミトリーを詐称してポーランドに現れ、ポーランド王の支持をえてロシアに侵入し、一時はモスクワを占領して皇帝を名のった（一六〇五—〇六年）。また、偽ドミトリー二世は、同様にイヴァン四世の子と称し、一六〇七年以降モスクワ近郊のトゥシノでモスクワ政府に対抗し、一時ロシアは二重政府状態に陥った（前掲『ロシア史 1』、二八六—三〇二ページ）。

したがって、新しい治世は幸先よくはじまった。あらゆることが示唆しているように、ロシア人民の、そしてとくにエリートたちの心理的不安は、徐々に解消することができるようになる。人民もエリートも、自分たちの文化的アイデンティティに確信がもてないでいたのである。(5) このようなロシア党の勝利は、人民にも理解された。ロシア正教の聖職者は、ドイツ党時代には手ひどい扱いを受けていたから、この新しい流れに対してただただ賛意を表《ひょう》するばかりだった。ノヴゴロドの大主教は、その説教のかずかずのなかで、ロシアを支配していた「悪魔の密使たち」を激しく糾弾した。偉大な詩人ロモノソフは、エリザヴェータをモーセにたとえて、人民を屈従から解放したと歌った。また、ギリシア神話の正義の女神アストライアにたとえて、ロシアに黄金時代をもたらしたともち上げた。この国に居座っていたドイツ人たちは、この集団的歓喜の爆発の犠牲となった。かれらは首都や軍隊で手ひどい扱いを受けていたし、人民による処罰からも護ってやらなければならなかった。時代の英雄は、ラ＝シュタルディ侯爵とロシア駐在のプロイセン大使だった。これに対して、オーストリア大使のほうは嫌われてしまった。ロシア＝オーストリア軍事同盟は、エカテリーナ一世とアンナ＝イヴァーノヴナの業績だったが、忘却の運命にあるかにみえた。

かの女の前任者たちの治世とは反対に、エリザヴェータの治世は、しばしばみるべきものがあると形容されてきた。だがおそらく、いくつかの点では過大評価されてきたのだ。まず確認しておかなければならないのだが、かの女の治世は独自の構想にもとづいてはいなかった。女帝は帝位に就きはしたものの、あまりにも長いあいだそこから遠ざかっていた。そのためにおそらく、かの女は、真の行動計画を考える手段も、さらにはその気すら――かの女にはたぶん、権力は手に入らないものとみえていたからである――なかったのだ。現代ロシアの歴史家チェルカソフの表現を借りれば、かの女は、父帝から借りた政治ヴィジョンを「復興しよう」と腐心して、ピョートル大帝と似た国家利益の考え方を基点とした。つまりその考え方の特徴は、ロシアを西方に向かわせ、モスクワ風の伝統と訣別するという意思だったのである。制度の問題でいえば、エリザヴェータは元老院を復活させ、「官房」を廃して、父ピョートル大帝の慣行にならって行政に変化をもたらした。とくに、死刑を廃止したことと、拷問の適用を制限したことは、かの女の功績としなければならない。かの女はまた、ロシアの生活習慣にもっと礼儀作法を与えようと努力した。たとえば、男女混浴の公衆浴場は大都市において廃止され、都市を自由にうろついていたがさつな連中も追いはらわれた。

エリザヴェータは、正教信仰に凝り固まっており、聖職者たちに支持されていたこともあって、「公認教会」の不寛容を野放しにした。タタールでは多くのモスクが閉鎖され、モスクワとペテルブルクではアルメニア教会*も同様だった。ユダヤ人たちは、「キリストの敵」として追放された。これに対して「正教会」は、多くの点で優遇された。たとえば、聖職者と修道僧たちの教育は大きな関心の的となった。また、神学研究の水準がきわめて低かったため、これをひき上げようと試みられた。ピョートル大帝の厳格な措置にたち戻り、礼拝の場――もちろん、正教会のみである――では重々しい行動が求められるようになった。

* 四世紀ころアルメニアに成立したキリスト教会。単性論――キリストは受肉後にその人性が神性に吸収され、唯一の本性しかもたないとする教義。四五一年のカルケドン公会議によって異端とされた――を採用している。

かつてピョートル大帝の経済政策は、ロシアの進歩を保障するためのものだった。エリザヴェータの治世には、この政策が継続されたが、社会生活上の二つの特徴が、この治世の性格を示しているだけでなく、ロシアの進歩の恒常的な要素となっている。まず、貴族階級は、徐々にその自己意識を強め、国内での優位を保障する特権にしがみつくようになったようである。たとえば、「陸軍幼年学校《カデッツキー・コルプス》」が一七三一年に創設されていたが、そこへの入学は貴族に限られており、一七五四年設立の「貴族銀行*」も同じく貴族専用だった。かつてピョートル大帝は、平民が貴族になり上がる途《みち》――国家への奉仕によってである――が必要だとしていた。だがこの途《みち》も、一七五八年から同六〇年にかけて事実上閉ざされた。と同時に、農奴制が拡大し、農奴たちの状況はますます厳しくなっていった。エリザヴェータは、一連の施策によって、この二つの傾向を強化していくことになる。

＊ 商業活動を活性化するため、ロシアではじめて創設された銀行のひとつ。土地（と、それに付随する農民）を担保に、貴族に貸し付けを行なった。

この治世の重大問題のひとつは、寵臣たちの影響力が根強く残っていたことである。ただし、これら寵臣たちはもはやドイツ人ではなく、ロシア人だった。とはいえ、その役割は、あいかわらず絶大なものだった。まずはアレクセイ・ラズモフスキーだった。かれはおそらく、貴賤相婚＊による女帝の夫だったのだ。そしてつぎが、イヴァン・シュヴァーロフだった。ともかく、すべての要職は、ドイツ人からロシア人へとひき継がれた。決定は、ごく限られた数の眼をかけられたものたちと、女帝の信頼厚いものたちによってなされた。かれらは、はじめ元老院に、ついで「宮廷最高会議」に席を占めていた。後者は、一七五六年、「七年戦争」の直前に創設されたものである。

＊ 厳密には、王侯・貴族と身分の低い女性との結婚。妻子の権利は認められない。ここでは、女帝とヒラ貴族の男性との結婚に対して用いている。

おそらく、この治世のもっとも目だった特徴は、フランスとの接近である。即位の直後、エリザヴェータは、ルイ十五世宛のメッセージのなかで、仏露両宮廷に真摯な友好関係の確立を望むという希望を表明していた。しかしながら、このメッセージの裏に、ある誤解をみてとることができる。エリザヴェータはフランスに感謝の念をもっていたが、それは、フランスから困難な時期に支持を受けたからだった。そして、ラ＝シュタルディ侯爵は、自分の使命は両国の絆を確たるものにすることだとみなしていた。けれども侯爵は、とくにロシア＝スウェーデン戦争のあいだ、ヴェルサイユから含みのある見解をいくつか受けとっていた。フランス政府がかれに指摘したところによれば、かれがペテルブルクにいるのは、ロシアの国際的地位を強化するためではなく、フランスの利益に奉仕するためなのだ。そしてこのことは、ロシアがある程度弱体であることを前提としていたのである。

エリザヴェータはフランスに魅せられていたが、ある人物の反対に遭う。ベストゥジェフ＝リューミンであるが、かれは、はじめ副首相として（ついで首相として）、永くエリザヴェータの対外政策を支配することになる。かれにとっては、ロシア本来の同盟国はオーストリアとイギリスであり、フランスはオーストリアのハプスブルク帝国に敵意をいだいており、プロイセンの支持を受けていた。だがペテルブルクでは、このプロイセンが列強の地位に昇るのではないかと、不安の眼でみられていた。ルイ十五世は、その治世の初めのころに、かずかずの誤解と危機――ラ＝シュタルディは、一七四四年に追放された。書簡で女帝を中傷し、その手紙がロシア人にみつかって、解読されたからである(7)――にもかかわらず、おそらくは緊張を緩和するために、決定的な動きをみせる。かれはエリザヴェータに、女帝と専制君主の称号を認めたのである。いまだかつてフランスは、ロシアの君主たちにこの称号を与えるよう認めたことはなかった。ピョートル大帝にも、その継承者たちにもである(8)。かれらに皇帝という資格を認めることは、ロシアをヨーロッパの列強に加えることになるからである。一七四二年から同四五年にかけて、エリザヴェータは、通商条約と、そしてさらにはロシア＝スウェーデン＝プロイセン三国同盟を結べば、フランスがのちに譲歩するかもしれないと仄めかされた。こうしてすべてが、ロシアをウィーンとの同盟からひき離すほうへ向かっていた。おりしも、オーストリア継承戦争が頂点を迎える。エリザヴェータは、用心深いうえに、フリードリヒ二世とその国に対する敵意に凝り固まっており、フランス王にすでに女帝として認知されていたから、この認知に対して高価な代償を払う気はまったくなかった。かの女は、ピョートル大帝とフリードリヒ二世の台頭とのあいだの類似性に気づいていた。二人がともにその時代にヨーロッパの均衡を根底から変えたことを、理解していたのである。ベストゥジェフ＝リューミンの入れ知恵で、かの女はたえず同盟を求めて、プロイセンの拡大を抑えようとした。かの女はこうしてフランスと衝突する。ロシアの対スウェーデン戦争では、オーストリアがかの女を支持し、かの女はルイ十五世と対立する。だがこの戦いによって、かの女はフィン人たちの居住地を手に入れる。ところが、オーストリア継承戦争では、かの女はオーストリアとイギリスの側につき、フランス・プロイセンと対立したものの、最後の局面に間接的に関与したにとどまった。そして一七五六年、七年戦争が勃発すると、かの女も外交革命に巻きこまれることになる。ロシアはこのとき、フランス、スウェーデン、そして当然ながらオーストリアと同盟した。ヴェルサイユが突然オーストリアと和解し、プロイセン・イギリスと戦うことになったからである。ただしロシアは、賢明にもイギリスに宣戦布告することを思いとどまった。

ともかく、エリザヴェータの治世の末期は、フランスとの和解を特徴としている。一七六〇年、ブルトゥイユ男爵がペテルブルク大使に指名されたときには、両国の絆を強化すべく勧告を携えてきた。これは、治世の初期ラ＝シュタルディ侯爵に頻発された勧告とはほど遠いものである。侯爵への勧告はもっと消極的であって、ロシアの列強精神を刺激しないためのものだった。ルイ十五世は、ロシアにほとんど共感をいだいておらず、この点ではけっして変わることがなかった。それでもかれは、七年戦争のあいだにロシア軍が獲得した名声に気づいていた。もはやロシアに、ヨーロッパにおけるひとつの地位を与えないでいることはできなかった。そのうえ、不安の種もあった。女帝が死ねば、ロシアの政治的未来という問題が、あらたに生ずるだろう。だから、フランスと結びなおした絆は、犠牲にしないほうがいいというのだ！

じっさい、一七六一年、ヨーロッパの来るべき均衡が部分的に決定されたのは、ペテルブルクにおいてだった。女帝は、五二歳になって、耐えがたい苦痛のうちに死に瀕していただけでなく、その継承に関する不安に悩まされていた。かの女は、父の事業の継続者たろうと望んできたし、それにまったく失敗したというわけではなかった。いくらか投げやりで、公のことに無関心で、あまりにもしばしば公事を寵臣たちに任せたにもかかわらずにである。(9) だがかの女は、自身の継承者の問題は最初に片づけたと考えていた。ところが、二〇年にわたる治世の終わりになって、自身の選んだ継承者をつくづく観察するにおよんで、かの女は絶望していた。「わたしの甥は恐ろしい子です。悪魔にさらわれればいいのに！」とか、「わたしの呪われた甥は、わたしを裏切ったのです。それも、口ではいい表せないほどひどく」と、かの女は近臣たちにうち明けていた。そしてかの女は、いく度か、解決策として指名をやりなおそうとした。かの女が嫌っていたピョートルに代えて、その息子パーヴェルはどうかと考えたのである。だが、かの女は死んでしまい、その直感が、かの女を決定的な行動に導くことはなかった。そしてこの死によって、ロシア政界の脆弱さが、いま一度露呈されることになる。それはつねに、問題の多い継承によって損なわれているのである。未来のピョートル三世の性格は、あらゆる点で、死の床にあった女帝の心配を裏づけることになる。

一七六一年一二月二五日、エリザヴェータは永眠し、かつてのホルシュタイン＝ゴットルプ公ペーターが、ピョートル三世の名のもとに帝位に就く。

ピョートル三世の「ドイツ」かぶれ

女帝エリザヴェータと同様、ピョートル三世は、大帝を継ぐものだと自負することができた。だがかれは、ロシア国民があがめる祖父の資質を、なにひとつひき受けることができなかった。かれの即位は重苦しい雰囲気を特徴としており、そこでは落胆の感情が支配していた。ホルシュタイン＝ゴットルプ公ペーターは、一二歳のときまで、スウェーデンの王位を継承するものとして育てられた。かれの教育官たちは、かれをスウェーデンの未来の君主だと考えていたから、代々の敵ロシアに対する根強い憎悪を教えこんだ。だが運命の皮肉によって、時を経て、かれはこのロシア帝国の帝位継承者となった。その幼少時代をつうじて、憎悪することを教えられていた帝国のである。この教育の結果は、息の長いものだった。ロシアにいながら、未来のピョートル三世は、つねに外国の公子として振る舞っており、かれが生きてゆくべき国と、その文明や住民たちを軽蔑していた。この孤児――かれの母と父は、それぞれかれが生後二ヵ月のときと、一〇歳のときに他界していた――の初期教育によって、その後かれが増幅させていくことになる特徴を、部分的に説明することができる。かれの教育官たちは、この子どもの後見人スウェーデン王によって、その使命を叩きこまれていた。そこでかれらは、正真正銘の兵舎の規律に従わせ、たえず自尊心を傷つけていた。だからペーターは、教育官たちを恐れていた。このことがおそらく、かれの陰険で、ほとんど笑うことのない性格を説明している。かれはまた、きわめて直接的に、歯止めのない酒好きになったことを説明している。かれは生涯、この酒好きをやめることができなかった。

かれは、エリザヴェータの即位後にロシアにやってきて、ただちにロシア正教に改宗し、伝統にしたがってピョートル＝フョードロヴィチと名のった。にもかかわらずかれは、けっして自分がロシア人だと思ったことはなかった。一七四五年、かれは、一六歳のドイツ貴族の娘アンハルト＝ツェルプスト公女ゾフィーと若くして結婚した。この結婚を画策したのは、プロイセンのフリードリヒ二世だった。先見の明ある王は、これによってロシア宮廷に同盟者を確保できると期待したからである。だがその期待はすぐに裏切られる。この若き公女――かの女もまた、伝統にしたがって正教に改宗し、ロシア名エカテリーナ＝アレクセーヴナをもらう――は、その夫とは反対に、最初からロシアの国益と、かの女を受けいれたロシア文化をわがものとしたからである。だがこの結婚も、帝位継承者ピョートルの信念と行動にほとんど影響を及ぼさなかった。かれは若い妻を無視して、その時間を――人形と遊んでいないときは！＊――プロイセンの伝統に染まった軍事教練に費やした(10)。かれは、なにごとにおいてもプロイセンの軍隊を模倣し、その軍服と行動様式を採用しさえした。そして、かれの唯一の手本はフリードリヒ二世だった。言葉遣いは乱暴で下品であり、生来姿かたちにもあまり恵まれず、ほとんど知性もなかったため、ロシア帝位の継承者は国民たちをまごつかせた。そして国民はすぐさま理解する。すなわち、ピョートルが帝位に就いたりしたら、ただちに、プロイセンの利益が自国の利益に優先するであろうと。

＊ ピョートルは、鉛の人形で兵隊ごっこするのを好んでいたらしい。

皇太子ピョートルは、ロシア文化を、そしてまたあらゆる文化を軽蔑していた。ロシアの人々はどうして、この皇太子に、ドイツ生まれの妃を対抗させせなかったのだろうか？　かの女は、注意深く第二の祖国という枠に適応し、その言語、歴史、文学を学び、なおかつ同時に、フランスの知識界に興味深々だった。フランスの影響は、宮廷においてだけでなく、人々の意見においても大きなものがあった。そしてその意見のなかでは、エカテリーナは、あのドイツ人の支配に対して欠くことのできない歯止めだとみられていた。この支配は、女帝アンナによってロシアにもたらされたが、その痕跡が、いまだに多く残存していたのである。このように、死にかけていた女帝エリザヴェータは、その継承者にさまざまな疑念をいだいていた。かれが、ほとんどかの女の期待に沿わなかったからである。そしてそれは、すぐさまヴェルサイユにも反響をもたらした。実際のところ、フランス国王ルイ十五世は、当惑の眼差しでロシアの新しい君主を観察していた。駐ロシア＝フランス大使ブルトゥイユ男爵が、外相ショワズールに書き送りはしなかったろうか？[11] すなわち、「皇太子ピョートル大公については、どんなことが起きてもいいよう予想しておかなければなりません」とか、「われわれに関わりのあることで、どんなことでも大公に期待するのは、まったく理にかなってもいなければ、正しいことでもありません」などと。

ロシア国内でも、また国外でも知らぬものなどありえなかったが、ピョートル＝フョードロヴィチの問題ある性格が、結果として、ひっそりとした論争を呼んでいた。つまり、エリザヴェータ女帝が一七四二年にかれを選んだことを尊重するのは、はたして当をえたことなのかどうかというわけである。そしてこの問題に関しては、二つのグループが対立していた。一方では、イヴァン・シュヴァーロフを先頭とする一派が、ピョートルが即位することに反対して、息子のパーヴェルをもって代え、その母エカテリーナの主宰する摂政会議によって補佐するべきだと提案していた。だが別の一派は、首相ヴォロンツォフとその弟を首領として、それでは王朝が断絶するという主張を擁護していた。すなわち、この一派にとっては、ピョートル＝フョードロヴィチが帝位に就くべきなのだが、そこには条件があり、ピョートルは妻と離婚しなければならない。この妻は、不貞のかどで糾弾されるべきだというのだ。そして、パーヴェルの父子関係には疑義があるのだから、かれが不貞から生まれた子どもだと宣言しなければならないという。こうすればまさに、パーヴェルが継承権をすべて失うわけだから、そのあとではじめて、王位の交代が日程に上るべきだというのだ。この一派が依拠していたのは、パーヴェルの出自が正統でないという根強い噂と、同時に、帝位を主張するピョートルの結婚計画だった。

ピョートルの息子の誕生に関しては、さまざまな噂がかなりしつこくあったので、駐ロシア＝フランス大使も、これについてヴェルサイユに報告し、「皇太子の親子関係は疑わしい」[12]と指摘するだけでなく、さらにはもっとはっきりと、おそらくはセルゲイ・サルトゥイコフと父子関係にあるとしている。[13]「美男のセルゲイ」はじっさい、一七五二—五四年にはエカテリーナの愛人だったのだ。こうした噂はまず、ピョートルとエカテリーナのあいだにほとんど夫婦関係のないことを、そしてつぎに、首相ヴォロンツォフ自身の姪がピョートルを魅了していたことを根拠にしていた。ヴォロンツォフ一族は、まず離婚を、それからピョートルとエリザヴェータ・ヴォロンツォヴァとが再婚することを目指した。そして、この画策中の夫婦の継承者には、若きイヴァン六世がよかろうというのだ。かれの名は、危機のたびごとに、正式の継承者の代わりとして浮上していた。もう一度ここでも、帝位の近くにいる一派が、権力の中枢に到達しようと、既定の継承順位に文句をつけ、君主と自分たち一族との婚姻をつうじて、みずからの地位を固めようとしていたのだ。

抗争を解決したのは、第三者、すなわち、幼い皇太子パーヴェルの教育官ニキータ＝イヴァノヴィチ・パーニン伯爵だった。この人物は、だれからも一目置かれていたが、スキャンダルにまみれた離婚も、世代順の継承順位を覆して幼子パーヴェルを即位させることも認めなかった。この子には、いまだ権力を振るう能力がないからである。ピョートル大帝の崩御以来、継承問題のたびごとにロシア政界には混乱がつきまとっていたが、パーニンはそうした混乱のすべてから教訓をひき出していた。

かれの提案した解決策はまた、エリザヴェータがかつて推奨した策でもあった。すなわち、かの女の選んだ継承者ピョートルを、帝位に据えるというものであった。だがかれは、この案を認めさせるために、元老院と宗務院の支持をもち出した。この二つの保障機関があれば、ツァーリも、良識に反する個人的行動をとることはできまいと考えてのことである。またとくに、その結果ツァーリは、元老院の意見を尊重せざるをえまいと考えてのことである。ピョートルの治世は、こうした庇護のもとに開始されたが、はじめからある種の不評が際だっていた。

しかしながら、ピョートル三世のとった初期の施策は、ロシア社会を、そしてなによりも貴族層を安心させることを狙いにしていた。新しい治世最初の数週間においては、エリザヴェータ女帝の寵臣たちに対して一定の寛容さがみられ、それが穏健な姿勢を予告しているようにみえた。だがたちまち、新皇帝の反ロシア情熱が、あらゆる慎重さにうち勝つことになる。一七六二年二月一八日の布告が、新しい君主の大方針を予告する。この文書は、いちじるしい反響をもたらしたが、ピョートル大帝の計画との完全な断絶を確認していた。大帝は、貴族に勤務義務を課していたが、この義務が廃止されたのである。一七六二年以後、貴族たちは国家に勤務するのも、それを拒否するのも、はては外国政府に仕えるのも自由になる。この布告は、国家の組織と社会的諸関係を深いところから変えていた。農奴制が正当化されていたわけではなかったから、貴族の勤務義務は、農奴制にかかわっても一定の意味をもっていた。つまり、この義務が廃止されたことから、農民たちははじめ、ピョートル三世が貴族に自由を認めたわけだから、その自由が自分たちにも拡大されるはずだと考えたのである。

この措置は、さまざまなかたちで評価されてきた。大歴史家クリュチェフスキーによれば、勤務義務を廃止した結果として、ロシアの社会組織全体の基盤が脅かされたという。この組織が、すべてのものに奉仕を課すことに基盤をおいていたからである。すなわち、貴族は国家に、農民は貴族にである。これに反して、多くの歴史家たちの判断では、この規則を廃止する時が到来したのだという。この規則がすでに役割を果たし、これ以後は、社会の精神的進歩を遅らせる危険があったというのである。ピョートル三世自身は、みずからの決定を正当化して、かれの祖父・大帝の制度は、ロシアに、軍の指導者と、公共の利益に身を捧げる良質な行政官とを、一世代分もたらしたと論じた。こうした努力が完成した以上、もはや強制をやめ、貴族にみずからの活動を選択させるのがよいというわけだ。かれらは、国家勤務に慣れているので、おそらくは勤務しつづけるであろうが、それを自由の精神のもとでつづけることによって、社会全体の進歩に貢献するであろうというのである。[14] また、アメリカのロシア史家マーティン・マリアほかの歴史家たちは、これを、国家の権威に関する自由な考え方への第一歩だったとしている。当時「機密局」が政治犯罪取り締まりに当たっていたが、同局廃止の勅令《ウカース》も、同様の動きから発布されて新帝の人気の源泉となった。

もうひとつ別の領域でも、ピョートル三世の寛容の意思が発揮された。宗教的寛容であるが、ただし正教会だけはその例外だった。正教古儀式派は、それまで追いまわされていたが、この宗教的寛容の大きな受益者となった。かれらは迫害によって通常の生活ができなくなっており、またしばしば追放の途上にあった。新帝は、かれらをロシアに呼びもどし、シベリアに土地を提供した。帝は、自分の立場を弁護して強調している。すなわち、「ロシアでは、マホメット教徒も、偶像崇拝者も許容されているというのに、分離派《ラスコルニキ》※だけが迫害されている。かれらもキリスト教徒ではないか」と。

※ 正教分裂《ラスコル》からきたことば。十七世紀、ロシア正教会は分裂した。一六五二年に総主教となったニコンの改革に反対するものたちが異端とされ、「古き」信仰を奉ずるものとされた。古儀式派ともいう〔二二ページ訳注参照のこと〕。

けれども、これら寛容な措置には裏面があった。ピョートル三世は、ロシア的なるものすべてを軽蔑しており、なによりもその筆頭が国教、すなわちロシア正教だったのである。かれは、ルター派の信仰のほうを好むと公言せずにはいられなかった。帝国到着の際に放棄しなければならなかったからである。かれは、正教会にさからって一連の措置を講じ、自分の改宗の性質が、うわべだけの強いられたものであることを確認させた。さらには、教会からすべてのイコンを撤去し、キリストの像のみ残すようにしなければならないと力説した。また、司祭や助祭の息子たちを徴兵し、ほとんどすべての個人礼拝堂を閉鎖させた。だがかれは、正教を国から一掃するだけの力はなかったので、その固有の特徴と存続基盤を奪おうとした。かれの叔母だった女帝エリザヴェータは、教会所有の土地を国家に収用する必要を確信してはいたが、その決定から実施へとは、いまだ一歩を踏みだせないでいた。だが一七六二年三月二一日、勅令によって、これらの財産はただちに差し押さえられることとなり、教会の憤激を促すことになる。

軍もまた、かれが改革に熱中した対象であった。すでにみたように、ピョートル三世にとって、軍隊の手本はひとつしか存在しなかった。プロイセンの軍隊である。ロシア軍は、すべてにおいて、すなわち服装から訓練法までプロイセン軍を模倣しなければならないとされた。帝は、ホルシュタイン大隊を寵愛して、その人員を増やし、全軍のモデルとした。そして他方では、近衛部隊を信用せず、そのもっとも有名な連隊をいくつか排除しようとした。かれにいわせれば、そうでもしないと、これらの連隊は、王宮に駐留するという不愉快な習慣を放棄しはすまいと確信してのことである。

帝のプロイセン狂いは宮廷にまで広がり、ドイツ風の礼儀作法が、なき女帝があれほど好んだフランス風のスタイルにとって替わった。帝がまさに、この国しか眼中になかったため、その風俗習慣を借りたのである。かれはこうして、各儀式ではドイツ流のお辞儀を強要し、女性たちをおおいに憤らせた。それに従わねばならなかったからである。

とはいえ、ピョートル三世のドイツかぶれがどれほどのものだったのかを、もっともよく示すのはその対外政策だった。帝位に就いたとき、この新しい君主は、軍事面ではプロイセンに対して優位に立っていた。プロイセンが、七年戦争をつうじて、その弱体振りを露呈していたからである。ロシア軍は、ツォルンドルフとクネルスドルフの戦いに参加し、短期ではあったがベルリンを占領しさえした。フリードリヒ二世は、敗北に追いこまれるかにみえた。だがピョートルの即位は、フリードリヒ二世に体勢を立てなおす希望をもたらした。ピョートルのゲルマン崇拝を、プロイセン王が知っていたからである。王は、新君主に提案を重ねて、そこそこの保障があれば、東プロイセンをロシアに譲る用意があるといった。ピョートルはただちに、敵のプロイセンと和平交渉に入り、同盟諸国に告知すらせずにプロイセンとの友好回復の意思を公言し、獲得した地域をすべて放棄し、戦時下で占領した土地から撤退するよう命令した。ロシア軍は、勝利を自負していたため、この放棄政策に怒った。おそらく、プロイセン王ですら、こんなことはあえて夢みようともしなかったろう。

だがピョートル三世は、なぜ、これほどまでロシアの国益に反する途《みち》をとったのだろうか？ フリードリヒ二世への熱中だけでは、これを説明することができない。帝には、ホルシュタインへの帰属意識もあったのである。ところで、フリードリヒ二世は、デンマークの侵入に対してホルシュタインを守り、シュレスヴィヒに対するピョートル三世の野望を支持する用意があると言明していた。たとえ、そのために、デンマークとの戦闘という代価を払わねばならないにしてもである。

この政策は、同盟関係のあらたな転覆をもたらしたが、それは、一七六二年四月二四日の条約によって確認される。ロシアは、オーストリア側に立ってプロイセンと戦ったばかりだというのに、突然敵側に現れて、それまでの同盟国とあい対することになる。フリードリヒ二世は、七年戦争でほとんど敗北していたにもかかわらず、ホルシュタインでのロシアの利益を保障することによってもちこたえた。そのうえかれは、ピョートル三世の叔父・ホルシュタイン公ゲオルクに、クールラント公国を与えると約束する。そして最後に、ロシアの皇帝に対して、このホルシュタインの叔父のポーランドにおける立場を擁護すると約束する。この叔父こそ、ピョートルのあらゆる配慮の受益者だったのだ。

たしかに、ロシアの軍と人民は、平和が回復したことに満足はしていた。だがかれらは同時に、新たな戦争の予想に激しく苛立ってもいた。その戦争が、ロシアにとってなにもうるものがなかったからである。またかれらは、皇帝のプロイセン崇拝によって、あらゆる利益が無に帰したことを確認し、憤激していた。ロシアは、それらの利益を七年戦争からひき出すことができたはずだったのだ。「われらがロシアは、フリードリヒ二世に統治されている！」と、ロシアの連隊やサロンで競ってくり返されていた。このときから、ピョートル三世は、ロシア人にとって半狂人で、かれらの国とその利益に無縁のものと考えられるようになった。

これにくわえて、さらに私生活の領域においても、かれの行動を挙げなければならない。それが、かれの奇矯な内外政策と同様、ロシア人たちを戸惑わせたからである。実際、知らぬものとてなかったが、皇帝は、妻エカテリーナに対して、侮辱的かつ乱暴な行動をとるだけにとどまらず、妻と離婚して、愛人エリザヴェータ・ヴォロンツォヴァと結婚しようと目論んでいた。かれはまた、パーヴェルが息子であることを否定する意思をおおいに公言し、息子の正統性を疑問に付した。そして、若いイヴァン六世を連れてきて継承者とすると恫喝した。かつてヴォロンツォフ兄弟が陰謀を企み、ピョートルとエリザヴェータを結婚させようとした。だが、ピョートルの運命のかかった陰謀は、失敗してしまう。けれども、だからといって、この結婚という考えが失われたわけではなかった。ひとたび帝位に就くや、若き君主は、今度こそ同胞たちを憤慨させた計画をうまく運ぶことができると考えたのだった。

だがロシアはすでに、帝位継承にまつわる混乱に十分悩まされてきた。そのため、こうした企みは、ただちに貴族の大多数から糾弾されずにはいられなかった。

「クーデター」

もう一度、近衛部隊の介入という問題が提起される。不評がたえず増大している君主を、権力から遠ざけ、正統な継承者を帝位に就けるためである。あるいは、もうひとり別の帝位を主張する人物を？ロシアの人民は、こうした急激な変化に慣れっこになっていた。一七六二年の六月、農村では動揺が十分に大きくなり、軍の不満の反響もかなり強力になったので、危機が起こりつつあることを知らぬものとてなかった。ベランジェ公爵は、ブルトゥイユ男爵転出後フランス代理大使となっていたが、こうした事態を注意深く観察しており、一七六二年六月の決定的な日々の日付のある公用文書に、いくつかの蜂起を書きしるしている。これらの蜂起では、六千近い農民が権力と対決したが、かれらは聖職者たちを頼りにしていた。聖職者たちもまた、ピョートル三世の改革の犠牲者だったからである。(15) 聖職者たちのほうも、ピョートル三世がかれらの意に反して、財産没収とかずかずの暴力を命令したことに、ますます激しく抗議するようになっていた。ひとりの司祭が、モスクワで鞭打ちの刑にあったではないか？　君主の宗教政策に厳しい言辞を弄したという理由で。(16)

このときから、ピョートル三世の運命は閉ざされてしまう。とはいえ、その後どのようにして権力を組織するのか、まだだれにも分かってはいなかった。陰謀の核心には、皇帝妃エカテリーナがいた。かの女の人気が、たえず高まりつづけていたからである。かの女には知性があり、ロシア正教に明確な帰依の姿勢を示していた。これに対してピョートル三世は、同教をあからさまに軽蔑していた。こうしたことによって、かの女は臣下たちの心をつかんだのである。かの女は、近衛部隊諸連隊の支持をえており、オルロフ兄弟が――とくに、かの女の愛人でもあったグリゴリーが――、これら連隊を動員しようと動きまわっていた。さらには、科学アカデミー総裁キリル・ラズモフスキーもおり、最後に、そしてとくに、かの女は、息子パーヴェルの教育官ニキータ・パーニンの援助を受けていた。

引き金は、ピョートル三世のいい出した祝賀の宴だった。プロイセンとの和平と同盟を祝おうというのである。参加者たちは、ピョートル演説のプロイセン崇拝の論調と、かれがフリードリヒ二世に示した追従のことばに唖然とした。かれらの眼には、ピョートルが皇帝としてではなく、プロイセン王のへり下った臣下として発言していると写った。突然、ピョートルは妻を侮辱しはじめ、かの女を逮捕しろと命じた。ほとんど理性をとり戻すことなどなかった――むしろかれは、扱うことどもすべてに関して、たわごとを吐いた。水兵たちが病気で戦闘につけないでいると、ただちに病気を治して義務を果たせと命令したのではなかったのか？――が、だからといって、ツァーリは武装解除しているわけではなかった。エカテリーナはこのとき、決定的な行動をしなければ自分の行く末は閉ざされるだろうと理解した。一七六二年六月末の数日間にいたって、かの女の側近のひとりパセクが逮捕されると、事態の推移はさらに早まる。パセクが、準備中の陰謀に加担していたからである。陰謀に加わっていたものたち――四〇名からの近衛部隊将校たち――は、時の流れが自分たちに不利になってきたことを知った。

わずかな細部をのぞけば、ことの推移はくり返されることになる。一七四一年にエリザヴェータを権力の座につけた推移がである。[17] 近衛部隊の各連隊は、ホルシュタインに向けて出発せよとの命令を受けとった。一七四一年と同じく、これら連隊が出発すれば、陰謀に加わったものたちは、あとに残されて手勢を失ってしまう。六月二八日、ピョートル三世は、危険に気づくことなく、愛人をともなってオラニエンバウムにいた。一方、エカテリーナがペチェルゴフにいると、夜になってアレクセイ・オルロフがやってきて、かの女を連れだした。かれらはこのとき首都へ行き、名高いイズマイロフスキー連隊に護衛されることになる。連隊は、皇帝妃の命に従うべくやってきたのである。近衛部隊の他の連隊も、たちまちかれらに合流した。なかば不安で、なかば熱狂した群衆に歓呼の声で迎えられ、エカテリーナはここで、諸連隊から忠誠の誓いを受ける。また連隊は、ある聖職者の精神的権威を後ろ盾にしていた。かれもまた、長きにわたって、その大義に同調してきたからである。

一七四一年と同様に、クーデターはヴォードヴィル演劇の様相を呈した。[18] ピョートル三世は、突然その麻痺状態から脱して、エカテリーナとその忠臣たちがオラニエンバウムへ進軍していると知り、ペテルブルク近くの海上の軍港クロンシタットへ行こうとする。だが無駄であった。かれは、オラニエンバウムへ戻らなければならなかった。そこからかれは、エカテリーナに宛てて、自分に求められた声明を送り、帝位を放棄することを確約する。かれは、エカテリーナの決定に従って、首都から三〇キロのロプシャの別荘へ護送され、そこに幽閉される。「至極快適な条件で」と、のちに新女帝が書くであろう。ここから、ピョートルは新女帝に長い書簡を送り、愛人とともにドイツに行かせてくれと懇願し、「あなたの従順な僕《しもべ》」と署名する。これは、エカテリーナにとって予期せぬことであった。[19]

だが、外国へ出発することはなかった。ピョートルの生涯が突然終わってしまったからである。この死の最初の解釈として、エカテリーナの断言するところでは、ピョートルは、「脳充血を併発した痔核痛の」四日後に死んだことになっていた。だがアレクセイ・オルロフは、女帝に送った報せのなかで、もうひとつ別の解釈を述べている。ピョートルは、酔っぱらい同士の喧嘩の最中にたまたま殺されたというのである。[20] 近年の研究が示すところでは、どうやらこれが真実のようであり、エカテリーナはしたがって、解任された皇帝を厄介払いするよう命令してはいない。そうはいっても、ピョートル三世の死は、エカテリーナの治世の出発手続きをおおいに簡単にした。

こうして、ピョートル三世の生涯と奇矯な行動は終わりを告げる。陰謀は十分すみやかに実行されて完結する。そこには四〇名ほどの将校と、一万近い兵士が加わっていた。[21] ピョートル三世は死に、新しい治世が始まる。なにはともあれ、エカテリーナが頭角を現すべきだったのである。

三七年の年月が、ピョートル大帝の死からエカテリーナ二世の即位までを隔てている。この期間は結局、うち続いた帝位継承の危機がみな似かよっていることを特徴としている。また、つねに同じ不安定要因があり、つねに同じ手段がそれに対応するためにとられたことを特徴としている。継承者が示されたり、帝位に就けられたりしても、その正統性は既定のことでもなく、認められもしないことがあったが、それは、直系による継承を規定する原則そのものが、忘れられてしまったからである。これ以降、複数の分派の支配となったが、これら分派はたがいに対立しては、自分たちの推す皇帝候補者の成功を確かなものにしようとした。そして、まさにそのことをつうじて、自分たちの個人利益を勝利させようとした。またこれら分派にとって、手段はなんでもいいのだった。たとえば皇帝候補者を、結婚によって自分たちの大義に結びつける――候補者が既婚であろうが、そんなことはおかまいなしだった。それは、ピョートル三世の場合が示しているとおりである――のである。

継承者の正統性という問題はその後も、即位した君主にまで及ぶ。継承者の選定が具合悪ければ、またかれに人気がなければ、かれは即位まえから異議を唱えられ、断罪される。そして、問題を決着させるうえで、軍が――すくなくとも、そのもっとも名高い部分、すなわち近衛部隊が――危機の調停者となる。この混乱の時期、帝位の未来と、そこを占める人物を決めるのは、近衛部隊だった。ほかの点ではほとんど洞察力を示さなかったものの、ピョートル三世はこのことをよく理解していた。それによって、この栄光ある部隊に対するかれの嫌悪の説明がつく。ピョートル大帝はかつて、「銃兵隊《ストレルツイス》※」に脅かされたことがある。当時の摂政ソフィアが、みずからの権力を確かなものにするため、援軍として動員したのである。大帝はこのとき、力ずくでこれらの部隊を粉砕した。それらが、帝位をめぐる抗争に決着をつけると主張していたからである。そして、その治世の全期間をつうじて、権力は唯一君主に属すること、軍隊は君主に奉仕するものであり、政治抗争の当事者ではないことを認めさせるのに成功した。これは、かれの偉大な成功のひとつである。しかしながら、危機の三七年間がかれの死に続き、軍事権力は、大きな権限をともなう主導権をとり戻した。皇帝候補者たちは、帝位に到達するために、また帝位を維持するために、軍事力を必要とするようになり、ピョートル大帝の確立した力関係は、再検討されることになる。

※　十六―十八世紀にロシアにあった軍隊。一六八二年と同九八年の反乱の源となったため、九八年の反乱のあとピョートル大帝によって廃止された［九八年の反乱と、それに対する措置については、田中陽児ほか編、『ロシア史 2』、山川出版社、一九九四年、九ページ参照のこと］。

このように危機がくり返された結果、ピョートル大帝の治世のもうひとつの成果も台なしとなったが、それは、至高権力の根源自体にかかわるものだった。ピョートル大帝は、その絶大な個人的権威を用いてロシアをヨーロッパ化しようと望み、そのモデルとして「文明国家」を採用した。この国家が基盤とするのは、各国家機関の権威――ここから、元老院に付与された権威が派生する――と、それらの安定して自立的な運用規則とだった。だが、こうした考え方は、大帝没後も存続することができなかった。かれの継承者たちが、君主とその取り巻きたちの至高の権威を頼りにしたからである。そしてこの取り巻きはしばしば、外国生まれのものたち――たとえば、女帝アンナとピョートル三世治下のドイツ人たち――だった。

こうした変化によって、人も原則もたえず変化していた。そしてそれが原因となって、ロシア社会には、この時期特有の文化的不安定感が蔓延していった。大帝ピョートル一世は、ロシアのヨーロッパ化を熱狂的に願い、それをまずエリートたちから始めようとした。だが、このような企てには時間が必要である。エリートたちは、二つのアイデンティティにあい対することになる。モスクワ風の伝統的なロシアのアイデンティティと、モデルとして呈示されたヨーロッパのアイデンティティである。また、こうした精神的変革は、エリートたちだけを対象にしていたことはいうまでもない。その深奥において、ロシア社会は、こうした転換とは無縁のままだった。かくしてロシア人たちにとって、共通にもっているものは、もはや正教と、モスクワ大公国から受け継いだ権威崇拝の儀式化された形態のみだった。ポスト＝大帝の時期には、ヨーロッパ風の文化モデルは、なん分の一かに縮小されて、単純で盲従的なプロイセン風マナーの採用にすぎなくなっていた。そしてこれらマナーも、ロシア社会全体とは無縁だったのである。さらには、ピョートル三世は言外に正教を退けたが、かれの治世があれほど短かったとはいえ、それがまた、ロシアに一定の心理的不安定感を広げることになった。エカテリーナ二世は、暴力を用いた非正統的な手段で権力の座に就いた。それが、この長い時期の特徴だったからである。そしてかの女は、以下のような二者択一と向きあうことになるが、かの女の前任者たちは、だれひとりとしてこれを解決することができなかったのである。すなわち一方では、混沌とした、あるいはすくなくとも不安定な状況を考慮すべきなのだろうか？　それは、ピョートル大帝の死後恒常化している。そして、その考慮からあらゆる教訓をひき出して、最後には安定を回復すべきなのだろうか？　それとも、女帝アンナやピョートル三世と同じく、最後には危機に足下をすくわれる危険を冒してまで、そんなものはすべて無視するほうがいいのか？

第Ⅰ部　見習いの時期

第一章　正統性を求めて

ピョートル三世の妻は、一七六二年六月二九日、かれに替わって帝位に就いた。かの女はもはや、一六歳でロシアに来た若いアンハルト＝ツェルプスト公女ではなかった。三三歳になっても、エカテリーナ二世には、依然として、あまり幸福ではなく、取り巻きも少なかった幼年時代の刻印が残っていた。かの女は、そのころをツルプストで過ごしたが、そこはドイツのパッとしない公国で、ほとんど活気もなかった。かの女の両親はいつも、最初の子が男子でなかったことを嘆いていた。そのためエカテリーナは、一種の後悔の念をもつようになり、それが男ではないという困惑と、男たちと対等になりたいという意思に転じていた。[1] だが、この味気ない、あまりにも厳格な幼年時代にも、幸福な思い出が残っていた。それは、フランス人家庭教師バベ・カルデルの思い出である。この女性はエカ

テリーナに、自分の国のことばだけでなく、愛情と陽気さを教えたのである。(2)

エカテリーナは、一七四四年にロシアにやってきて、成熟しきらない若もの――軍隊の操作と人形に熱中していたが、とくに後者は、通常は少女のものである。そのうえ、妻としてあてがわれた若い女には無関心だった――と結婚した。だから、かの女が勉学と読書に救いを求めなかったら、ロシアの宮廷で途方に暮れたにちがいない。かの女はこうして、いつも読書に没頭することになる。かの女は、きわめて迅速に、そしてよくロシア語を学び、新しい祖国の文化に馴染んでいった。と同時に、少女時代に身につけたフランス語をなおざりにすることもなかった。厳しい監視下に置かれ――ドイツ公女だったため、エリザヴェータ女帝のブレーンたちは、エカテリーナを全面的に信用することがなかった――て、孤独だったため、かの女は、以前からの書物好みに、そしてなによりもフランス書好みに熱っぽくのめり込んでいった。最初は小説だったが、たちまちのうちに、かの女はモンテスキューを、ついでヴォルテールを発見する。歴史も、かの女の読書のなかに相当の位置を占めた。たとえば、プルタルコスとタキトゥスは、かの女にひとつの宇宙を開示し、かの女はそれを際限なく夢みた。だがまたかの女は、十七世紀フランスの思想家で百科全書派の先駆者ピエール・ベールの『歴史批判辞典』を最後の一行まで読み尽くした。かの女は生涯をつうじて、どこへ行くにしても手に、あるいはポケットに本を携えていた。

アンハルト゠ツェルプスト公女とロシア帝位継承者の結婚は、ある程度までフリードリヒ二世の仕業だった。かれは、この手段によって、当時の女帝エリザヴェータに対するフランスの影響と闘い、ロシア宮廷における同盟者をえようとしたのである。なるほどフリードリヒ二世は、自分の大義に帝位継承者ピョートルが忠誠であることを確信してはいた。だが、かれが想像だにしなかったのは、エカテリーナが、ドイツ生まれで、母国を離れたことすらなかったにもかかわらず、これほど急速にロシア文化に密着したことである。またかの女が、このロシア文化と、フランスの言語と思想に対する自身の情熱とを、これほど密接に融合させたことである。かくして、フリードリヒ二世の回りくどい計算は、ひとりの若い娘によって裏をかかれてしまう。娘は、しょっぱなから、確固たる人格を示してみせたのである。

若い公女はすぐさま、ロシア人たちの心をつかんだ。新しい祖国とロシア正教とに愛着を示したからである。それはまた、かの女の威厳ある真摯な態度のおかげでもあった。けれども、ひとつの影が、かの女の人気につきまとっていた。結婚後九年ものあいだ、男子の継承者が生まれていないのである。二人の夫婦関係が、こうした状況を説明する。はじめから結婚は失敗だったのである。だが、継承の問題はやはり、こうした状況から発生する。皇太子妃は、やがては帝位にのぼる運命にあったが、その最初の役割は、未来の皇帝となる子孫を保障することだった。このように子どもが生まれなかったことについて、エカテリーナは、その秘密の『回想録』で説明している。すなわち、かの女が一七四五年、つまり結婚直後に記したところによれば、「皇太子殿下が使用人を遣わして、わたしにいわせたところによれば、かれはわたしの住まいからあまりにも遠くに住んでいるため、たびたびわたしに会うことができないというのです(3)」というわけである。だが、ピョートルが足繁く訪れたわけでもないのに、九年後には子どもが生まれ、その子はパーヴェルと名づけられることになる。けれども、この子の誕生にははじめから疑惑がつきまとっていた。エカテリーナは、夫に顧みられることもなく、なん年かは身持ち正しくしていたが、やがて倦怠を慰めてくれる男たちをみつけた。そしてそのなかに、セルゲイ＝ヴァシリエヴィチ・サルトゥイコフがいた。例の『回想録』は、夫婦の関係がどんなものだったのかを垣間みせてくれる。だがそれと同時に、パーヴェルの正統性を確認しようともしている。「わたしたちの結婚の最初の九年間、かれ［ピョートルのこと］は、わたしのベッド以外で休んだことはありませんでした。ただそのあとは、めったにしかそこで休むことはありませんでした」(4)というのである。この文章は、このまえに引用した箇所とすこし矛盾している。ただし、これらは異なった版からのものであり、両方とも——そこが面白いところなのだが——が、エカテリーナの意思を物語っている。かの女は、息子の誕生を相応の敬意で包みたかったのだ。慎みに欠けるところがあったとすれば、それはピョートルのほうだったのだというのが、この二つの指摘の暗黙の結論なのだ。要するに、肝心なことは、男子の継承者を産んだことによって、エカテリーナは、帝位継承への義務を果たしたのである。さらに、もし必要なら、この誕生が証明してみせたのは、なん年か継承者が生まれなかったことはエカテリーナのせいではありえないということである。かの女は不妊ではなかった。誕生というできごとが、それを証明している。反対に、ピョートル三世はけっして、正統な子どもの父親となることはなかった——とはいえそれは、当時としてはよくあることだった——のだ。そしてそのことが、かれには子どもを産ませる能力がないという風評を、さらに信憑性あるものにしていた。

皇位継承者の母となったものの、エカテリーナは、女帝エリザヴェータによって、ただちに子どもをとり上げられてしまう。女帝は、エカテリーナに対して、愛情も信頼ももっていなかったからである。エカテリーナは、孤独で、行動を監視するものたちに囲まれ、夫からは侮辱され、サルトゥイコフとも別れていた。この男は、結局のところ、エカテリーナに飽きたのである。だから、このときエカテリーナがひとりの男に夢中になったとしても、それは驚くべきことだろうか？　その男は、非常に教養があり、魅力的で、かの女と知的好奇心を共有していたのである。

スタニスワフ＝アウグスト・ポニアトフスキ伯爵*は、一七五五年六月に、セイント＝ジェイムズ宮廷〔イギリス宮廷の正式名称。正式所在地、セイント＝ジェイムズ宮からきている〕の新しい代表者サー・チャールズ・ハンベリー＝ウィリアムズの随員としてサンクト＝ペテルブルクに到着し、大使館書記の任務を務めていた。この若いポーランド貴族は当時二三歳であり、エカテリーナを魅了するものすべてを備えていた。ポニアトフスキ伯爵は、フランスのサロンを熟知し――ジョフラン夫人**が、かれを自分のサロンに迎え入れていた――ていたが、かれのほうでも皇太子妃エカテリーナに魅了され、かの女を以下のように記述している。

* のちに、エカテリーナ二世の指示でポーランド王国最後の王スタニスワフ二世（位一七六四―九五年）となる（一六六―一七一ページ参照）。

** フランスのサロン主催者（一六九九―一七七七年）。夫の莫大な遺産でサロンを運営して、啓蒙派を中心に多くの思想家を集め、また『百科全書』の出版資金を援助した。死後、ポニアトフスキとの往復書簡が刊行されている。

「大公妃は二五歳だった……。この時期は、美しさを備えることを許された女ならだれでも、通常美しさの絶頂にあたる。かの女は黒髪だったが、まぶしいほど色白で、青い大きな眼は出目気味だったが、これ以上ないほどいきいきとした色をして、たいへん表情豊かだった。睫毛は黒く、とても長く、鼻は尖っており、唇は接吻を誘うかのようだった。手と腕は完璧で、体型はすらりとし、小柄というよりむしろ大柄で、立ち居振る舞いはきわめて敏捷ではあるが、最大限の上品さを備えていた。声の響きは心地よく、笑い声は性格と同じくらい陽気だった。かの女は、その性格によって、もっともふざけた、もっとも子どもじみた遊びから数表まで、みな同じように易々とこなした。つまり、その数表で物理を勉強することを、本を読むこと以上に恐れたりしなかった。題材がどれほど重大で、また危険でさえあってもである。かの女は、結婚以来困難な状況にあり、その精神と同等の相手もまったくいなかったので、読書にのめり込んでいた……。

このような女主人が、わたしの運命を左右する人となった。わたしの全存在はかの女に捧げられたが、それは、同様の立場に置かれたどんなものたちがいうよりも、はるかに誠実にだった(5)」。

不器用な政治的デビュー

サルトゥイコフとの恋物語は、まったく私生活の領域に限られていた。だが、それとはちがって、エカテリーナの新しい恋物語は、首相ベストゥジェフ゠リューミンとのあいだで、かの女を危険な政治的関係にひきずり込んだ。この人物は一時、若き皇太子妃エカテリーナに激しい敵意をもっていたことがある。この関係に、ポニアトフスキと、イギリス代表のサー・チャールズ・ハンベリー゠ウィリアムズが同時に介入してくる。かれは、その協力者ポニアトフスキの仲介で、エカテリーナと関わりをもつようになったのだ。そして首相は、若いエカテリーナを利用して、自身の影響力を維持しようと決めていたのである。かれにとって、未来は暗かった。エリザヴェータ女帝は年老い、その健康は不安定で、気分の急変が頻繁になっていた。ベストゥジェフ＝リューミンは、それで苦労していた。かれは、女帝の自分への信頼が弱まっていることと、新帝の治世が、おそらくはそう遠くないことを知っていた。そこで、自分の将来に関して保障を求めていたのである。ピョートルは、狂信的なプロイセンかぶれだったから、ベストゥジェフ＝リューミンを信用してはいなかった。首相がイギリスとの同盟の支持者だったからである。だから首相にとって、ピョートルはおぼつかない同盟者にみえた。一方エカテリーナは、ポニアトフスキに薦められて、イギリスとの同盟政策に賭ける気になっていた。かの女はこうして、首相とイギリス宮廷からの大使とのあいだで一種の連絡役となり、イギリス＝ロシアの接近のために働き、フランスとの同盟を阻止しようとした。当時、親フランス派がこの同盟を支持していたが、この一派は、エリザヴェータ女帝の二人の寵臣、イヴァン・シュヴァーロフとミハイル・ヴォロンツォフを首領としていた。かれらは全力を挙げて、またそれぞれの一族の影響力を利用して、自分たちの主張を擁護していた。

エカテリーナは、無分別にも、サー・チャールズ・ハンベリー＝ウィリアムズとの秘密会談だけにとどまらず、かれからの援助金を受けとってもいた。それは融資のかたちで提供され、それによってエカテリーナは金銭的な必要に対処することができた。金銭の不如意はひどいものだったのである。

ただし、公平のために強調しておくと、ピョートルもまた、イギリスの贈答から恩恵をこうむっていたのである。だが、ヴェルサイユ協定*（一七五六年）によって同盟関係が逆転し、ロシアはフランスとオーストリアの側に立って、イギリスおよびプロイセンと対抗するようになる。そのため、この援助金は一時的に中断するが、さまざまな関係のほうは中断しなかった。若き皇太子妃は、その程度まで、こうした関係にのめり込んでいたのである。

* オーストリアは当時、オーストリア継承戦争以来プロイセンと敵対しており、フランスとの同盟を模索していた。一七五六年、プロイセンがイギリスに対して、ハノーファー（イギリス王室の出身地）を保障する旨条約を結ぶと、フランスとオーストリアは防御協定を結び、ロシアがこれに参加した（柴田三千雄ほか編、『フランス史 2』、山川出版社、一九九六年、二七三―七四ページ）。

この時期には、エリザヴェータ女帝の健康が衰えてきており、その死が予想されるまでになっていた。そこで、さまざまな計画が立案される。ハンベリー＝ウィリアムズは、すでにロシア退去を余儀なくされていたが、エカテリーナとは秘密裏に音信を保ちつづけ、かの女が帝位に就くことができるよう援助を仄めかしていた。またとりわけ、ベストゥジェフ＝リューミンは、かの女の助言者になっており、帝位継承の新しいヴァージョンを練りあげていた。かれの提案では、ピョートルとエカテリーナが権力を分有するのだが、かれ自身が、その移行の過程で決定的な役割を果たすことになっていた。最後に残った慎重さに動かされて、エカテリーナはこれに賛成することを控えた。ただかの女は、沈黙を守ることによって、首相が策謀を続けるままにしておいた。エカテリーナの無関心をいいことに、首相は、エリザヴェータ女帝に、エカテリーナに有利な継承を規定する案に署名させようとさえした。(6)

だが女帝はそこに、一種の陰謀にきわめて近いものを感じとった――それが、皇太子妃エカテリーナに対する女帝の恨みを、すくなからず増大させることになる――のである。一七五八年、ポニアトフスキは、エリザヴェータ女帝の苛立ちの代償を払うことになる。女帝は、さんざん躊躇したあげく、かれの本国召還を求めるよう決意したのであった。

これら政治的策謀は、七年戦争の始まりと時を同じくしていた。フリードリヒ二世の勝利はピョートルを夢中にさせた。かれは、自国とフランスとの同盟にもかかわらず、つねにプロイセンのほうに傾くのであった。しかしながら、ロシアは行動しなければならなかった。なん度も躊躇したすえに、ロシア軍は攻撃をかけ、一七五七年四月にはメーメルを奪取し、八月には、東プロイセンのグロス＝イエーガースドルフでフリードリヒ軍を敗走に追いこむ。ペテルブルクでは祝砲が勝利を祝い、この勝利によってフリードリヒ二世は降伏するかにみえた。だがここで、予想だにしなかったことが起こる。プロイセン軍に対する偉大な征服者アプラクシン元帥が、ペテルブルクから二通の勅書を受けとり、攻勢を続けるよう厳命されていたにもかかわらず、自分ひとりの権限で東プロイセンから撤退することを決めたのだ！　三人の同盟君主たち――エリザヴェータ、マリア＝テレジア、ルイ十五世――には、この一方的な決定が理解できなかった。だが三人は、ただちにひとつの符合を確認した。すなわち、エリザヴェータの健康状態が急速に悪化し、かの女が死の淵に立たされると同時に、このときのいわゆる「アプラクシンの裏切り」が起こったのである。怒りが蔓延して、人々は責任者を捜す。みなは、アプラクシンが首相に近いことを思いだし、エカテリーナが、この首相の勧めにしたがって、軍司令官に親書をいくつか送り、その結果司令官が、味方からみて裏切りものになったのだと教わる。*

* だが、真相はロシア軍の疲弊にあったようである。当時のロシア軍は、「兵士に給料は払われない、武器は不足する、装備は不完全である、糧食の輸送隊が軍の急速な展開について行けず、餓死寸前という状態だった」らしい(アンリ・トロワイヤ、『女帝エカテリーナ 上』、工藤庸子訳、中公文庫、一九八五年、一六二—一六三ページ)。

エリザヴェータ女帝は、死ぬかと思われたが回復し、ただちに反攻に出て、一七五八年二月二六日に首相を逮捕させる。アプラクシン元帥はすでに解任され、法廷にひき渡されている。もっともかれは、きわめて都合のいいことに一七五八年の八月に他界する。このとき、ルイ十五世の駐ロシア大使ロピタル侯爵は、かれらの罪を確信して、この事件においてエカテリーナとベストゥジェフ＝リューミンが共謀したという説を展開している。ともかく、アプラクシン事件はすぐさまベストゥジェフ＝リューミン事件となり、エカテリーナにとって、そこから脱出することが焦眉の急となった。イギリスがプロイセンと同盟していたため、イギリス・シンパたちが最初に嫌疑をかけられた。またエリザヴェータ女帝の確信するところでは、ベストゥジェフ＝リューミンと、かれが庇護しているエカテリーナとが、エカテリーナの将来の準備を始めたのは、女帝の死を期待してのことだった。だからエカテリーナは、ますます標的にされることになる。ロピタル侯爵は、のちにベストゥジェフ＝リューミンの凋落に実際の役割を果たすことになるのだが、(7) エカテリーナを糾弾せずにはおかなかった。かの女が、イギリス＝プロイセンの利益という口実で、ロシア軍司令官に退却を促したというのである。かれははっきりと、エカテリーナはイギリスに買収されていたとのべている。

エリザヴェータ女帝は快活さをとり戻したが、この女帝の眼からみても、たしかに陰謀があったのであり、エカテリーナもおそらく加担者の数のうちだった。かの女を守ってくれたベストゥジェフ＝リューミンはいまや監禁状態にあり、その文書は押さえられてしまっている。皇太子妃エカテリーナは、当然のことながら最悪の事態を恐れる状態にあった。だが、かの女の知性が身を救う。かの女はエリザヴェータ女帝にすがり、女帝の不興を買ってしまったことを嘆き、故国に送り返してくれと頼んだ。エカテリーナは、不安でいっぱいのまま待つほかなかったが、その不安を埋めるため『百科全書』を読むことに没頭した。そして、長いあいだ逡巡したのち、一七五八年五月二三日、劇的な会見のあいだに女帝を説得して、自分はけっして裏切っていなかったと思わせることができた。こうしてエカテリーナはロシアにとどまる。皇太子ピョートル大公の妻は、この危機を脱する可能性を期待していたのである。

だが、かの女はどれほど孤独だったことだろう！　かの女の忠実な友ベストゥジェフ＝リューミンは、釈放はされたものの、領地に赴任するよう申し渡されていた。ポニアトフスキはポーランドに送還されていた。エカテリーナの両親も他界していた。かの女の娘——おそらくは、ポニアトフスキが産ませたものだが——も、一七五九年に死ぬ。長子パーヴェルと同様、この娘も、生まれてすぐにエリザヴェータ女帝によってとり上げられ、いまではエカテリーナの顔もほとんど知らないまでになっていた。にもかかわらず、この娘の死はエカテリーナを動揺させた。宮廷は敵意に満ち、没落寸前の皇太子妃を冷遇する気になっていた。だがそのなかにあって、エカテリーナは、女帝の寵臣シュヴァーロフおよびその一族から、ある程度同情をひき出すことができた。かれらはそれまで、エカテリーナの敵方に数えられていたのである。当時すでに、ベストゥジェフ＝リューミンはいなかったし、エリザヴェータ女帝は年老い、その治世も終わりに近いとみられており、一族には、不確かな未来に対して備える必要があった。おそらくはそのために、シュヴァーロフ一族は、本当に陣営を変えたわけではなかったが、エカテリーナの断固たる敵対者であることをやめたのだ。最後に、一七六〇年になって、エカテリーナに思いがけないできごとが起こり、それが、かの女の来るべき運命をすべて決定することになる。

シュヴェーリン伯爵は、プロイセン王の副官であったが、ロシア軍の捕虜となり、あるロシア軍将校によってサンクト＝ペテルブルクに連行されてきた。この将校は、ツォルンドルフの戦いでとくに名を上げたものであった。かれは、グリゴリー（＝グリゴリエヴィチ）・オルロフという名であった。この男は、美男子で、その勇敢さで評判をとっていたが、まさにちょうどよい時にやってきて、皇太子妃の心のなかからポニアトフスキの思い出を消してしまうことになる。ポニアトフスキはロシアを去り、帰ってくる望みもなかったのである。エカテリーナはこの美男の将校に傾いていくが、それはおそらく、かれがかの女に対して発揮した魅力によるものである。またそれは、かの女の孤独のせいでもあった。だが疑いなく、それは、軍隊に擁護勢力を確保したいという欲求のせいでもあった。オルロフとその四人の兄弟は、このまっとうな配慮に応えた。宮廷全体と同様に、エカテリーナは、エリザヴェータ女帝の死が近いこと、夫ピョートルが自分を厄介払いし、修道院に幽閉することしか考えていないことを知っていた。疑いもなく、エカテリーナは情熱的な若い女だった。けれども、この決定的な数ヶ月間は、かの女の感情は知性と政治的本能に導かれていたというほうが確かであろう。この政治的本能は、ほんの数年まえまでは、かの女に欠けていたものであった。かつて陰謀に巻きこまれたことが、かの女を成熟させていた。今度は、かの女が間違えることはない。オルロフ兄弟こそが、かの女を守り、ピョートル三世の短い治世ののち、かの女を帝位に就けることになる。

摂政、それとも女帝？

近衛部隊のいくつかの連隊の支持によって、ピョートル三世を厄介払いすることは、比較的容易だった。この皇帝は、先のことなど考えない性格であり、この弱点を計算に入れることができたからである。けれども、エカテリーナの地位と権力の問題は、最終的に決定していたわけではない。同じタイプの危機のすべてと同様、伝統的な問題をめぐって論戦が始まった。すなわち、だれが統治すべきかという問題である。いつものごとく党派が形成され、おのおのの党派は、提起された問題に対して、それぞれの解答を提案した。その両極端には、当然のことながら、ピョートル三世の忠臣たちとエカテリーナの無条件支持者たちがいた。ピョートル三世の忠臣たちは、クーデターに憤慨して、エカテリーナの戴冠を拒否した。エカテリーナは、かれらにいわせれば、クーデターの首謀者だったからである。退位させられた皇帝に頼ることはできなかったし、パーヴェルには正統な子ではあるまいという嫌疑がのしかかっていた。そこでピョートル三世の忠臣たちは、若き太子に眼を向けた。かつての皇帝イヴァン六世は、シュリッセリブルクに監禁されていたのである。だが、あまりにも長く幽閉されていたため、また、隔絶状態で監禁されていたため、かれの統治能力には疑いが投げかけられていた。この継承候補者の性格がきわめて不確かだったため、クーデターの直後でも、エカテリーナはほとんど不安をもたなかった。一方、かの女の支持者たちのほうが主張するには、継承の問題は、ピョートル三世が退位したときすでに解決しているというのである。帝位はエカテリーナに帰すべきであり、あとは戴冠しさえすればいいというわけだ。

オルロフ兄弟は、こうした主張のもっとも熱心な擁護者だった。クーデターでは第一線の主役だったので、かれらは、このクーデターから利益をひき出したかったのだ。そのうえかれらは、グリゴリーとエカテリーナの結婚によって、自分たちの立場を強化しようと目論んでいた。いつものとおり、女帝と結婚できるかもしれないという希望が、各党派の支持を強固なものにする。つまり、ある党派がそういう切り札を手に入れれば、継承候補者への支持が強まるのである。首相ベストゥジェフ＝リューミンも、クーデター後は寵愛を回復し、オルロフ兄弟と同盟して、かつて失った権力をとり戻そうとする。

中間をとった穏健な説が一時出現し、右の二つの目論見を粉砕しようとする。パーヴェルの教育官ニキータ・パーニンは、はやくから陰謀に加わっていたが、継承者の正統性と、それにふさわしい尊厳とにもとづいて、解決策を選択する。パーニンにとって、皇帝はピョートル三世の息子、すなわちパーニン自身の弟子パーヴェル以外ではありえない。だが、この子が八歳のため、摂政職はエカテリーナに帰すことになるというのだ。この案には、実力派の支持者たちがあった。たとえば、ダシュコフ公爵夫人――この女性は、クーデターと無縁だったわけではないが、自分がそこで果たした厳密な役割を誇張する傾向がある[8]――と、ニキータの弟ピョートル・パーニン将軍である。このグループは、「正統主義派」と呼ぶことができようが、いくつかの気がかりにつき動かされていた。まずは、皇妃エカテリーナの即位が外部世界に嘆かわしい効果をもたらすかもしれない、という予測である。妃が、愛人の援助で夫を排除したからである。だがまた、もう一度寵臣支配が始まるかもしれない、という危惧もあった。寵臣たち――この場合は、オルロフ兄弟のことだが――が、権力の真の主人公になるのではないかというのだ。女帝アンヌの治世は、忌まわしい記憶として、すべてのものたちの精神のうちにあった。オルロフ兄弟がロシア人であって、ドイツ人ではないにしても、ほとんど変わるところはない！　これらの危惧を増大させていたのは、グリゴリー・オルロフのエカテリーナに対する影響力だった。ダシュコフ公爵夫人は、その際だった側面を強調している[9]。二人が結婚したらという仮定のことである。最後に、オルロフ兄弟はそれまで、ほとんどその政治的野心によって、おおかたの関心の的となってきたという事実である。ニキータ・パーニンはまた、ロシアに必要な改革と、対外政策の明確な方向とについて考えをめぐらせていた。気まぐれと、突然の同盟関係の転換に終止符をというわけだ。クーデター直後から、フランスの代理大使ベランジェはヴェルサイユに報告していたが、それによると、とくにフランスに関して、外交政策の変化が、クーデターの結果としてすぐにもあるはずだというのである[10]。

エカテリーナは、ピョートルに対する勝利が栄光に満ちたものでないこと、自分の個人的立場が脆いものであることに気づいていた。そこでかの女は、本能的に、ものごとを迅速に進め、ただちに自分が戴冠すべきだと決心した。式は、一七六二年九月二二日にモスクワで行なわれた。それは、威風堂々たる儀式のかずかずからなっていた。一ヵ月まえから、かつての首都には、高位聖職者、貴族の代表、帝国の偉大な公僕、もっとも活発な商人たちが押し寄せていた。エカテリーナとその支持者たちは、これら国じゅうのエリートを集めるのに万全の準備をしていた。式が、国を挙げて新女帝を支持する宣言とみえるようにである。戴冠はクレムリン宮の聖母永眠聖堂《ウスペンスキー》でとり行なわれた。新女帝の眼からみて、かの女をとり巻く祝宴は、ロシアの民衆だけでなく外国にも強い印象を与えたようにみえた。

本当のところをいえば、すべてが簡単に運んだのは、モスクワ市民が、「歴史」が都市《まち》に戻ってきた瞬間に胸をなで下ろしたからである。モスクワ市民は、宮廷の騒動から遠く離れ、自分たちの都市がもやは首都でなくなって以来、ロシアの生活の中心でもなくなったことに、ずっと苦い思いをしていたのである。かれらの多くがエカテリーナを讃えていた。かの女がこのとき伝統に従っただけにすぎないにしろ、すべての戴冠はクレムリンでなされなければならないからである。

戴冠して、エカテリーナ二世になったが、だからといって、かの女は敬意を集めているわけでも、長く帝位にいる保障があるわけでもなかった。軽蔑されたり、憎まれていたとしても、ピョートル三世は依然として、ロシアの民衆の意識のなかでは正統な君主だった。かれはピョートル大帝の孫だったのである。これに対してエカテリーナは、側近たちにはその個人的資質を評価することができたにしろ、償わなければならないことが多々あった。前出のベランジェは、その大臣に書き送るなかで、世情を以下のように要約している。「冷静に判断して、この国自体にとってなんという光景だろう！一方でピョートル一世の孫は廃位され、死んだ。またもう一方では、イヴァン五世の孫が鉄格子のなかで憔悴している。ところが他方では、かつてのアンハルト公女が、二人の祖先から帝位を簒奪し、しかもそれに先だって皇帝を殺害している……」と。またベランジェは、その公用文書のなかで、たえず以下の二点を強調している。すなわち、女帝は外国人であること。そのうえ、帝位継承者の母ではあるが、その親子関係は、これ以上ないほど疑わしいことである。そうしたうえで、この外交官は、エカテリーナが摂政権を行使する資格を問題にし、かの女が統治権を主張することなど受けいれられないとしている。かれがそこからひき出した結論――ヨーロッパの各君主は、正統性を尊重して、時間を稼ぐべきだ――は、エカテリーナの治世が短命だという結論である。プロイセンのフリードリヒ二世も、自分の利益に忠実な同盟者を失ったため、このように予測したのは当然のことだった。だが、フランスのルイ十五世は、エカテリーナを承認する気にはならなかったが、だからといって、かの女が帝位にとどまる可能性に賭けることもしなかった。

正統性獲得のための暴力

戴冠後も、エカテリーナはまだ、自分が危うい状況にあると感じていたはずである。というのも、正統な帝位要求者が、幽閉されているとはいえ、暗い要塞のなかで生き延びていたからである。イヴァン六世である。クーデター直後、かれの名が、ピョートル三世の忠臣たちのあいだで、しきりに取り沙汰された。そして、エカテリーナがロマノフ王朝の帝位に就いたにもかかわらず、イヴァン六世は、新たなクーデター計画を立てつづけていた。オルロフ兄弟の力と傲慢さとが、また、かれらの仲間の一部に不安をいだかせていた。そこで、これらの人物たちは、そうした事態に終止符を打つため、イヴァン六世を力ずくで解放し、かれを首都に連れていって、軍隊の助けを頼りに――六月のクーデターの繰り返しである――して、かれを皇帝として認めさせようと考えた。だが、たえず取り沙汰される意見にも応えなければならなかった。その意見とは、イヴァン六世の精神状態が、長い幽閉によって錯乱しているというのである。そこで、これら陰謀を企てたものたちは、かれをニキータ・パーニンの摂政下に置くつもりになった。エカテリーナは、敵が仕掛けようとしている攻撃に気づいて、対応策を講じようとした。ベランジェは、あらゆる風説に通じていたので、これを報告している。それによると、「自分の正統性を主張するために、女帝はイヴァン六世と結婚し、帝位をかれと分かちあおうと考えているが、かれの精神状態から考えて、自分だけが統治することになるだろうと、お見通しなのだ」[11]というわけである。だが実際のところ、エカテリーナには、帝位を分かちあう気などまったくなかった。たとえ形式的にでもである。力で権力の座に就いたのだから、かの女は力を利用しつづける決心をしていた。くわえて、オルロフ兄弟はおそらく、グリゴリーの野望を台なしにするような解決策を受けいれはしなかっただろう。グリゴリーはしきりに、エリザヴェータ女帝の例を踏襲するよう迫っていた。人のいうところでは、この女帝は愛人と結婚していたというのである。

二年近く——一七六二年の夏から同六四年の夏まで——のあいだ、陰にこもった動揺が首都を支配しており、それが、エカテリーナのいまだ不安定な地位にはっきりと反映していた。いく人かの将校の逮捕が実行された。かれらが糾弾されたのは、陰謀を企んで女帝を倒し、イヴァン六世をこれに代えようとしたからである。残酷な尋問も実施され、それには拷問も伴っていた。エカテリーナが許可したからである。そして、有罪判決がいくつか下った。たしかに、これらすべても、重大な陰謀の存在を実証するに十分ではなかった。それに、こういうことがあったからといって、平穏が戻ったわけでもない。時を同じくして、エカテリーナとグリゴリー・オルロフの結婚という考えが勢いをえて、一部のものたちが暗躍するのを促した。これらのものたちは、オルロフ兄弟が帝位への階段に決定的に居座ることを恐れたのである。

エカテリーナの恐れと、オルロフ兄弟の敵たちの恐れが結びつき、一七六四年七月五日の悲劇が起こる。[12] この日、近衛部隊の一中尉ミロヴィチが、その連隊がシュリッセリブルクに駐屯していたとき、イヴァン六世を解放して帝位に就けようとした。それは、単独ではあるとはいえ勇気ある行動であったが、まったく組織的ではなく、したがって、いかなる成功のチャンスもなかった。被監禁者に対しては一大警護体制がしかれており、このような企てが成功するはずはなかった。イヴァン六世が厳重に警護されていただけではない。ピョートル三世も、その短い治世のあいだに、看守役のものたちに指示を与えていた。すなわち、イヴァン六世が逃げようとしたり、外来分子がかれを解放しようとしたら、かれを殺害してよいというわけである。さらにはニキータ・パーニンも、帝位を主張するものが正統な血筋をもち、存命していることは危険だと理解していた。しかもかれは、最終的には、エカテリーナの統治したいという意思に屈服していた。だからかれは、さまざまに措置を強化して、囚人の逃亡や解放を阻止しようとしていた。女帝のほうもまた、命令によって手立てをさまざまに増やし、囚人をほかのものたちから孤立させようとした。かの女は一時、イヴァン六世が自分にもたらす問題に、平和的な解決策をみつけたいと望んでいたことがある。伝統的にいって、ロシアの君主たちは、妻に飽きがくると、修道院に閉じこめることによって、その妻を厄介払いしていた。エカテリーナがはじめに思いついたのは、これと同じ解決策だった。かの女は、イヴァン六世の話し相手を仲介にして、かれに宗教的使命のあることを納得させようとした。かれがこの提案を受けいれ、帝位を主張することを諦めていれば、かれはおそらく生き延びたことだろう。だが、修道院生活は、イヴァン六世にとってなんの魅力もなかった。またすくなくとも、かれは、自分の人生をそちらに向けようとする意思を、けっして表明しなかった。だから、イヴァン六世はシュリッセリブルクに幽閉しておかなければならなかったわけだが、かれがそこに存命しているという事実だけで、かれは、みずからの疑問の余地のない正統性を、エカテリーナの非正統性に対置していた。つまりかれは、エカテリーナの敵対者たちに、もうひとつの選択肢を提供していた。若きミロヴィチの試みは、ちょうどこうした時期に、この厄介なライヴァルを解放しようとしたことになる。

ミロヴィチは要塞に潜入し、守備隊に対して一通の宣言を読みあげた。それは、イヴァン六世によって作成されたことになっていたが、ことばがきわめて曖昧だった。くわえて、ミロヴィチが宣言を読みあげているあいだ、若きイヴァン六世のまわりにいた警備兵たちには十分な余裕があり、かれらは、規程が命じているとおりにイヴァン六世を殺害した。

この悲劇のあとに起こったことが、その疑わしい点をすべて白日のもとにさらしている。ミロヴィチは裁判にかけられて死刑を宣告され、一七六四年九月一五日、サンクト＝ペテルブルクで公開斬首された。かれが処刑され、首切り役人がその首を群衆にみせびらかすと、群衆のあいだに恐怖の印象を産みだした。エリザヴェータ女帝が死刑を廃止したため、二〇年のあいだロシアには極刑の執行がなかった。そのため、この野蛮な過去への後戻りは、人々を打ちのめしたのである。ネヴァ河の岸に集まった人々は、自分たちを護っていた障壁が崩壊したという感慨をあらわにした。

だが、この野蛮なできごとは、真の問題を、すなわち正統性の問題を隠すことになった。男は裁判にかけられて処刑されたが、この男は、イヴァン六世を、つまりロマノフ王朝の正統な継承者を解放しようとした。イヴァン六世のほうは、その看守たちによって殺害された。けれども、こちら看守のだれひとりとして、身の安全を脅かされはしなかった。イヴァン六世の死の全責任は、かえって、かれを救出しようとした人物に帰された。ここから、いくつかの疑惑が生じた。とはいえ幸運なことに、このドラマのあいだ、エカテリーナは首都から遠く離れ、リガにいた。まさにこの地で、かの女に一報がもたらされたが、それには、「反乱の企て」があったとされていた。かの女は首都にいなかったため、事件をとり扱う際には、それが自分ぬきで決着したものとして対処することができた。ニキータ・

パーニンと検事総長が事態を掌握していたというわけである。警備兵たちには、情け容赦のない指示が出されていた。すなわち、ほんのわずかでも逃亡の試みの疑いがあれば、囚人を殺害してよいというわけである。また、きわめて時宜をえたことに、エリザヴェータ女帝こそが、まず最初にこうした措置を命じたと指摘された。そして、パーニンが、エカテリーナ二世の教唆のもとで、これらの命令を再発令したことは明らかにされずじまいになった。だからイヴァン六世の殺害は、公式な解釈ではもはや、下手くそな陰謀の結果でしかなかった。けれども、他方世論においては、組織された挑発があったのではないかという疑義が、権力側の説を凌駕していた。

挑発があったにしろ、不幸な偶然の一致だったにしろ、エカテリーナにとって事件は歓迎するところだった。かの女はとうとう、自分の地位を脅かすかもしれない唯一の生存者を厄介払いしたのである。かの女の敵対者たちは、かの女に異議を唱えてみても、またかの女の非正統性をあざわらってみても、無駄だったろう。かれらはもはや、正統な血をひくライヴァルを、かの女に対置することができなかっただろうからである。たしかに、クーデターとピョートル三世の死は、エカテリーナの評判をいちじるしく損なった。かの女にはすでに、厳しい非難が重荷となってのしかかっていたが、イヴァン六世殺害が、これに上乗せされることになる。しかしながら、これらの不都合を照らしあわせてみても、かの女には、これを喜ぶ理由があった。かの女は帝位に就いており、もはやだれも——かの女の息子は別だったが、その親子関係には、あまりにも多くの疑義がつきまとっていた——、かの女に対抗して帝位を主張することができなかったからである。

パンフレットがロシアじゅうに流布し、エカテリーナを二度の皇帝殺害で糾弾した。けれどもかの女は、そんなものなど一顧だにしなかった。もはや躊躇しているときではない。かの女がしなければならないのは、自分を認めさせることだった。ロシア人たちに対しては、人気とりの施策によって。また、外部世界には、企てを決定し、それをやり遂げる能力をみせつけることによって。エカテリーナは、論評のかたちで声明を発表し（一七六四年八月一七日）、イヴァン六世殺害事件を中立的なことばで報告する。それによれば、陰謀を企んだものたちは、かの女が首都にいないことを有効に利用して行動を起こしたらしい。これでは元老院も、これが女帝が真実と認めた解釈だと判断せざるをえまい[13]。

即位直後のエカテリーナの行動は、かの女の地位がまだ脆弱だったにもかかわらず、これ以上ないほどの政治的習熟を特徴としていた。人々は、君主の交替に不安をいだいていたし、ピョートル三世は、そのわずか数ヵ月の統治のあいだに、いくつも禍根を残していた。だからエカテリーナは、こうした人々を安心させ、禍根を修復しようと望んだ。一部のものたちは、ピョートル三世によって要職に就いたため、既得権を失うのではないかと恐れていた。また別のものたちは、かの女のあとに従って、かの女に奉仕したため、ここから利益をひき出そうと考えていた。かの女は、この両者を安心させなければならなかった。それをうまくやるために、かの女はまず、エリザヴェータ女帝とピョートル三世の協力者たちをその地位にとどめ、この二人の不興を買ったものたちを流刑地から呼び戻した。そのなかで、さきの首相ベストゥジェフ＝リューミンは、かの女を擁護したものの、きわめて危険なやり方でかの女を利用したことがあった。また、検事総長シャホフスコイは、エリザヴェータ女帝の忠臣だった。さらには、アンナ女帝の愛人ビロンもいた。またエカテリーナは一時、時の首相ヴォロンツォフ――ヴォロンツォフはかつて、自他ともに認めるかの女の敵だった――にも寛大な態度をとった。そして、かれの姪エリザヴェータ・ヴォロンツォヴァ〔ピョートル三世の愛人〕を首都から遠ざけるにとどめた。この女はかつて、ピョートル三世のそばにあって、エカテリーナにとって替わろうと夢みていたからである。これら即位直後の寛大さは、多くの危惧を和らげ、かの女の潜在的な敵たちの警戒心を解いた。

ピョートル三世は、すべてのロシア的なもの、とりわけ「正教会」に敵対的な行動をとったため、人民の敵意をおおいにかき立てた。これに対して、エカテリーナのほうは、ロシアに到着して改宗して以来、これみよがしの敬虔さをみせつけており、まずは「国教会」の信頼をかちえる。即位する――「正教会」がかの女に対する支持を表明したのは、まさにこのときだったが――やいなや、かの女はピョートル三世の措置を弾劾した。かれは、それらの措置によって、修道院の土地を没収するとともに、修道院に属する農奴を解放していたのである。一七六二年八月に委員会が任命され、「正教会」の要求を満足させた。この時期、だれも疑わなかったことがある。まずエカテリーナは、この措置によって治世初期には「正教会」と和解しようとしていた。だが同時に、長期的な宗教政策に関して、かの女の考えはいまだ定まっていなかったのだ。やがて一七六四年になると、イヴァン六世を厄介払いし、自分に自信をもつようになり、かの女はピョートル三世の措置にたち戻り、「正教会」に対して、自分こそがロシア国家の長だと主張する。すなわち、ピョートル大帝にならって、自分こそが地上の権力の責を負い、この地上の権力が宗教権力を支配するのだと主張する。とはいえかの女は、つねに「正教会」と正統教義を尊重する態度を示していた。

一七六二年の夏、エカテリーナが民衆に示そうとしたのは、ロシア女帝のイメージだった。帝位と「国教会」を和解させると同時に、かの女はまた、軍からの信頼を回復しようと意図する。軍は、ピョートル三世に侮辱されていたのである。軍に対して、かの女は、ある方法を採用するが、かの女は当時その有効性に気づいていた。一七六二年一一月、かの女は委員会を設置する。それは、上級軍人と、かの女に忠実な助言者数名からなっており、その任務は、軍の不満に耳を傾け、軍の望む改革を検討することだった。ピョートル三世は、軍服と軍律の「プロイセン化」を強行したが、この方針はただちに破棄される。そしてそれは即座に、軍の不満をなだめることになる。

一七六二年から同六四年のあいだは、移行の二年間だった。この二年間は平穏であり、エカテリーナは思いきった変革を強行しなかった。だが、微妙な調子で、人気のない過去とは訣別することを仄めかしていた。かの女は巧妙にも、この期に創設された各種委員会に、ピョートル三世に仕えたものたちをとり込み、それによって、まだ自分の正統性を確立はしていなかったにもかかわらず、不満分子の数を減少させた。とはいえ、これは前奏にすぎない。一七六四年以降になると、ロシア国内でも国際舞台でも、真のエカテリーナが、すなわち、やがて大女帝となるエカテリーナが、姿を現しはじめる。

第二章　ヴォルテールの弟子がロシア帝位に

一七六二年六月、クーデターと前皇帝殺害とによって即位したとき、エカテリーナ二世は、ロシアの人民にとっても外部世界にとっても、ひとつの謎だった。あるいは、もっといえば、かの女という人物は、これ以上ないほど矛盾に満ちた見方をされていた。まず、かの女はヴォルテールの弟子だと、いく度もくり返されていた。そしてこの形容詞は、ロシアの根底からの変革を望む人々のあいだに、大いなる希望を目覚めさせた。他方かの女は帝位の簒奪者であり、皇帝の殺害者だった。これは反対に、かなり好ましからざる新女帝のイメージである。そのうえ、なにをおいても、かの女は女であり、だれ知らぬものとていないが、かの女の愛人が、その兄弟たちの助力をえて陰謀の中心にあり、ピョートル三世を追い落としたのだった。となれば、だれが、これに先だつ女帝たちの治世（エカテリーナ一世の治世をのぞく）を忘れることができようか？　そのすべての特徴となっているのは、権力に飢えた寵臣たちの果たした役割である。右のあい対立するイメージと、アンナ、エリザヴェータ両女帝の治世の記憶から、若き女帝の第一歩を見守っていたものたちは、二つの結論をひき出した。一部のものたちは、かの女の治世は短命だと考えた。フランス王ルイ十五世もそのひとりである。かれは、エカテリーナの没落を期待しており、この女君主と急いで繋がりをもとうとはしなかった。そのうえ王は、かの女の野心と政治的道徳心のなさとを非難していた。(1)これに対して、別のものたちが確信するところでは、エカテリーナは君臨するであろうが、統治する責任は寵臣たちに預けるだろうとされていた。したがって、残る問題は、将来どの寵臣が勝つのかを見極めることだった。当時の寵臣グリゴリー・オルロフだろうか、それとも、だれか別の助言者にかの女が惚れこんでいるのだろうか、というわけだ。最近だけをみても、かの女の移り気は明らかである。サルトゥイコフ、ポニアトフスキ、オルロフ――つまり、愛人の数だけ、かの女が情熱に屈した時があったということなのだ。

良識的な見方は、しかしながら、エカテリーナの敬愛するヴォルテールの側にあるのではあるまいか？　おそらくは、もっとあとになってから、ヴォルテールは、その弟子エカテリーナに、とるべき道を示唆することになる。だが、以下に続く文が書かれた正確な日付など、ほとんど問題にならない。それが、エカテリーナの選択に関して、もっとも確かな判断となっているからである。「わたしの知るところでは、かの女は、その夫に関わることについていくつか、とるに足りない点を非難されている。だがそれは家族内のできごとであり、わたしは、そんなものに関わりあう気はまったくない。ともかく、修正できる欠点があるのは、悪いことではない。それがあれば、多大な努力を払って、大衆から敬意と称讃をえようとするからだ」というわけだ。

また、イヴァン六世が殺害されたとき、ダランベールも、ヴォルテール宛の手紙で、このことにふたたび触れている。「ロシアのわたしのよき友は、イヴァン大公の意外な事件に関して、立派な声明を印刷させたところです。じっさい、かの女がいうには、この大公は一種の獰猛な獣なのです。諺にもいうではありませんか。悪魔を殺すほうが、悪魔に殺されるよりましだと。……とはいえ、あれほど多くのものたちを追いはらわなければならないとは、すこし遺憾なことですが……。わたしも、あなたとともに認めるところですが、哲学は、こうした弟子をあまり自慢しすぎてはなりません。けれども、仕方がないではありませんか。友はその欠点もろとも愛さなければならないのです(2)」と。

限られた権力？――エカテリーナの勝利

エカテリーナは、最初から以下のことを理解していた。まず内外の世論――つまり、かの女の助言者たちからルイ十五世まで――にとって、かの女の正統性は、もっとも疑わしい部類に属していた。つぎに、かの女にかわって統治させよという圧力が、かの女にかかる可能性があった。かの女が女であり、きわめて異論の余地のある存在だったからである。したがってさらに、権威を確立するのは、かの女に先だつ女帝たちがしばしばそうしたように、一時的な手段によってであってはならない。むしろ永続的な手段によって、つまり、諸制度を明確に定義し、それら制度のうえに、かの女の権力を据えなければならない。

エカテリーナの矛盾は、まさに以下の点にあった。帝位を奪う直前まで、かの女は、いかなる政治的経験にも恵まれていなかったのである。エリザヴェータ女帝と、ついでピョートル三世は、かの女がそんな経験を積まないよう眼を光らせていた。けれども、このような無知にもかかわらず、またかの女が、いかなる感化を受けることも拒んだにもかかわらず、かの女の政治的直感は、かの女にとって貴重は助けとなった。

かの女のまわりには、野心家たちがうごめいていた。だがこれら野心家とは別に、経験を積んだひとりの男が、始まったばかりの治世の大綱を考案し、それをかの女に強要しようとした。この人物は、ピョートル三世に対する陰謀に加わり、ついで帝位継承問題に解決策を提案した。それによれば、エカテリーナには、たんに摂政の役割が振られるだけだった。すなわち、廃位された皇帝の息子の教官、ニキータ・パーニン伯爵である。かれがロシアじゅうで尊敬されていたため、エカテリーナも、かれを権力を握るものたちからはずすわけにはいかなかった。あるいは、もっと単純にいえば、かれの提案を無視することはできなかった。だからかの女は、かれと妥協すると同時に、かれに対して策を弄さなければならなくなる。この人物の政治的経験が、若き女帝のほうの無知と対称をなしていたからである。ある興味深い文書が元老院の文書館に保存されており、「エカテリーナ二世の御代の初期」と題されている。この文書が、この時期にニキータ・パーニンの果たした役割を、きわめて有効に立証している。(3)

一七六二年六月二八日、エカテリーナは声明を発表して、いくつかの政治原則の概略を明らかにする。この声明は、本当のところをいうと、一部はニキータ・パーニンによって、かの女に吹きこまれた――執筆されてさえいる――ものである。それも、二人がピョートル三世を帝位から追い落とすために策動しているときに。そこでは、ピョートル三世とその権力観を批判することをつうじて、エカテリーナは自身の権力観を明らかにしている。廃位された皇帝は、法を軽んじ、皇帝という役割を個人的な特権とみなし、それを享受する際にも、人民の利益やロシアの利益を勘案する必要などないとしていた。エカテリーナの主張するところでは、これとは反対に、権力とは社会の要請に応え、ロシアの国家利益を護り、法と正義を尊重すべきものなのだ。国と人民の利益において統治すること。こうしたプログラムをこそ、エカテリーナはこの宣言で提起したのである。

これ以降、パーニンはこれ以上ないほど安心して、政治体制の改革を提案するが、その体制は、かれの将来展望に合致したものだった。パーニンは、若き女帝の精神的な弱さに気づいており、オルロフ――この当時、女帝のお気に入りだった――が、女帝の弱みにつけ込んで自己の権威を強化するのを阻止しようと腐心していた。そこでかれは、いくつかの提案を作成したが、それらの提案には、諸機関を強化することによって皇帝の権力を制限し、またそれによって、皇帝に接近しすぎるものたちの権力を制限するねらいがあった。二つの明確な提案によって、君主の権威にたがをはめなければならない。パーニンの考えでは、エカテリーナが、この権威を間違って使用する危険がおおいにあったからである。第一の提案は、四人の閣僚からなる「皇帝会議」の創設を規定していた。各閣僚はそれぞれ、外交、内政、軍事、海軍に責任をもつのである。そしてこれら閣僚は、それぞれの管轄に属する重要問題すべてに対して決定権をもち、皇帝の権限は、「皇帝会議」の決定を確認することに限られるべきだとされた。この常設機関はまさに「集団君主」であり、国家生活の各重要分野において決定権を握っていた。そしてその権威は、パーニンの提唱する第二の改革によって強化されなければならない。すなわち元老院の改革である。パーニンは、元老院を六つの専門部局に分割するつもりだった。こうすれば、その結果として、院自体の権威は弱まり、院は「皇帝会議」に対して下位に置かれることになる。パーニンの提案の論理は明白だった。つまり、国家と行政の権力を効率の名のもとに再編成し、国家基本法を前面に立てて、皇帝の至上権と諸機関の専制に対する保障としなければならないというのだ。すべてが、立憲制度の確立を、ないしは、立憲化に向かう制度の確立を目指していた。それは、「文明国家」の像になぞらえてのことだったが、十八世紀ヨーロッパでは、こうした国家像がもてはやされていたのである。ロシアの貴族たちは、帝位継承のたびに起こる政情不安や、各党派の争いや、この争いがもたらす腐敗にうんざりしており、右のような変革を夢みていた。そしてパーニンみずからが、その提唱者となっていたのだ(4)。

政治においていかに初心者であるとはいえ、エカテリーナはただちに、これらの提案が、「文明国家」の幻とまったく同様に、自身の権力を制限する狙いをもつことを見抜いた。即位後ただちに、かの女は断固として、自分は「最高枢密院」の復活を認めないと宣言する。かつてそれは、その権力にタガをはめるためアンナ女帝に強要されたが、結局はその女帝によって廃止されたではないか。エカテリーナは、このような機関も、それがいかなるものであれ「最高枢密院」の亜流も欲してはいなかった。それらは、別の名称のもとで、同じ目的を追求するはずだからである。かの女の眼からみれば、常設の「皇帝会議」などまさに、「最高枢密院」の新たな二番煎じにすぎなかった。かの女は、こうした考えをためらうことなく退ける。だが、かの女は第二の提案を受けいれ、元老院改革に着手する。パーニンと妥協しようという配慮が働いたのと、この案が自分にとって有効であることを理解していたからである。一七六三年四月一七日、八名の委員からなる委員会が女帝によって設置される。かの女がここに招集したのは、ニキータ・パーニン、ベストゥジェフ＝リューミン伯爵、ミハイル・ヴォロンツォフ伯爵、ヴォルコンスキー公爵、シャホフスコイ公爵、ザハリー・チェルヌイシェフ伯爵、最後にテプロフであり、この人物が事務局を統括した。全員が、パーニンの提案では、「皇帝会議」の常任委員となるはずだった。(5) だがかれらは、臨時委員会の委員として、元老院の将来の機構と役割とを審議する役目に、女帝によって任ぜられたのである。

エカテリーナが帝位に就いたとき、元老院は、他に類をみないほどの権威を享受していた。新女帝は、なんらかの機関に依拠する必要を痛感していたし、その機関の正統性は、かの女の正統性とは反対に、疑問の余地のないものでなければならなかった。だから当時、かの女と元老院との関係は、きわめて密接であり、オルロフ兄弟のひとりフョードルが、かの女の個人的代理人として、この機関との恒常的な関係を保障していた。とはいえ、かの女の権力がすこしずつ確たるものになるにつれて、エカテリーナは、同院の支持はもはや必要ないと考えるようになる。そこでかの女は、元老院を自由に改革しようと考えるようになる。それは、パーニンの提起した路線に沿ってだったが、その目的はまったく反対だった。つまり、君主の権威を拡大するためだったのである。このとき元老院は、国家活動の各部門と対応して、六つの部局に分割された。そして同院は、機関としての統一性だけでなく、地理的な統一も失ってしまう。なぜなら、六つの部局のうち二つはモスクワに設置されたからである。(6) パーニンの構想した改革によれば、「皇帝会議」設置と元老院改革という二つの局面を結合することによって、皇帝権力は制限さるべきものとなっていた。ところがエカテリーナは、そのうちの一方だけを採用することによって、逆の結果を手に入れる。行政上の分割と統一性の喪失とによって弱体化し、元老院は官僚機構のうえに乗るだけの機関となり、政治的中心ではなくなってしまったのである。そして権威も威信も失ってしまう。このときから、エカテリーナの権力はもはや、制度的な限界をもたなくなる。かの女にとって、これは、まごうかたなき政治的勝利であったが、統治方式という観点からみれば、ロシアはほとんど進歩しなかったことになる。

かつて、元老院と検事総長のあいだには均衡が存在していたが、この均衡もまた、この改革によって崩壊した。ピョートル大帝が創始した体制では、検事総長は——直接的に、また地方検事のネットワークを介して——、元老院の行動の合法性を保障するものとなっていた。検事総長はこうして元老院を支配したのである。検事総長はまた、元老院と君主との仲介者でもあった。けれども、エカテリーナの改革は、元老院と検事総長を最上部で重複させることによって、元老院を下位に置くことになる。すなわち検事総長は、じっさい、元老院第一部局の責任者となるが、この部局が「国家案件と政治案件」に責を負っていたため、もっとも重要な部局だったからである。そこには、外交、各種治安機関、宗務院が含まれていただけではない。エリザヴェータ女帝の治世に、新法典編纂にあたる部局〔一七五四年に招集された「立法委員会」のこと〕が新設されたが、この部局もまたここに含まれていた。これ以外の元老院各部局は、それぞれの部局長《オーベルプロクロール》の権威下に置かれ、部局長たちは検事総長に対して責任を負った。また、元老院関連の官僚機構全体が中央集権化され、しかも同院が検事総長に従属することになったため、同院がときとして手にしていた自立性は、最終的に剥奪されてしまう。

エカテリーナは、パーニンの改革案に対して以上のような回答を与えた。そのため、たしかに、パーニンの享受していた権威に疑義が生じ、人々を支配していた混乱が増大する可能性があった。しかしながら、若き女帝とその助言者とのあいだで、両者の対立はおそらく、見かけほど根源的なものではなかった。パーニンの提起した体制は、疑いもなく、君主の絶対権力を制限するためのものだった。かれはたしかに、ひとつの体制をロシアに移植しようと夢みていた。かれはかつて、その体制がスウェーデンで機能しているのをみているからである。だが、スウェーデンの立憲組織とかれ自身の企図とのあいだには、顕著な違いがいくつか存在していた。とはいえパーニンはまた、かれ自身が語っているように、さまざまな統治職務の総体という重責から、女帝を解放するつもりでもあったのだ。この重責が、ただひとりの個人にとって過重なものだったからである。統治職務は膨大かつ多数であり、一個人の能力とは、いわんや《ア・フルシオリ》未経験の若い女性の能力とは釣りあわない。そのために、求められざる人物——寵臣たちのことである——が、権力の領域に介入してくることがありえた。アンヌ、エリザヴェータ両女帝の治世が、その嘆かわしい例を提供しているではないか。パーニンが過小評価していたのは、ないし、かれが見落としていたのは、みずから統治したいという、エカテリーナの揺るがぬ意思だった。「そして、かの女が、自身で統治できる状態にあったこと」だった。これは、現代の歴史家オメルチェンコの指摘であるが、[7]それはまことに当をえたものである。この指摘が想起させるところでは、パーニンの提案は、ロシアの政治体制を変えて君主の権力を現実に制限しようという意図よりも、むしろ、移行期に一定の均衡をもたらしたいという意図からきている。また、パーニンの偉大な専門家D・ランセルも、この助言者の初期の目的は、おそらく君主の権威を制限することではなかったとみなしている。かれの企てが、結果として権威の制限をもたらすことになったとしてもである。[8]

　エカテリーナの反応――かの女が承認した元老院改革――は、たぶん、パーニンへの単なる譲歩ではなかった。つまり、かれの「皇帝会議」提案を拒否した埋め合わせではなかった。それはむしろ、かの女とその助言者とのあいだで、共通の見解がありえたことの証拠なのだ。助言者パーニンと同様に、かの女は、統治方法を改善する手段を思いめぐらせていた。そして、元老院改革は、たしかにこの意図に応えていた。たとえば、一七六三年の改革以外にも眼を向け、「大訓令《ナカース》」※二三、二五、二六条の元老院とその機能の定義を参照してみると、そこに視点の連続性を確認することができる。それは、現代ロシアの歴史家A＝B・カメンスキーが、ピョートル一世からパーヴェル一世までのロシアの諸改革に関して、注目すべき著作で強調しているところである。そこから、「一七六三年の改革は、この女帝にとって、最高統治機関の大規模な再編成の第一歩、つまりその一部だった」[9]ことが確実になる。

※　一七六五年と同六七年に、エカテリーナ二世によって書かれた訓令。二〇の章に分類された五二六条からなる。この文書は正真正銘の政治概論であって、「立法委員会」の委員たちの作業の指針となっていた。

とはいえ、一七六三年の夏にはまだ、エカテリーナに統治が可能だなどと、だれも思ってはいなかった。人々は、どの男が、あるいはどの男たちが現実に権力を握るのかといぶかっていた。だれがロシアを統治するのか？　この疑問が、すべての人々の口の端にのぼった。当時、二人の男が政局を支配しているようにみえた。ひとりはベストゥジェフ＝リューミンであり、かれの運命の星は絶頂にあるかにみえていた。[10]そしてもうひとりは、やはりパーニンだった。二人とも、対外政策における主な助言者であったが、この領域では、その方針大綱を明確にすることが求められていた。ベストゥジェフ＝リューミンは、オーストリアおよびイギリスとの伝統的な同盟関係を主張していた。これに対してパーニンは、プロイセンとの友好関係を維持するよう主張した。ピョートル三世がかつて、あれほど大事にしていたからである。だが、ベストゥジェフ＝リューミンが、女帝の寵愛をえているようにみえた。かれが、かの女に、愛人グリゴリー・オルロフとの結婚を薦めていたからである。他方パーニンは、自分自身に忠実に、この結婚に激しく反対していた。かれは一時、この結婚を阻止するために、ある党派に頼ろうとしたふしさえある。ともかく、一七六三年の春から夏にかけて、ロシアの政局は混沌としていた。エカテリーナの二人の助言者のあいだで競争が激化していたためと、女帝がグリゴリー・オルロフと結婚する可能性があったからである。オルロフの野心は明々白々であり、かれとエカテリーナとが結婚すれば、この人物に公式の地位が与えられ、それが、当時あった政治的均衡を脅かしかねなかったのだ。

この危機を打開したのは、国外でのできごと、すなわち一七六三年一〇月のポーランド王アウグスト三世の死だった。エカテリーナの関心は、ポーランドに向けられた。またその死によって、ロシアにとっていくつかの展望が開けたため、それらの展望に向けられた。遅滞なく、対外政策の方針を決定しなければならない。そして、パーニンの熟練ぶりは、この領域では疑うべくもなかった。かれはすでに三ヵ月まえ、プロイセンと交渉していた。かれは、外務参議会《コレギア》*の長に任命され、長きにわたってロシア外交の責任を負うことになる。他方、かれのライヴァル・ベストゥジェフ＝リューミンは、勝ちほこった瞬間に、政務から引退するよう勧告される。

＊「参議会《コレギア》」とは、ピョートル大帝が創設した中央行政機関。それまでの錯綜した行政組織を整理・近代化する目的でつくられた。各参議会は一一名からなり、合議制によって問題を決した。詳しくは、前掲『ロシア史講話 4』、二〇四―二〇八ページ参照。

パーニンの成功は現実のものだった。ただし、それを正しい次元にひき戻さなければならない。なるほどかれは、ロシアの君主制に立憲制への進化を望み、エカテリーナに圧力をかけて、新しい政治体制の大綱を描きうると考えていた。ところが女帝は、この点に関してはかれに耳を貸さなかった。ロシアの統治はかの女の所管事項であり、いかなる助言者であれ、その影響は、かの女にとって受けいれがたいことだった。かの女は、パーニンに対外政策を任せはしたが、内政問題からはかれを遠ざけた。それでもパーニンは、なお二〇年ほどのあいだ、かの女にもっとも近い助言者でありつづける。またある程度までは、心を許しうる友でもあった。たしかにパーニンは、一七六二年には当初の目論見に失敗し、かれ自身の弟子パーヴェルと、摂政職をひき受けたエカテリーナとで、帝位を分割することはできなかった。また、パーヴェルの成人とともにエカテリーナの統治が終わるという考えも、目論見はずれとなった。そして、これらの夢は、ただちに現実に席を譲る。かれは、自信に満ちた女帝と、その意思との側に立って働くことになる。女帝は、だれに対してであれ、いかなるときにであれ、権力を放棄するつもりはなかったのである。

農民問題――最初のイニシアティヴ

フランス哲学者たちの弟子であり、啓蒙精神の影響を受けて、エカテリーナは、ロシア農民の運命に無関心ではいられなかった。農奴制の問題が、かの女の念頭を離れることはなかったが、またかの女は、どんなものであれ大規模な改革は考えられないことを知っていた。それでもかの女は、自分に可能な部分に影響を及ぼそうと考えていた。パーニンの描いた計画を自分流にアレンジして中央権力を再編成し終えると、かの女は、社会と、そのもっとも緊急な問題へと眼を向けた。社会的公正への関心が、かの女を突き動かしていたのである。そこでかの女は、各種独占の大部分と関税の徴税請負制度を撤廃した。もうひとつの緊急の問題はパンの価格だった。それは法外なものだったのである。この価格をひき下げるために、エカテリーナは穀物の輸出を禁止した。農民たちの運命が、かの女の心につきまとっていたのは、それが騒乱の源であったからである。これらの騒乱が散発して、帝国を揺るがしていたのである。

一七六二年八月八日、エカテリーナは勅令を発して、鉱山や工場の所有者たちが農奴を買いとることを禁じた。これらの農奴は、きわめて低価格で買いとられて、奴隷のごとく扱われており、その境遇は、農村にいる農奴たちよりも、はるかに厳しいものだった。農村の農奴たちは、その所領主たちから、いく分かは大事にされて――農村生活の伝統から、やむなくそうしていたにしろ――いた。ところが鉱山や工場では、農奴は、いかなる労働時間の制限も認められず、身体保全の保障などまったくない条件で雇われていた。つまり、まともに食事も与えられず、たえず体罰の恐怖に脅かされていた。こうした労働現場は地獄とみなされており、そこでは反乱が頻発したが、それらは暴力と流血によって鎮圧された。エカテリーナは、この人間を家畜扱いする市場を禁止すると同時に、労働者は以後自由人であり、賃金をもらい、契約によって労働条件を定めることができるとした。かの女はさらに、この勅令を発布するとき、あらゆる強制労働を禁ずる文書を同時に出すことさえ検討した。たしかにかの女は、そうした文書を出すことは諦めた。だがそれは、かの女の寛大な意図が、かの女が解放しようとした当の人々から、激しい反撃にあったからである。

一七六二年において、ロシアの農奴たちには、こうした措置の意味を理解することができなかった。そして、あい変わらず、暴力がかれらの最初の反応だった。鉱山でも工場でも、労働者たちは分裂した。一方のものたちは、設備を破壊し、鉱山を水浸しにして、農奴たちに全般的なストライキを呼びかけた。また他方のものたちは、働きつづけたにもかかわらず、反乱の報復の犠牲者となった。このような無理解の姿勢は、ロシアにおいて、一世紀後にもふたたび出現する。すなわち、解放皇帝アレクサンドル二世が、農奴制を廃止したときのことである。この一八六一年においても、一七六二年と同じく、農奴たちは、のちになってからしか、「自由」という語の自分たちにとっての意味を理解することができなかった。かれらそのことばを恐れ、ときとして、改革を志すものたちと対立した。その改革が自分たちを解放するにもかかわらずにである。

こうして暴力が、人々を解放しようという意思に応えるわけだが、そのことを理解するのは、さしてむつかしいことではない。農村にいた農奴にしろ、工場や鉱山の所有者に売られてきた農奴にしろ、農民たちがそれまで知っていたのは、束縛と、運命を受けいれる義務と、生活の節目となる暴力だけだった。反抗はそのたびごとに弾圧され、農奴と所有主たちのあいだの対話は、力のうえに成り立っていた。解放計画が陽の目をみるときも、それはまえもって説明されることもなく、また説明が伴うこともなかった。だからどうして、農奴たちに、自分たちのためになる措置の重要性を理解することができたろう？　不信がかれらの最初の反応だった。しかもその不信は、とられる措置に対して自己防衛したいという要求に裏打ちされていた。かれらには、それらの措置が影響を及ぼして、自分たちの境遇が幸福になるなどとは、創造だにできなかったのである。これよりほんのすこしまえにも、同じことが起きた。ピョートル三世が貴族を、国家勤務の義務から解放したときのことである。農村地帯では、農奴たちが、この解放に関して以下のような結論を出した。すなわち、この解放宣言には秘密の付属条項があり、土地が農民に返されるだろう――そういう噂が、瞬く間に帝国を駆けめぐっていた――というのである。かれらは、「大分配」を期待しはじめた。それは永遠の夢であり、当然ながら散発的な蜂起が起こり、農村での緊張が増大した。

エカテリーナはこうした措置をとったが、そのもっとも長く続いた影響のひとつは、膨大な数の仕事をもたない労働者を国じゅうにまき散らしたことだった。かれらの放浪は、公共の秩序を脅かすまでになっていた。いったいどこで、かれらを活用すればいいのか？　鉱山や工場の所有者たちは、自由労働者を雇用するよう義務づけられていたが、これら放浪労働者を雇用しようとはしなかった。かれらを危険な反乱分子とみなしていたし、かれらのために企業が損害をこうむった場合、かれらを大目にみることができなかったからである。これら新種の反逆した労働者や、放浪労働者に対しては、ここでもまた軍隊に頼らざるをえなかった。

一七六二年八月八日の勅令に関連して、さまざまな問題が生じ、それらが、すでにきわめて不安定だった農奴の全体状況に拍車をかけた。自分たちの状況が耐えがたいものだと思うやいなや、農村に住む農奴たちはためらうことなく逃亡した。とくにポーランド方面へ。またさらには、シベリア方面に。後者の場合には、政府はつねに柔軟な姿勢を示していた。これら逃亡農奴が、帝国東部地帯――そこには、ほとんど人が住んでいなかった――に最低限の人口を保障するという利点をもっていたからである。だが、ポーランドに安住の地を求めたものたちに対しては、政府は強硬だった。ロシア軍はためらうことなく国境に赴き、かれらを力ずくで国内にひき戻した。こうした逃亡は、一七六〇年代の初頭に増加した。[11] しかしながらエカテリーナは、そうした逃亡に力だけでは歯止めがかけられないことを理解していた。農奴たちに好意的な措置が必要になっていた。そこで、ピョートル・パーニン将軍――かれは当時、軍事相の職にあった――に、こうした状況に対して解決策を提起する任が与えられた。種々の混乱と、略奪――すでに、ロシア全土に広がっていた――の増大に繋がりかねなかったからである。そのうち、将軍は、所領主と農奴との関係をもっと人間的なものにするため、さまざまな施策を提案した。そのうち、ひとつだけが実施された。すなわち、逃亡した農奴を元の主人のもとに戻さずに、国家に属するものとするのである。そして国家は、もとの所領主に賠償金を支払い、これら農奴を新たな土地に定着させなければならないとされた。

農村の動揺が拡大したことについては、おそらく、エカテリーナにも責任の一端があった。自分を帝位に就けてくれたものたちに報いるため、かの女は、これら国有地農民たちをかれらに下げわたした。これら国有地農民はもちろん、土地に縛りつけられていたが、かといって農奴ではなかった。こうして、二万人近くの国有地農民が寵臣たちに分配されたが、これら農民は、明確に農奴身分を宣告されていたわけではなかったのである。とはいえ、この譲渡はきわめて不評だった。新しい所領主たちは、こうした報償から、自分たちに与えられた農民は明確に農奴身分に属すると結論づけてしまったからである。そのうえエカテリーナは、ピョートル三世の勅令が貴族を「解放した」のを受けて、農民たちが土地の領有に関して希望をいだいていることに気づいていた。そのためかの女は、すでに先帝ピョートル三世がしたように、新たに勅令を発して、農民たちの希望のもととなっている噂が偽りの性格のものだと、釘をささなければならなかった。[12] かの女は同時に、側近のものたちに対して、所領主と農民とのあいだで、新たな形態の関係を考えだすよう求めた。こうして、農奴制を農業居留民制に替えるという考えが、またさらには、国家が農民と所領主との調停者になるという考えが表明された。この種の措置は一時エカテリーナを魅了したが、結局は放棄されて、もっと穏やかな案に変わった。別の考え方が、短期間のうちに流布したからである。すなわち、国有地農民に土地を所有させるというのである。そうすれば、対抗意識をかき立てられて、農奴所有者たちも女帝の例にならうのではないか……というわけだ。

これらの提案は、女帝の側近に啓蒙哲学の影響があったことのあかしであるが、それらはまた女帝を魅了――というのも、もし実施されていれば、それらは、農奴制という厄介な問題の解決の端緒となったであろうから――していた。けれどもそれらは、結局のところ、発案したものたちの思うようにはならなかった。それらは、公表されるやいなや放棄されたし、きわめて不確かで、果てしない論争を呼びそうな様相を呈していたため、思わしい結果をもたらさなかった。すなわち、かなう当てのない希望を惹起し、それゆえに緊張を拡大したのである。

教会財産の国有化

けれども、もうひとつ別の問題が起こって、農村の動揺をさらに深刻なものにした。教会財産の所有問題である。ここでは、エカテリーナの矛盾した方針が、惨憺たる結果をもたらした。帝位継承者の夫人にすぎなかったころ、かの女は、正教会に対して多大な敬意を示していた。この敬意は、エリザヴェータ女帝のこれみよがしの信仰と並ぶもので、ピョートル三世とは対称をなしていた。かれは、その短い治世のあいだ、国家教会に対してあからさまな軽蔑を示していたのである。また、この敬意は、エカテリーナのロシアにおける人気を現実のものとするのに役だっていた。かの女は、即位直後に、先帝の定めた教会財産の国有化を停止する措置――八月一二日の声明によって、国有化された土地を暫定的に正教会の管理に戻した(13)――をとった。そしてこれらの措置は、かの女の人気を高めるのにも貢献した。

とはいえ、この問題では、エカテリーナの譲歩は一時的なものであり、純粋に成り行きに任せたものにすぎなかった。教会所領地の将来に関して提案をまとめるべく、一七六二年一一月に委員会が設置された。それは、高位聖職者と政府高官たちによって構成されていた。正教会は物質的にきわめて恵まれていたが、そのためにかえって、聖職者たちを教育するのに無力であると非難されていた。聖職者たちは、知的にも道徳的にも低水準だったため、人民にとって嘆かわしい見本となっていたのである。正教会はまた、子どもたちの教育を試みたが、その試みをことごとく失敗したことも非難されていた。別の言い方をすれば、教会の財産は、聖職者の質を改善し、社会を教化するために使われるはずであったのに、こうした目的にはなんら役だっていなかったのである。それができてさえいれば、その富も正当なものとされていたはずなのだ。だから教会財産の国有化は、正教会それ自体にとってだけでなく、ロシア社会にとっても必要なことだった。エリザヴェータ女帝は、そのことを予見していたのである。ピョートル三世も、国有化に執心した。ただしそれは、深い動機からではなく、正教会への敵意からであった。エカテリーナもすぐに、国有化ののろしを上げる。ピョートル三世は、この国有化によって、陰にこもった怒りを生ぜしめただけだったが、エカテリーナは強力な反対にあう。その源は、もっとも裕福な高位聖職者のひとり、ロストフ府主教*のアルセニー・マツェイエヴィチだった。(14)

* 本来は、ロシア正教会全体を統括する総主教と、大司教のあいだに位置し、小国や、大国の州などを統括する位階だが、一七二一年にピョートル大帝によって総主教座制が廃止されたため、当時は正教会の最高位だった。

この正教会の高位聖職者にからみて、エカテリーナは、教会財産の国有化を決定することによって、ロシアの歴史全体の方向をねじ曲げ、正教会の使命を無視したとみえた。かれが論証するところによれば、ロシアの君主たちは、つねに教会の独立を、したがってその財産の保全を尊重してきた。また、教会の使命は、それら財産をこの世のためにではなく、信仰にかかわる目的のために使用することだと理解していた。だが、その考えを展開する際に、府主教が忘れていたことがある。すなわち、ピョートル大帝以来、国家は教会をその支配下に置いており、教会財産の国有化は、その避けがたい帰結だったのである。府主教と女帝との対決はきわめて厳しかった。アルセニーは、自分の立場を正当化するために、聖ドミトリーの先例をもち出した。この聖人は、アルセニーにとってロストフの先任府主教であり、すこしまえに聖別されたところだった。そしてこの聖人は、アルセニーがエカテリーナの政策と対決したように、ピョートル大帝の国有化政策と対決したのだった。ところが、エカテリーナは、これと同時に、徒歩でロストフへ巡礼に赴き、新聖人ドミトリーの遺物の奉献式に参列するといい出した。ここで、すべてが混沌とする。国有化とロストフ巡礼の矛盾を、アルセニーは破廉恥な変節だと告発する。府主教は、エカテリーナの政策全体を批判し、宗務院に正教会を救援するよう呼びかける。だがこのとき、府主教は、とうのむかしに忘れていたのである。すなわち、ピョートル大帝が宗務院を創設したのは、まさに、正教会を国家の権威のもとに置くためだったのだ。だから宗務院は、府主教を支持するどころか、エカテリーナに要請されると、主教を大逆罪で審理にかけることを受けいれる。

アルセニーはじっさい、女帝に対して荘厳な呪いのことばを放って、女帝は教会財産を横取りしようとしていると糾弾し、かの女を背教者ユリアヌス*に擬する。モスクワに連れてこられたが、かれは、宗務院において、不信心者エカテリーナに対して糾弾と脅迫を再開する。かれにいわせれば、かの女はロシアの帝位を簒奪したのである。かれはこのとき、教会の顕職を剥奪され、北部の人里離れた修道院に追放される。だがかれは、自分に割りふられた運命を受けいれることができず、反抗的な態度で、女帝を激しく糾弾しつづける。その結果かれは、結局検事総長のまえに召喚されてしまう。エカテリーナは、かれを永久に黙らせようとする。かれは俗身分に落とされ、すべてから遠く隔たった監獄に幽閉され、外界とのあらゆる絆を断たれる。けれども、かれの人望が失われることはなかった。正教会のかつての高位聖職者が、いまでは「嘘つきアンドレイ《アンドレイ・ヴラール》」にすぎなかったにもかかわらずにである。だから、かれが死んだのは、闘争が始まって以来一〇年後のことで、エカテリーナがかれなど忘却のうちに沈んだと信じていたにもかかわらず、このかつての高僧は、ロシア全土から聖人にまごう名声を獲得することになる。かれの奇跡のかずかずの物語が、このとき各地方に伝えられ、農民たちの動揺の源となり、けっして沈静することがなかった。

＊ 古代ローマ皇帝（位三六一―六三年）。ギリシア思想に共鳴してギリシアの神々を崇拝し、のちに公然と異教に改宗して、すでに国教化していたキリスト教への援助をうちきり、聖職者の特権を廃止した。

それでもエカテリーナは、闘争に勝ったのである。宗務院は、エカテリーナの意思をあえて問題にせず、かの女に従うことによって、かの女に、もはや教会に関わりあう必要がないことを示しさえした。アルセニーが有罪を宣告されるとすぐに、エカテリーナはさらに宗務院に出向き、そこで、正教会と国家との関係について自分の考え方を披瀝した。「神は、富を軽蔑するよう人間に教えよと使徒たちに命じられました。……あなた方は、あえてあれほどの富を、広大な所領を所有して、どうしてあなた方自身の良心にもとらずにいられるのでしょうか？……あなた方は、不当にも所持しているものを国家に返さなければなりません！」と。

ロストフ府主教をめぐるいざこざがあっても、女帝の計画に歯止めをかけることはできなかった。こうして、一七六四年二月二六日の声明によって、教会財産は国有化され、正教会の物質的命脈は、国家の定めた規範によって組織されることになる。二六人の主教たちは、重みの異なる三つの集団に再編され、異なった額の報酬を受けることとなる。同様のシステムが宗教施設――聖堂と教会――や修道院にも適用される。修道院は、あまりにも貧困で、決められたカテゴリーのひとつに組みいれられないこともしばしばだったが、そうなれば唯一の結末は消滅することだった。修道施設の数が減少したことが、こうした措置の効果を物語っている。すなわち、五七二あった修道院は、一六一に減少し、小規模修道会も六七に減少した。それらは、改革前夜には二一九もあったのである。最後に、宗務院もまた、その影響を蒙らないわけにはいかなかった。法によって、教会官僚組織全体に、等級別給与が適用されたからである。

教会財産の国有化は一七六四年に決定されたが、西部ロシアとウクライナには、もっとあとになってからしか適用されなかった。その初期のころ、この国有化は、国の中心部のみの改革だったのである。この措置は、ピョートル大帝の業績を完成し、宗教に関わるものたちすべての活動に関して、国家に絶対的統制権を与えることになる。かれらは公務員となって国家から賃金をもらい、一〇〇万近いかれらの農民は自由の身となる。けれども農民たちは、この自由をひき受ける手段も、享受する手段ももたず、しばしば不満分子の群れを膨れあがらせ、街道をうろつき、略奪に走り、混乱をまき散らすことになる。エカテリーナは、みずからの原則にしたがって行動したことを自覚していた。社会の進歩が、依然としてかの女の第一目的だったからである。かの女は、国有化勅令発布の翌日、ロストフに赴いて、聖ドミトリーの遺物を礼拝する。府主教アルセニーを粉砕したにもかかわらず、かの女は、いかなる不安を感じることもなく、聖ドミトリーを称讃する。かれが、ピョートル大帝のもとで、アルセニーと同じ主張を擁護したのにである。それは、かの女が、その信仰について批判されるなどとつゆ思っておらず、永きにわたる伝統に忠実に、自分は正教会を擁護する君主だと考えていたからだった。

とはいえ、エカテリーナは、正教会の支持なしですますことはできなかった。だが正教会では、かの女と見解をともにするものは多くはなかった。そこでかの女は、教会の高位聖職者たちを説得し、宗教界全体が自分の改革から利益をひき出すことができるはずだと説いた。まず、正教会のイメージは、どんなことをしても農奴の所有者のイメージであってはならないからである。農奴たちもまた、魂《ドゥーシー》たちと名づけられていることを無視できるだろうか？　正教会の人間は、みずからを欺くことなく、農奴の所有者でいられるだろうか？　そのうえ、正教会の責任あるものたちは、女帝の圧力のもとで、僧侶の知的・道徳的水準をひき上げるため、かれらの育成法を改善し、その風俗を監視する必要を理解した。もしも尊敬されること――エカテリーナは、この点に固執した――を望むなら、ロシア正教会は、できるだけ早く神の僕たちの緩んだ行動を改善し、かれらを新しい規律に服従させ、知を好む心をもたせなければならない。このように正教会に対して、みずからの権威を力ずくで確立すると、以後エカテリーナは、教会を庇護する意思を強調するようになる。かの女は、みずからが教会の長であることを望んだ。が、ただし、他の称号に加えて、この称号を名のることはけっしてなかった。かの女はまた、宗教問題をめぐって起こる抗争を、すべて沈静させることを望んでいた。そしてそれが、とくに、かの女の「古儀式派」に対する姿勢となって現れた。ピョートル三世はすでに、古儀式派の条件を緩和していたが、かの女もそれにつづいて、追放されている古儀式派たちに母国に帰還するよう提案し、母国ではいかなる制裁もないことを保障した。もはやけっして迫害はなく、権利は平等だと。そしてこの約束は、ロシアに宗教的平和を確立した。

陰謀と勝利のかずかず

治世の最初の二年間は、幸福であると同時に混乱していた。各連隊は、クーデター直後には女帝を歓呼して迎え、圧倒的に支持しさえした。軍はエカテリーナを帝位に就けたが、散発的に陰謀がもち上がるのも、また軍だった。帝位簒奪者という非難がたえずむし返され、ときには他のものよりも大胆な高位聖職者——府主教アルセニーのこと——が、またときには将校たちが、それを振りかざした。一七六二年の一〇月がそうだった。このときには、いく人かの将校たちが、おそらくはおおいに酒の入った夕食の終わりのことだったろうが、声高に宣言した。帝冠の真の継承者は、要塞に閉じこめられているイヴァン〔六世〕だと。枢密院は、これら混乱の先導者たちに死刑を宣告したが、エカテリーナはかれらに恩赦を与えた。かの女が、自分に迫る脅威の本質を完璧に理解していたからである。軍に関しては、かの女にはなんら恐れるものはなかった。だがかの女には、不幸な「正統皇帝」を恐れる理由があったのである。その名が、かの女に対抗して周期的にもち出されていたからである。

これから数ヵ月後、もうひとつの陰謀が明らかになる。それは、右の陰謀よりも重大なもののようだった。いく人かの将校たちが、かの女の愛人グリゴリー・オルロフの傲慢さと、エカテリーナとの結婚の野望に苛立ちをおぼえた。イズマイロフスキー連隊は、クーデターの際にはエカテリーナを擁護したが、このときには陰謀の中心となった。同連隊の将校たちは、オルロフとエカテリーナの結婚がありうるやもしれぬことを面白く思っておらず、その結婚は国の不幸だとあからさまに公言していた。[15] パーニンも、そのような結婚の企てには注意するよう、控えめにではあるがエカテリーナに説いていた。パーニンが反対したのは、おそらく、かれの永遠のライヴァルであるベストゥジェフ＝リューミンがこの結婚を支持していたからにすぎまい。ベストゥジェフ＝リューミンは、隠退生活から突然復帰して、女帝が心の命ずるところに従うよう薦めたのである。陰謀は発覚し、企てたものたちは裁かれ、エカテリーナは愛人の野望にも終止符を打った。かの女がのちに、そうした野望をそそのかすことがあるとしてもである（そんなことがあったかどうかは、疑わしいが）。この誇り高い女帝は、この政治の見習い期間に権威を拡大していたが、夫をもつ気などなかった。その男がいまだ愛人にすぎないというのに、国の統治に一定の役割を果たしたいなどと野望をもち、その野望がだれの眼にも一目瞭然だったからである。はじめて政界に踏みこんだときから、自身でたえず主張し、実証してきたように、かの女には権力を分有するつもりなどなかった。[16] だがこの最後の陰謀は、いま一度あの厄介な問題をもち出した。すなわち、イヴァン六世問題にどのように決着をつけるのかという問題のことである。試練のあるたびに、エカテリーナはつねにこの人物と対照され、その存在は、かの女にとって強迫観念になっていた。この人物が長生きしなかったとしても、それに驚くことがあろうか？

一七六三年の夏、ロシアには陰謀の噂が広がっていた。そこで、大都市の公共広場では太鼓がうち鳴らされ、人々は押しあいへしあいして「沈黙を求める声明」を読むことになる。それは各人に、「無用な多言と、政府の行動に対する批判とをすべて慎むよう」促していた。ピョートル大帝以来、権力は周期的にこの手段を用いて、人民に強い印象を与えようとしてきた。けれども、あちらこちらで吹聴される噂は、だからといって止むことはなかった。そしてエカテリーナも、こうした状況を甘受するしかなかった。

数ヵ月後、エカテリーナは、静けさを求め、民衆の人気をえるために首都を離れた。ピョートル大帝がよくそうしていたように、かの女はこのとき、臣民と顔を合わせにいこうと決心したのだ。

バルト諸州が、女帝の最初の巡行の目的地だった。そしてこれら諸州には、かの女を熱烈に迎え入れる用意があった。これら諸州は一七一〇年に帝国に組みいれられたが、その際にも自由を失うことはなかった。大帝も、つづいてその継承者たちも、リヴォニアとエストニアには、その法典と、社会関係の形態と、宗教とを保持する権利を認めていた。そこでは、ルター派のプロテスタンティズムが優勢だったのだ。これら諸州の農民の身分は、たしかに農奴だった。けれども、かれらの置かれた条件は、ロシアの農奴たちの条件ほどには厳しくなかったのである。こうした特殊性は、かつてピョートル三世の関心をひいたことがある。エカテリーナもまた、その治世の当初以来こうした状況をじっくりと検討し、一時は、ロシアのための農業改革計画を、バルトのモデルにもとづいて作成しようと考えたほどだった。それだけに、これら諸州への行幸は、かの女にとって重要だったのである。

だがかの女にはまた、帝国の統一性を強化するつもりもあった。それに、周辺諸州はさまざまな特権を享受していたが、それらをみて、ロシア全土の政治的＝社会的一体性を緊密なものにする方策を考察することも必要だった。女帝は、この行幸の重要性を確信していたので、その魅力のすべてを振りまいて、同地方の住民の心をつかもうとした。そして、その勝負にやすやすと勝利した。かの女は、かの女を迎えいれた群衆と、かの女が対話したエリートたちとに強い印象を与え、また、その能力と教養によってエリートたちの心をつかんだ。

クールラントでは、かの女は正真正銘の勝利をさえつかんだ。たしかに、かの女は、この公国の指導者の地位にビロンを据えたところだった。ビロンは、女皇帝アンナのかつての愛人であり、一度は不興を買ったのだった。ピョートル三世は、この人物がシベリア流刑から帰還することを許していた。ただしそれは、公国をこの人物に与えるためではなく、自分のかかえる後継候補者ホルシュタイン侯ゲオルクに公国を譲らせるためであった。ピョートル三世の目的は、例のごとく、プロイセン王を喜ばせることにあった。この王が、ゲオルクをつうじて間接的に公国を支配する野心をもっていたからである。だが、この支配は未完のままだった。公国の首都ミタウでは、ザクセン侯家のカールが権力にしがみついていた。エカテリーナはこのとき、自分のために動いた。かの女は、ビロンを支持して邪魔もののカールを除くことを約束する。その見返りにビロンは、ロシアに対して膨大な経済的利益と、陸海両軍の軍事的便宜供与と、クールラント領におけるロシア正教庇護を認めるよう約束する。こうして、あとはザクセンのカールを追いだすばかりとなる。これは、エカテリーナの対外政策初期の成功のひとつだった。しかもかの女は、危機をひき起こすことも、流血をみることもなく、それに成功する。カールは、宣戦布告なしに包囲される。食料は届かず、ロシア軍はかれの領地を占領し、財産は、エカテリーナに忠実なクールラント首相の接収下に置かれる。不幸なカールには、降伏して、エカテリーナの推す継承候補者に地位を譲る以外、いったいなにができたろう？　だがカールは、時のポーランド王の息子だった。ポーランド王はこれに怒って、エカテリーナの陰謀に抗議し、国会に訴えた。けれども、こうした闘争は、あまりにも勢力が違いすぎて無駄に終わる。エカテリーナは、ポーランド王の脅しをほとんど恐れることなく、王の国会への訴えに対抗して、ロシア＝シンパのポーランド人たちに訴える。それが抗争の終結だった。一七六三年三月、ビロンはミタウに陣どり、そこではだれも、かれの権威に異議を唱えない。エカテリーナは、ビロンの仲介をつうじてクールラント公国の主となる。こうなれば、かの女が一年後に同公国で受けいれられたことに、そこでさまざまな計画を連発したことに、驚く必要があるだろうか？

この一七六四年の夏、バルト住民たちの熱狂的な歓迎の意思表示をまえにして、エカテリーナは、みずからの権威があまねく認められたと確信したようだった。だがまさにこのとき、パーニンがかの女に、シュリッセリブルクの騒動と、その血なまぐさい結末を報告した。憤りがロシア国境を越えて、ヨーロッパに到達する。冷酷で偽善者だという糾弾が、女帝に対して頻発する。そしてロシアの民衆は、無辜で暗殺されたイヴァン六世のために祈りはじめる。たしかに、これまでも十分にくり返し述べてきたように、イヴァン六世はまったく理性を失っていたわけではなかった。けれども、明らかに、ロシア以外のいかなる地においても、正気を失った人物、あるいは、頭が弱いとみなされた人物が、これほどあがめられることはない。「キリスト狂いたち」の国では、イヴァンは、頭が弱かろうと、半分狂っていようと、たちまちにして聖人とみなされた。パーニンに告げられるや、エカテリーナはすぐさま危険の大きさを察知した。もはや待つことなく、かの女は、それまであれほどうまくいっていた行幸を中止して首都に戻り、これ以上ないほど馬鹿げた風評を克服して、みずからの権威をもう一度確立しようとする。かの女は、それをうまくやりおおせる。一七六四年六月五日の事件が、眼を剥くような性格のものだったにもかかわらず、ロシアには反応がみられなかったからである。当時のフランス代理大使ベランジェは、フランス外相に対して報告している。すなわち、「イヴァン大公殺害の公式発表にもかかわらず、当地では絶対的な平穏が支配しております」[17]と。

『大訓令《ナカース》』

エカテリーナは、この平穏を利用して、そのもっとも野心的な企てを実行に移す。つまり、「法典」を近代化しようとする。かの女が帝位に就いたとき、ロシアの全法体系は「会議法典《ソボールノエ・ウロジェニエ》」を基盤としていた。この「法典」は、ツァーリ・アレクセイの治世下（一六四五―七六年）で作成されたものであった。それは、「全国会議」によって選出された編纂委員会の作業の成果であったが、初めての試みとして、モスクワ大公国時代の諸法を整理しようとしたものであった。各法文はたがいに独立し、しばしば矛盾しあっており、全体は錯綜した塊にすぎなかった。この法整備の努力は、君主が望んだものであったが、そのために一大会議が招集された。その会議は、多くの点で、西ヨーロッパ諸国の「全国三部会」を想い起こさせ、ときとして国の最高権威となったこともある。したがってこの「法典」は、十七世紀にはまだ現実的な威信を保っていた。けれども、それは古びてしまい、すでにピョートル大帝が、改革する必要性を確認していた。立法委員会が周期的に確立され、同「法典」の改訂を検討したが、いずれも準備会議の域を出ることはなかった。エカテリーナには、こうした事態を放置しておくつもりなどなかった。一七六六年一二月一四日、ひとつの声明が[18]、さまざまな機関と身分（ないしは団体）に、それぞれに「立法委員会」代議員を指名するよう呼びかけた。この委員会の責務は、法典改革をついに完成させることだった。改革がなん度も企てられながら、そのたびに阻まれていたからである。

代議員選出の規則が、精密に定められた。非ロシア人の定住遊牧民も、キリスト教徒でない場合ですら、部族集団ごとにひとりの代議員をもつ権利があった。正教会も議席を占めたが、ただしそれは独立した機関としてではなく、行政機関として機能する宗務院を媒介としてだった。立法委員会は一七六七年に審議を開始したが、このときには五六四名の代議員を擁していた。そのうちの二八名は、元老院など国家機関のなかから任命され、残りの五三六名が選挙されていた。あるいは、もっと正確にいえば、定められた多様な団体を代表していた。うち一六五名は土地所有貴族を、二〇八名が都市住民を、七九が国有地農民を、八四名がカザーク〔コサック〕ほかの少数民族を代表していた。この最後のカテゴリーは注目すべきものである。というのも、それがある意味で、帝国住民の人口統計一覧となっているからである。だが、それでもなお、なんと多くのカテゴリーが、この代議員選出法から漏れていたことであろう。それが、ロシア社会そのものだと前提されていたにもかかわらずにである。なによりも、農奴たちが漏れていた。また、かず知れぬ聖職者たちが、宗務院を自分たちの代表と認めなかったために、そこから漏れていた。

こうした欠落にもかかわらず、立法委員会はじつに大きな利点をもっていた。この委員会は、社会に対して、公共のことがらから離れず、社会自体の命運を検討するよう促した。また、女帝のどの行幸にもまして、帝国住民の多様性とはなにかを、かの女に教えもした。「大委員会」〔「立法委員会」の別名〕に先だつ数ヵ月のあいだ、エカテリーナは、かず多くの都市を訪れた。そしてそれは、もっとも多くの場合、ヴォルガ河沿いに位置する都市だった。かの女は、自分のまえに現れたものたちと、それもまず第一に地方貴族の代議員たちと語りあった。ヴォルテール宛の手紙のいくつかで、かの女は、帝国内に生きる各民族のあいだに、驚くべき人間的相違を確認している。だがこれらの民族は、作成される法文が自分たちの統一に資することを熱望していた。(19) かの女は「大委員会」に対して、一通の訓令、すなわち『大訓令《ナカース》』を作成して、そこで自分の観点を披瀝する。

このテクストについて、かの女は長いあいだ考え抜いたが、それは、テーマの自由さ、根底にある自由主義、執筆者の観点の広さによって、注目すべきものとなっている。おそらくエカテリーナは、この委員会がロシアに真の憲法をもたらすことを望んではいなかった。そんなことになれば、君主の権威が制限されてしまっただろうからである。一七六二年以来かの女が明確に指摘してきたように、かの女の意図は絶対権力を維持することだった。かの女の声明のかずかずが確認してくれるとおり、かの女は「君主にして独裁者」ではなかったのか？　そのうえ、ロシアに政治的・社会的後進性があったため、憲法に繋がる改革を提案することはできなかった。エカテリーナが望んでいたのは、法体系が整理されて、西欧化を進めるのに役立つことだった。西欧化は、皇帝アレクセイによって開始され、ピョートル一世によって、あれほど高度なまでになっていたのだった。委員会の作業の目的は、ロシアの法を近代化し、それによって政治的・社会的習俗を改革するのに資することだった。

フランスの著述家たちの熱心な読者として、かれらをつうじて確信をえ、エカテリーナは、その読書によって考察を豊かなものにした。かの女は、モンテスキューとその『法の精神』が後ろ盾だと主張した。事実、『ナカース』第一部は五二六条からなるが、そのうち二九四条は、かれからヒントをえている。かの女はまた、イタリアの法学者ベッカーリアの著作を、もうひとつの発想の源泉とした。フランスの経済学者で『自然法』の著者ケネーの著作もしかりである。だがかの女は、これらの師を参照し、かれらに負うものを認めながらも、かれらの努力の成果を自分自身の構想に適用した。たとえば、モンテスキューに関していえば、かの女は、モンテスキューの中心的な観念、すなわち諸権力分立の原則を強調し、その具体的な例をイギリスが呈示しているとしていた。けれども、かの女は、この原則を行政組織の様態として解釈し、ロシア政界の機能を改善するにふさわしいものと考えていた。かの女が基準とした体制は専制政治であり、かの女のみるところでは、それが唯一、ロシアと、その広大な空間と、種々雑多な住民とに適合するものだった。この住民の多様性については、委員会総会がやがて、その印象深い光景を呈示することになる。

だがエカテリーナにとって、政治的理想だけが、飛びぬけて困惑の種だったわけではない。農奴制こそが、かの女をもっとも悩ませており、総会の作業の思わぬ障害となっていた。ヴォルテールの弟子として、かの女は農奴制を遺憾に思っていた。けれども農奴制は、ロシアでは依然として支配的な財産所有形態であり、そうした国の君主として、かの女は、この制度の有効性にも、それを改革する困難さにも気がついていた。だからかの女は、最終的には、農奴とその所有者たちとの関係に注目するにとどめた。この関係を人間的なものにしようと望んだのである。ここではベッカーリアが、かの女にとって、ごく自然な見習うべき手本となった。ベッカーリアの『犯罪と刑罰』は、死刑と拷問を禁じていた。どうしてエカテリーナが、これに同意せずにいられよう？　すでにエリザヴェータ女帝が、死刑を廃止してしまっているではないか。エカテリーナは拷問をも禁じることにし、どんな場合でも予防を弾圧に優先させることを提案した。この章において、かの女は、実際に大いなる寛大さを実証してみせた。そのため『ナカース』は、一定数のヨーロッパ諸国で不安の種となり、とくにフランスでは発禁とされた[20]。

『ナカース』は、その諸原則からみて、もっと進んだ国々をもリードするものと判断される。ところで『ナカース』の提案は、政治体制と社会との進歩を促進するはずのものだった。だから、その提案するところからみると、かなり臆病なものとみることもできる。けれども、この訓令をロシアという背景から切り離してはなるまい。この背景によってのみ、かの女の改革精神を測ることができるのだ。エカテリーナは、万人の法のまえでの平等を推奨し、諸制度の責務と義務はこの平等を保障することだと断言して、未来へのプログラムを描いてみせている。かの女はまた、ロシアにおいて、改革と権利を求める思想の飛躍を促進しようとした。のち十九世紀になって、知識階級《インテリゲンツィア》がその役割を果たすわけだが、そこには、エカテリーナが『ナカース』で主張した考え方と、かの女のフランス思想への反応とが、大きく寄与することになる。たとえばかの女は、宗教に対する寛容な態度の必要性を主張し、またとくに表現の自由を擁護している。そして、『ナカース』の原則の多くは、当時の慣行を禁ずるとともに、未来の権利要求の多くに途を開いている。

おそらく、『ナカース』の執筆過程には紆余曲折があった。文章は、エカテリーナ自身によって構想され、準備され、書きあげられた。手稿がそのことを実証している。けれども、起草が進むにつれて、かの女は結局、かず多くの異文をつくり出し、たくさんの提案をたがいに結びつけたり、変更したりしてしまうことになる。たとえば、農奴制に関する章は痛々しくも、かの女の「後悔」で満ちみちている。そして最終稿においては、かの女の立場はきわめて妥協的なものとなる。とくに、農奴の数を減じるため、かれらに自由農民の身分を与えようとするとき、それは顕著である。

結局のところ、エカテリーナの意図はなんだったのだろうか？　かの女が知らなかったはずがないように、『ナカース』——なにしろ、そこでの提案のかずかずは、当時の社会の状態とロシアの慣行とに比して、しばしばきわめて進んでいたのだ——と、この文書をめぐる立法委員会総会での論争とは、たしかに、大きな希望へだけでなく、またとくに、さまざまな権利要求と苦い思いとへも途を開いたのである。そのことを納得するには、かずかずの要望書《ナカースイ》を読むだけで十分である。委員会代議員たちは、その任務として要望書を携えてきており、それら要望書は、いくつかの場合には、これ以上ないほど激烈なものだったのだ。意味深長なことに、これら会期まえに準備された文書のうち、きわめて多数が、国有地農民とカザークと少数民族から発せられていた。将来明らかになるように、このうちのカザークと少数民族は、すでにいちじるしく動揺しており、この要望書は、この二つの集団にとって、かれらの不満が反乱にいたるまえに、その不満をぶちまける機会だったのである。

エカテリーナは、権力を奪取したときの状況と、単なる摂政職に甘んじなかったことによって、批判の的になっていた。だからかの女は、自分の能力によってロシアの運命をつくり上げ、また、この国を変革しうるのだと示したがっていた。これには、ほとんど異論の余地がない。かの女が、みずからの正統性を強化するため、一七六二年の声明の文言を受け継ぎたいと望んでいたことも、まったく同様に認められてしかるべきである。かの女がそこで、権力は一般利益を追求するものだと定義していたからである。さらにかの女は、社会がその不満と希望のかずかずを表明するよう促し、それによって、かの女という人間そのものに、より大きな社会的支持をとりつけようと望んでもいた。これもまた、かの女が主導権を発揮したことを説明する理由のひとつである。だが、エカテリーナの立法努力を、こうしたタイプの説明に還元することは、あまり適切なことではない。

まず、啓蒙精神に対するかの女の執心振りを想起しなければならない。かの女はみずから、この精神のロシアにおける代表者でありたいと欲していた。かの女が願ったのは、啓蒙主義の理念のかずかずを自分の国にもたらすことだった。なるほど、多くの歴史家たちは、エカテリーナを偽善者とみている。かの女は、みずから掲げた理念の陰に、個人的な権力への並はずれた渇望を隠蔽することに腐心しているだけだというのだ。[21]だが、かの女の意図に対する、こうした審判は、尋常ならざる知的努力に口をつぐんでいる。この努力によって、『ナカース』と政治的意思とが生みだされ、この政治的意思が、立法の計画を準備するうえで必要だったのである。エカテリーナの同時代人たちは、この点で誤ることがなかった。かれらは、エカテリーナの考察の「衝撃的な」性格にうすうす気づいていた。ただかれらは、それに対して、あい矛盾する解釈を施している。たとえばパーニンは、「この文書は、城壁をも覆すことができる」と語っている。だが、いく人かの著述家たちの結論するところでは、エカテリーナは専制政治を猛烈に擁護しているが、それがパーニンを不安にしていたという。また、かの女は農奴制や法の力に関して発言しているが、それらの発言は、既存の秩序を脅かし、さまざまな混乱を生みだし、いろいろな権利要求を拡大する危険があったという。

ともかくエカテリーナは、ロシアの社会的＝民族的現実と、ひとつの社会のさまざまな意思とに、あい対していた。そしてそれまで、歴代の支配者たちには、この社会をその奥底まで熟視する習慣などなかったのである。(22)

立法大委員会

立法委員会は一七六七年の夏に招集された。委員会は、一七六九年一月一七日までの一年半のあいだ開かれ、この日に作業を停止する。このあいだ、委員会は二〇三回の会合をもったが、さらにこれを補って特別小委員会も開かれた。小委員会の責務は、法案を準備することだった。そしてその法案は、関係閣僚の閲覧・助言をへて総会に提出されるはずだった。委員会の運営規則と、検事総長に与えられた指示(23)とが、総会の出席者たちに呈示された。ただし、それに先だって出席者たちは女帝に拝謁し、女帝の談話が、かれらにむかって副首相ゴリツィン公によって読みあげられた。委員会は、はじめモスクワに置かれたが、一七六八年二月にはサンクト＝ペテルブルクに移される。女帝は、この機関に特別な輝かしさを付与し、それをイギリス議会に比肩するもの——すくなくとも外見上は——にしたいと望んでいた。イギリス議会が、かの女の尊敬してやまないモンテスキューにとって、模範《モデル》となっていたからである。

総会の荘厳な開会に先だって、クレムリンのウスペンスキー聖堂で宗教儀式が執りおこなわれ、国家と正教会の絆を確認した。非キリスト教少数民族の代議員たちは、女帝の寛容精神を象徴するものであったが、この式典には参加しなかった。総会の作業を開始するにあたって、代議員たちは、エカテリーナに対して自分たちの感謝の意を表明することを望み、投票によって、かの女に新たな称号を贈るよう提案した。それは、かの女がすでにもっている称号に、つけ加えられるはずのものだった。すなわち「エカテリーナ大帝、祖国の至賢なる母」というものである。「至賢なる」というが、実際のところ、エカテリーナは賢明にも、この追加の栄冠を辞退した。それが改革の理念にそぐわなかったからであり、かの女がこの理念を標榜していたからである。これは、かの女にとって究極の妙手だった。というのも、新称号が提案されはしたが、女帝自身がこれを辞退したことによって、かの女の正統性が、二重の意味で強化されたからである。これ以降、かの女が帝位を占める権利を、だれが問題にできたろう？　選ばれたにしろ、任命されたにしろ、国全体からの代議員たちが、これによってかの女の功績を認めたからである。クーデター後五年にして、かの女は最終的に、皇帝の称号を手にする。この新しい称号を、かの女は、それを辞退することによって巧妙に利用した。だから、この称号の提案が完全に自発的なものであったかどうか、疑ってみる余地はあった。かの女に協力するものたちにとって、上級行政機関の代議員のだれかれを「たきつける」ことなど、たやすいことだったからである。ともかく重要なのは、かの女が、この提案から、きわめて大きな政治的利益をひき出すすべを知っていたということなのだ。

各委員会の作業は、たしかにまとまりのないものだった。代議員たちには、こうした集団討議の経験が欠けていたからである。とはいえ、この作業には計り知れない利点があったのである。まず、これらの作業をつうじて、ロシアの多様な社会構成要素の実情に関して、情報がもたらされたからである。また、この作業中に、さまざまな気質と権利要求とが明らかになったからである。これら作業は、ロシアの現実——それまではよく知られておらず、発言の最中に突然明らかになるのだ——と、さまざまな切望や要求と、女帝の「訓令」に含まれる提案とを考慮して進められた。これらの提案はしばしば、その最初の形態で、すなわちもっとも急進的な形態で理解されていた。つまり、もっとあとの『ナカース』改訂版では、さまざまな留保がその特徴となっているが、このときは、そうした留保なしに理解されていたのである。これらの論争は混乱してはいたが豊かなものであり、それに関しては、以下の三つの特徴を記憶にとどめておくのがよい。(24)

まずはじめに、特定の社会身分《カテゴリー》は、それまで堅く結束していると思われていたが、じつはそれら身分の内部に対立があったのである。たとえば貴族である。貴族は、ひとつの選挙母体を形成していた。だが、この母体のさまざまな代議員たちは、それぞれの独自の提案を主張し、内部分裂のあることをあからさまにした。まず世襲貴族たちは、国家勤務によって貴族となったものたちと一緒くたにされていることに憤慨していた。だからかれらは、「官等表」に占める位階によって貴族に列する制度を放棄するよう求めた。※* 同様に、バルト地域の貴族たちとロシア貴族とのあいだにも、軋轢があった。バルト貴族たちが独特の特権をもっていたのに対して、ロシア貴族は、この特権に関心を示していたからである。また、ウクライナの貴族は、ロシア貴族と同様の地位を享受したいと要求していた。そして、これら軋轢と要求が、この三者のあいだで対立を激化させていたため、ロシア政府が貴族の支持を期待するのは、困難なことと思われた。貴族が、単一の身分と考えられていたにもかかわらずにである。[25] 最後に、貴族の代議員たちは、商人の代議員たちと対立したが、それは、農奴を所有する権利と、商業や工業活動に従事する権利をめぐってのことだった。このように、立法委員会内部で、まごうかたなき階級対立が浮かびあがってくるのがみられる。

※「官等表」は、ピョートル大帝によって一七二二年に公布された。そこでは、位階制度のなかで、いくつかのランク（あるいは、官等《ツィン》）が数えられている。それらは、大きく分けて三通りの勤務（軍務、行政、宮廷）のうちでえることができ、それぞれの勤務には一四のランクがあった。

＊「官等表」最下位の一四等官になったものには、平民でも一代貴族の身分が、また、八等官（文官では、六等官）になったものには、世襲貴族の身分が与えられた（前掲『ロシア史 2』、三三二ページ）。

第二の特徴も記憶にとどめておかなければならない。この特徴は、ロシアの社会組織における法の位置に関する論争と結びついていた。『ナカース』において、エカテリーナは、法を帝国住民すべてに対等に適用する必要性を強調していた。だが、それはまさに願望であって、具体的な政策の表現ではなかった。けれども、この論争が示すところによれば、代議員たちには、それを具体的な政策だと前提する傾向があったのである。たとえば、ピョートル大帝はかつて、リヴォニア貴族にいくつかの特権を与えていた。ロシアの小貴族たちは、この特権を廃止するよう求めたが、それは、法のまえの平等の名においてだった。そして、法のまえの貴族の平等という、この問題は、自由の問題と混同されることになる。「貴族法典」を論議する際に、この論議に関心のある代議員たち――つまり貴族たち――は、以下のような疑問を提出した。すなわち、ロシアではだれが自由なのか、貴族は自由なのか、という疑問である。解答は、唯一君主だけが自由だというものだった。君主は、その行動を神にのみ釈明すればいいからである。貴族の自由のほうは、君主の意思と法によって制限される。つまり、貴族は法に従わなければならないのだ。

だがその影響からして、もっとも重大な論争は、農民問題に、したがって農奴制に関するものだった。たしかに、農奴制そのものが直接問題にされたわけではない。けれども、農奴たちの置かれた状況と、特定の農民身分の変更が、激しい議論をひき起こした。ひとつの重要な提案がなされた。たしかに、その提案は実現しなかったが、その痕跡は長く残ることになる。小貴族の代議員のひとりが、以下のように提案した。すなわち、農民問題のすべては、農奴問題も含めて、将来的には専門の農民参議会《コレギア》（中央官庁）によって扱われるべきであり、そうした参議会がその目的のために創設されるべきだと。また同参議会は、地方代表部を置いて、問題を算定し、決定を適用すべきだというのである。農民たちは、かれらの名で提出された陳情書にあるように、農奴制そのものよりも、その適用のされ方に、すなわち行き過ぎ、不公正、暴力のかずかずに、つまるところ絶えざる不法行為に不満をもっていた。かれらがその犠牲者であり、それによってかれらの状況がより深刻なものになっていたからである。だから、この提案者は、特別法廷を創設して、それを農民参議会のもとに置くよう提唱した。この特別法廷は、農奴であると否とを問わず、農民間の軋轢と、権力の濫用すべてを認識しなければならない。農民たちが、この濫用に不満をいだいているからである。この点に関して、提案者本人が、『ナカース』の二四四条を引き合いに出しているが、その文言によれば、「人民は法を、そして法のみを恐れなければならない」というのである。

容易に考えられることだが、論争の進行中、エカテリーナ二世とその助言者たちは、会議中になされる発言にぎょっとさせられたはずである。なるほど、農奴制をめぐる論争は、この制度をあからさまに問題にしたわけではない。けれども、それらの論争は、その存続を問題にした。いくつかの提案は、たとえば農民問題担当の法廷創設案のように、結果として、農奴たちを他の農民と同レヴェルに置くことに、したがって、農奴たちを他の市民と同じ市民にすることになったはずなのだ。結局のところ、さまざまな不満が、すべてのグループから表明されたが、それらは、ロシア社会を分断する不均衡と不公正のあかしとなっていた。

一七六八年七月、第一次ロシア＝トルコ戦争勃発のきざしによって、エカテリーナは、すでにポーランド問題に忙殺されていたうえに、南方にも眼を転ぜざるをえなくなる。かの女にとって、これこそが、立法委員会の作業を停止するうえで、またとない理由となった。だがそれは、単なる口実にすぎないわけではなかった。その成員が戦闘に招集されたため、委員会は多くのメンバーを失ってしまったのである。とくに貴族とカザークたちが、トルコ戦線に参加するために出征した。この両者がいなくなったことで、委員会は縮小せざるをえなくなる。突然、もっとも積極的な参加者を失ったからである。エカテリーナはこのとき、委員会の作業を中断することを決定する。ただし、小委員会はそれでも一時《いっとき》は論議を続けた。だが、戦争が終わっても、総会は再度招集されることがなかった。したがって、委員会の終焉は、一七六九年一月一二日だとすることができる。

歴史家たちは、二世紀以上にわたって、このエカテリーナの主導した試みにどんな意味を与えるべきか論争してきた。それは純粋な偽善にすぎず、外部世界に強い印象を与え、みずからに改革者のイメージを、啓蒙派の友のイメージを与えようとしたものにすぎない。かの女を悪くいうものたちは、そういっている。だが、この時代の分析をもっと進めると、右の急進的な評価に含みをもたせ、エカテリーナの意図をもっと節度をもってみようとするようになる。たとえば、イギリスのロシア史家イザベル・デ・マダリアガの例がそれである。(26) デ・マダリアガの主張するところによれば、いくつかの評価は、『ナカース』の諸原則をロシアの現実と対立させ、この両者のあいだの溝をエカテリーナのせいにしているが、そうした評価はあまり適当でないという。イザベル・デ・マダリアガが明確に論証しているように、『ナカース』は立法のためのプログラムではなく、理念の表明であって、社会は、それら理念を実現するよう努めなければならなかった」のである。

いずれにせよ、この長い論争は、継続してロシアにその痕跡を残すことになる。そしてそれは、多くの理由からだった。まずはじめに、大委員会は、その存在自体と代議員選挙の手続きとによって、いくつかの集団のなかに、またとくに、委員会に参加した個人のうちに、政治的意識を目覚めさせるという結果をもたらした。委員会での討議をつうじて、なんらかの集団、身分、団体に社会のなかで属しているという感情が、それら集団や身分や団体の利益と生活様式とともに確認された。このような社会的自己意識《アイデンティティ》は、一七六七年以前のロシアでは、存在しないか、たんに潜在しているかだった。だが、ロシア社会の多様な団体が、委員会のおかげで、自分たちを特徴づけるもの、他と区別するもの、さらには自分たちをたがいに対立させるものを理解した。貴族——世襲であるか、国家勤務によって地位をえたものであるかを問わない——、商人、自由農民、都市住民、これらすべてのものたちは、このとき、自分たちに固有のもの、自分たちが護ろうとするものを認識することを学んだ。

各団体の代議員たちは不満を表明した。そしてこれらの不満は、また、社会的現実に対するかれらの見方と、ひとつの欲求とを表している。この欲求は、はっきりと定義されていたわけではないが、議論の余地のないものだった。つまりかれらは、現実に存在する国の思想と切望とを表現したかったのである。だが、この国の統治者たちは、そのような思想と切望とが存在するなどと疑ってみたことすらなく、したがってそれらを考慮の対象とすることなどできなかった。表明された不満の裏側に、委員会が明らかにしたのは、ロシア社会がむしろ保守的であるということだった。この社会は、既存の団体ないし身分という枠組のなかでものごとを考え、それら団体や身分の社会＝経済的機能と、相互の違いとを明確に定義することを望んだ。抗争の種をできるかぎり排除するためにである。

エカテリーナのほうも、おそらくは想像だにしなかった状況を確認しなければならなかった。一七六五年から同六七年にかけて、かの女の理想は、十八世紀ヨーロッパで発展したような「文明国家」だった。中世社会が構想していたのは、閉じて完結した宇宙だった。だが「文明国家」は、開かれた世界をこれに対置した。そこでは、限りない資源が、人々の利益のために動員され、組織化されうるのだ。西ヨーロッパでは、各団体の弱体化したことが、こうした国家の発展に有利に作用した。だが、エカテリーナの委員会の作業は、各団体を基盤として組織された社会を、徹底して擁護すべしということになった。そのかぎりでは、この委員会は、「文明国家」というかの女の夢に引導を渡した。このような事実をまのあたりにして、かの女の驚きは全面的なものだった。だがかの女は、ロシアの法をめぐる大論争によって、自分には国を進歩の途上に乗せることができるようになると考えていただけではない。おそらくは、いくつか観測気球を上げてみたいとも望んでいたのである。農奴制をめぐる論議は、おそらくこうした役割を果たしたのだ。

エカテリーナは、一七六二年まで、宮廷で深い孤独のうちに生きていた。ついで、宮廷や、軍や、官僚組織にとり巻かれるようになったが、かの女は、それ以上には現実社会との繋がりをもたなかった。かの女とともに働くもののうち、だれひとりとして、かの女にロシアのさまざまな現実を教えることができたものはいない。大委員会は、かの女に、現実のロシアに――ないしは、現実のロシアのいくつかの側面に――出会う機会を提供した。かの女は、このときみつけたものをけっして忘れることはない。それは、かの女の国内政策にヒントを与えることになる。看過してはならない事実として、このロシアとの決定的な出会いを、かの女は望んでいたのであり、そのために危険を冒し、『ナカース』のなかで、啓蒙主義に忠実な精神で、この現実の概要を跡づけたのである。

歴史家にとっても、立法委員会の経験は、やはり貴重なものである。一九三〇年代に、アレクサンドル・キゼヴェッチェルが認めたように、このときのロシアの要望書《ナカースイ》※と、一七八九年フランスの陳情書*とのあいだには、いくつかの共通点を確認することができる。このフランスの類似の書と同様、若干の年代の開きはあるものの、要望書はまずなによりも、自分たちの状況に関する人々の考えを明らかにしている。これら要望書は、既存の体制を受けいれている。というのも、要望書の判断はつねに実際的なものだったからである。とはいえ、これら要望書は、中央権力が締めつけを緩めることを求めていた。また、耐えきれない財政的要求のかずかずに不平を漏らしていた。人々が、その要求に苦しんでいたからである。そして、いたるところで、そしてまたつねに、税の軽減を要求していた。最後に、権力に対して安全が保障されていないという感情に憑かれて、各社会団体の権利と義務を厳密に定義するよう、すべての要望書が望んでいた。この点に関しては、ロシア社会も、その後進性にもかかわらず、とくに大きな特異性を呈してはいない。やがてエカテリーナは、こうして表明された不満に回答をもたらさなければならなくなる。

※「ナカース」（複数形は「ナカースイ」）は、すでにみたとおり、立法委員会の代議員、ないしは当時の各団体の要望書

をも意味する。

* 一七八九年一月末、フランスでは、全国三部会開催にむけて、各身分の代表選挙が始まるが、その際にも、それぞれの身分が陳情書を作成した。

一七六二年から同六九年までは、エカテリーナが国内政治にデビューした時期だった。この時期の特徴は、結局のところ、かの女が、かず多くの政策を主導したことであり、またそれらの政策が、おおむね成功をおさめたことである。またこの時期は、かの女が、さまざまな問題に正面からとり組もうとする意思をもっていたことを示している。かの女は、それらの問題をいまだ本当には認識していなかったが、予感はしていたのである。かの女が経験不足だったことには、いかなる疑いもない。けれども、なによりもその読破した書によって、かの女は、将来の望ましい統治方法と、ロシアの理想的な将来像に関して、包括的な考えを身につけていた。そこには、ヴォルテールの弟子の姿が登場している。長きにわたってフランスの著述家たちに親しんだことから、かの女は以下のように結論する。すなわち、権力の機能とは現存の政治状況、ないし社会状況を存続させることではなく、それらを徐々に変革していく——この場合は、一七四四年から母国となった国を進化させる——ことだというのである。たしかにかの女は、ロシアのさまざまな現実をよく知らなかった。そのことによっておそらく、エカテリーナが大委員会という冒険に無防備で飛びこんでいったこと、『ナカース』のなかで当時のロシアにとって革命的な原則を提起したこと、そして、ある時期に、自分の提案とそれに抵抗する現実とのあいだの距離に気づき、立法の試みを放棄しなければならなかったことに説明がつく。だが、だからといって、かの女は、遅れたロシアを改革する計画を放棄したわけではない。たしかにロシアは、あれこれの文明社会とはおおいに異なっていた。にもかかわらず、かの女は、これら文明社会に、その関心のすべてを注ぎつづけていた。そのため、かの女は臆面のない偽善家だという非難が、しばしば、この時期の研究につきまとっている。だがそうした非難は、十八世紀に流行していた政治の理想がかの女を魅了していたこと、かの女の一七六七年の文書が、ロシア人たちの政治意識に影響を及ぼしたことを考慮していない。『ナカース』が公刊されるまえでさえ、エカテリーナには功績があった。かの女は、「自由経済協会」*に対して、農奴解放という危険な問題の解決に手を貸すよう促したのである。女帝こそがまさに、この問題を提起し、同胞たちに問題を検討するよういざなったのだ。しかもそれは、知的な論議という抽象的な枠のなかだけでなく、公開の場で表明された不満や提案という、まさに具体的な枠のなかでもなされた。そしてかの女は、その社会的大公開討論の組織者だったのである。

＊　一七六五年に、「自由主義的な」貴族たちが創設した団体。出版や懸賞論文の募集を行なった。初期の懸賞テーマに農奴制をとり上げたこともある（『ロシア史2』、一〇六ページ、註（3）を参照のこと）。

この権力の見習い期間において、エカテリーナのやり方はきわめて大胆だった。また、注目にあたいするほど独創的でもあった。というのも、『ナカース』は単なる一市民の考えたものではなく、国家文書であって、ロシアの法的＝政治的枠組を定義するよう提案していた。それも、ロシアの民衆の伝統と特性にマッチするかたちで。かの女の同時代人たちは、この点を見誤りはしなかった。たとえば一方で、ベルリンの科学アカデミーは、すぐさま女帝を会員の列に迎えいれることに決した。だが、これとは反対に、当時フランス陸軍相だったショワズールは、ただちにフランスにおける『ナカース』公刊を禁じた。あまりにも秩序破壊色が強いと判断したからである。

エカテリーナにおいて、祖国改革の計画にヒントを与えたのは、啓蒙哲学に対する愛だった。しかしながら、一七六二年のロシアは、啓蒙哲学の世界からはいまだ遠かった。このギャップによってこそ、女帝の落胆に説明がつく。女帝は、臆面もない意図から啓蒙思想を身にまとって、みずからの権力を正当化しようとしたのだと、あまりにもしばしば書かれてきた。だが、そうではないのだ。

第三章　ヨーロッパの新たな均衡を求めて

帝位についてから二年も経たないうちに、エカテリーナは、積極的な内政によって自分の正統性が十分堅固になったと考え、国際舞台に眼を向けた。ロシアのような大国において、統治の意欲に燃えた女君主は、その野心を国境内に制限することなどできない。久しい以前から、すなわち一五五二年以降、タタールの脅威は克服されていたため、ロシアの対外政策は、隣接する三つの大国との関係によって決定されていた。スウェーデンと、ポーランドと、オスマン帝国である。ロシアの国際的地位と、外部世界がこの国に認める位置は、この三国との力関係にかかっていた。ピョートル大帝は、ポルタヴァの勝利*によって、スウェーデン問題を部分的には解決していた。またこの勝利は、帝にバルト海沿岸への道を開いた。だが、残る二つの隣国に対しても、ロシアの支配力を保障しなければならない。

＊　一七〇九年、当時スウェーデンはロシアと交戦中で、この年の四月、カール十二世指揮下のスウェーデン軍がウクライナの要塞ポルタヴァを包囲した。ピョートル大帝は、このポルタヴァの戦いに圧倒的勝利を収め、スウェーデン陸軍を壊滅させるとともに、これによってスウェーデン領だったバルト海沿岸の重要拠点を手に入れた（詳しくは、『ロシア史２』、二〇一―二〇二ページ参照）。

エカテリーナは、この問題に専心することに決めた。この若き女君主が対外問題に眼を向けたとき、国際舞台は、すでに経験豊かな役者たちによって占められていた。かれらは、懐疑的な態度で、さらには尊大な姿勢で、この新参者を迎えた。かれらは、この新参者は世界の事情などなにも知らないものと考えていた。

まずフリードリヒ二世は、すでに四半世紀近くプロイセンを支配していた。かれは教養人であり、哲学に情熱を燃やしていたが、また生まれながらの征服者でもあった。その統治の初期、かれはオーストリア王家からシュレジエンを奪いとり、＊ハプスブルク帝国を危機に陥れていた。そのころロシアは、エリザヴェータ一世治下にあって、次第にヨーロッパに参入しつつあったため、フリードリヒ二世は、これにもっぱら敵意をいだいていた。ロシア人とは、この王の眼からみれば、「野蛮人の群れであり、放埒で、怠惰で、思いあがった女君主にふさわしい(1)」連中だった。つまるところ、開明君主制とは反対のものであった。そしてフリードリヒ二世は、みずから開明君主制の模範でありたいと望んでいた。かれはかつて、未来のピョートル三世と小公国アンハルト＝ツェルプストの公女との結婚を促進したが、それは、ロシア宮廷内に同盟者を確保するためだった。そして、ピョートル三世の短い治世のあいだは、かれの目論見も確実なものとなっていた。だが、帝位に就くやいなや、エカテリーナは、夫のプロイセンかぶれときっぱり訣別した。かの女が夫にかわって帝位に就いたため、フリードリヒ二世は、エカテリーナに対して寛大な気持ちになる気などなかった。

＊　オーストリアのカール六世の死にともなうオーストリア継承戦争（一七四〇―四八年）の際、フリードリヒ二世はシュレジエン領有を主張して出兵し、数次の戦いによって同地を獲得した。

オーストリアのマリア゠テレジアのほうはといえば、この女帝は、ロシアの新女帝がヨーロッパ君主の閉鎖的クラブに参入してくるのを、複雑な気持ちでながめていた。かの女は、正統な女君主として、その君主制と自分自身とに道徳的イメージを呈させようと、たえず腐心していた。そのかの女がどうして、この女簒奪者に困惑を感じないでいられたろう？　おまけに、この女は、私生活に関して疑わしい評判に包まれているではないか？　それでもマリア゠テレジアは、エカテリーナを権力の座に就けたクーデターを歓迎せずにはいられなかった。ピョートル三世の死によって、ロシア゠プロイセン枢軸が粉砕されたからである。かの女の国にとっては、一定の平和がそこからひき出されるはずだった。オーストリアの徳高き女帝は、分別をもって、ロシアに突然起こった政権交代からくる利益を算定していた。(2)

ヨーロッパ協調の三人目の大立者は、フランス王ルイ十五世だった。かれは、ロシアに対して見下した感情をもっており、ロシアをヨーロッパの強国と認めようとはしなかった。その名にあたいしないというのである。この感情は、一七五六年の同盟関係の逆転と、共通の敵イギリス゠プロイセンに対するフランス＝ロシア同盟とによって〔七〇ページ、訳註参照〕、穏やかになってはいた。けれども、この同盟に対して、フランスのためらいは依然として大きかった。この同盟を、必要に強いられて結んだからである。エカテリーナの即位は、ロシアの束の間の対プロイセン政策――ルイ十五世の眼には、ロシアの裏切りと映っていた――に終止符を打った。だがそれでも、若き女帝が、フランス王の心を勝ちとるにはいたらなかった。フランス王は依然として、エカテリーナを、度量も未来もほとんどない人物とみなしていた。

あと二人の君主によって、ヨーロッパの主要役者のリストが完成する。ポーランドのアウグスト三世とスウェーデン王アドルフ＝フレドリクである。後者は、エリザヴェータ女帝よってスウェーデン王位についていたが、ピョートル三世の叔父であると同時に、フリードリヒ二世の姉の夫でもあった。こうした王朝間の緊密な絆は、とくにピョートル三世の時代、スウェーデンがロシアに対して一定依存状態にあったことを暗示している。

最後に、ヨーロッパの東端にはオスマン帝国のスルタンがおり、これは、フランス王の眼からすれば、ロシア勢力の拡大を阻止するうえで、貴重な同盟者であった。

エカテリーナは、これらの君主たちと対峙していた。そのうえかれらは、長きにわたって自分たちの国の利益と、可能な同盟関係を決定してきていた。そうしたなかで、経験のない若い女に、なにができただろうか？　しかも、かの女には、ロシアを統治する権利に関して疑義がのしかかっており、それがかの女の立場を弱体化していたのである。

ロシア帝位に就いた偽りの新参者

一七六二年には三三の歳であったが、エカテリーナは、将来の交渉相手たちが考えていたほどには、知識や思想に欠けていたわけではなかった。かれら交渉相手たちにとって、かの女は、内政面でも国際政治の面でも、あらゆる分野で新参者だった。かれらが確信しているところでは、かの女は操り人形でしかありえず、強力な助言者たちか、あるいは寵臣たちの手で、またはその両方の手で翻弄されているはずだった。かれらのほとんどすべてが知らなかったことだが、この若い女は、エリザヴェータ女帝によって政事から遠ざけられ、夫からも離縁されそうになっていたが、数年来絶えることなく、世界のできごとに眼を向けていた。一七五六年以来、ということはクーデターの六年まえから、かの女は、チャールズ・ハンベリー＝ウィリアムズ卿と文通していた。卿は、イギリス宮廷によって前年からロシアに派遣されており、スタニスワフ＝アウグスト・ポニアトフスキ伯をともなっていた。この人物は、秘書官として卿に配属されていたが、のちにポーランド王代理となる。若き皇太子妃エカテリーナとイギリスの外交官ハンベリー＝ウィリアムズは、はじめロシアで、のちハンベリー＝ウィリアムズがイギリスに召喚されたあとには、ペテルブルクとロンドンのあいだで、一五〇以上の手紙を遣りとりしていた。(3)

この手紙の遣りとりのなかで、エカテリーナは、このんで政治のテーマをとり上げていた。ロシア＝イギリスの同盟や、フランスと接近することの不都合などなどをである。別の言い方をすれば、かの女はそこで、自分の国の外交政策とヨーロッパの外交政策に、現実的でかつ増大する好奇心を示している。これらの手紙はまた、将来にかかわる重要な事実のあかしでもある。すなわち、この時期から、エカテリーナは、将来かの女の外務相となる人物と、すなわち、当時ストックホルム駐在のロシア大使だったニキータ・パーニンと接触をもっていたのだ。(4) この文通、そこで展開されている考えのかずかず――この当時の首相ベストゥジェフ＝リューミンが擁護していた考えに近かったが、この首相は、エリザヴェータ女帝に権力から遠ざけられるまで、その対外政策を指導していた――は、エカテリーナを危険な状況に陥れるべきものだった。なぜならかの女は、祖国に対する裏切りの罪があると思われそうになっていたからである。かの女の巧妙な立ち回りだけが、このように微妙な状況から抜けだすことを可能にした。だが、ニキータ・パーニンとの繋がりは、はじめは手紙によって、ついで直接の会談によって、保たれつづけていた。一七六〇年六月、パーニンが、スウェーデンでの使命を終えてストックホルムを離れると、エカテリーナはかれと会見しはじめる。かれは、エリザヴェータ女帝によって、エカテリーナの息子・幼いパーヴェルの教育の任に当てられる。だが女帝はすでに力尽きており、死が迫っていた。この指名は、かれのまとっていた権威を物語っている。この権威がそれほど周知のものだったのは、かれがいかなる徒党にも属していないからだった。これらの徒党は、エリザヴェータ女帝の治世終焉が近づいたとき、その後に備えて特権的地位を守ろうと、たがいに争っていたのである。一七六〇年から同六二年のあいだは、この尊敬すべき外交官との接触が容易だった。パーニンが、かの女の息子の教育官をひき受けていたからである。この間エカテリーナは、つねに学び理解しようと念じており、対外政策における視点を形成した。ピョートル・スチェグニーは、ロシアの卓越したエカテリーナ二世の歴史家だが、かれのみるところでは、この文通と会談の期間に、かの女は、この領域における確実な知識を真に獲得し、その後もずっと外交に大きな関心を示しつづけることになる。(5) スチェグニーにいわせれば、この時期以降、かの女は、念入りな地政学のヴィジョンを展開することができるようになり、即位以降それを実行に移すことになる。

かの女は、新参者だと思われていたが、じつはそうではなかったのである。またたしかに、かの女は権力から遠ざけられており、さまざまな事件に影響を及ぼすことができなかった。だが、そのことはぎゃくに、平穏のうちに省察を重ねるに好都合だった。かの女はのちに、とるべき政策をみずから提案するようになるが、その構想はすべて、この時期にできていたようである。さらにつけ加えておくべきだろうか？　エカテリーナはつねに、歴史を熱愛した女であったし、ヨーロッパのさまざまな国の過去に関して、かの女の知識は、膨大な読書によって豊かにされ、かの女の視点を形成するうえで大きく貢献したのである。最後に、ピョートル三世の親プロイセン政策は、エリザヴェータ女帝の選んだ路線と食い違い、ロシアを、プロイセンとだけの、それも卑屈な同盟関係に閉じこめてしまっていた。だからこの政策は、エカテリーナを憤慨させただけだった。かの女はすでに、ロシアの国家利益を深く気にかけ、子ども時代を過ごしたドイツにはほとんど愛着をもっていなかったのだ。かの女がもはやほとんどドイツ語を話さなかったことを、どうして指摘せずにいられよう？

かの女の国際的ヴィジョンは堅固なものだったし、そこからくる行動は、表面上はためらいがちにみえたが、根底では断固たるものだった。だから、その行動は、人々の判断をほとんど狂わせることがなかった。人々は、一七六二年にはエカテリーナの挙動をみつめ、かの女が、自分を補佐して権力を掌握する人物をみつけるのを待ったのである。ベストゥジェフ＝リューミンが一七五八年に追放されて以来、首相のポストはミハイル・ヴォロンツォフ伯が占め、副首相としてアレクサンドル・ゴリツィンがこれを補佐していた。だが、二人には必要な権威がなく、真の対外政策を先導することも、エリザヴェータ女帝の当時の寵臣イヴァン・シュヴァーロフを動かすこともできなかった。シュヴァーロフは結局、自分の個人的利益のほうにかかりきりで、大きな政策には関心がなかったのだ。

帝位に就いたとき、エカテリーナは、対抗しあう二つの徒党とあい対した。ヴォロンツォフ派とシュヴァーロフ派である。両派は、もっとも重要な役割を演じつづけるため、帝位継承に対して、かれら自身の手になる解決策を提案した。だがエカテリーナは、無用な論議を経ずして帝位を奪い、その決然たる精神をもって、かれらに企てることのできた策謀すべてに容赦なく終止符を打つ。かの女はまず、次期帝位の保持者に関して、かれらの考えに耳を傾けることを拒否してしまい、その後も、かれらの試みを受けいれたり、その影響力を残したりしようなどとは考えもしなかった。

はじめ、女君主は、つぎの協力者の選定に関して、疑問が広がるにまかせていた。だれもがもとの地位にとどまっていただけではない。ベストゥジェフ＝リューミンも宮廷に呼び戻され、元帥にとりたてられた。エカテリーナはまた、ポーランドに関することは、かの女の同国大使カイザーリンク伯に相談した。かの女を取り巻くものたちはみな、対外政策に関して、かの女に競って自分の考えを披遷した。もしも自分の推す策が採用されたあかつきには、自分こそが、女帝の選択すべてを左右することになると確信していたからである。

明らかに女帝の寵愛が戻ったのに気をよくして、前首相ベストゥジェフ＝リューミンは、オーストリアおよびイギリスとの同盟が、ロシアの対外政策全体の基盤でなければならないと主張した。これに対して、ヴォロンツォフ——論争が始まったときは、まだ首相だった——は、自分は前任者に部分的には賛成だが、イギリスではなくフランスにしてはどうかと応じた。フランスの代理大使ベランジェは、それぞれの擁護する立場を注意深く観察して、外務大臣ショワズールに公用文書を連発した。かれは、あるときにはベストゥジェフ＝リューミンが影響力を発揮するチャンスに賭けた。[6] だがまたあるときには、前首相は寵愛を受けているようにみえるが、それは束の間のものであり、第一前首相はすでに、高齢と疑う余地のない酒好きで駄目になっていると仄めかしている。[7]

けれども、エカテリーナを観察していたものたちは、その治世の初めころ、助言者に擬されたものたちに対するかの女の行動にいくぶん戸惑わされた。かの女は、影響力のある職務の候補者たちをそばに呼び、かれらをちやほやし、これ以上ないほど注意深く意見を聴いた。そのため、かれらのそれぞれが、自分が遅からず全能の助言者になるはずだという感触をもたされた。個別の相談と集団での討論とが、この時期をつうじての原則であり、それは、権力の新しい行使法を暗示しているかにみえた。[8] ただし、以下の二点はここで強調しておくにあたいする。

まず、エカテリーナは、対話したものがすべて、同じ言辞を弄するのを聴いた。ロシアの第一の敵はプロイセンであり、一方オーストリアは、自国の利益にかなった持続的で有用な同盟相手になりうるというのである。本当のところ、フリードリヒ二世の勢力を無視することはできず、そう主張したものたちは、たえずこの力がロシアに及ぼす危険性を強調した。相談を受けたものたちが最後に勧めたのは、エリザヴェータ女帝の考え方にたち戻ることだった。

つぎに、この時期には、さまざまな観点が密度濃く交流された――ベランジェの考えでは、このあいだに女帝は、みずからの観点を明確にしようとしていた――が、そこにひとりだけいない大物がいた。ニキータ・パーニンである。このことは、パーニンがエカテリーナの信任をえていなかったことを意味するのだろうか？　おそらく否である。けれども、パーニンを助言者にするまえに、かの女は、すべてを聴きとり、自分が熟考ののちに辿るべき路線を選んだという感触を与えたかったし、そしてとくに、すでに自分の考えをもっていることを示したかったのだ。たとえ、それらの考えが、対話したものたちのだれかの考えに近いようにみえたにしてもである。

一七六二年六月二八日、ひとつの声明が、ピョートル三世への糾弾を満載して、かの女の即位とともに出された。この声明は、フリードリヒ二世との同盟でロシアが代償を支払ったことを強調している。それは、外交路線転換の信号だったのだろうか？　外国に赴任していたロシアの外交官たちとのあいだで、緊密な書簡の交換がなされているが、それらも、右の傾向を確認させてくれる。七月以降、ロシアは新しい道をとるかにみえた。七年戦争から抜けだし――そしてエカテリーナは、二度と戦争には戻らないと明言した――て、姿をみせたロシアの外交政策は、交戦国間の調停者の役を演じ、抗争に終止符を打つとみずからいい出した。ペテルブルクにとって、もしもこの和平の提案が受けいれられれば、それは、ヨーロッパにおけるロシアの地位を強化するうえで、なんとすばらしい手段となることだろう！

実際のところ、パーニンが沈黙していたのは、不興を買ったからでも遠ざけられていたからでもなく、その反対だった。かれは、エカテリーナ政府に初期から参加し、一七六二年七月には六点からなる覚え書きをかの女の判断に委ねていたが、その覚え書きは、国際情勢とロシアの利益を呈示していた。[9]その六点はすべて、同一の確認から出発している。すなわち、ロシアにはいかなる新たな征服の必要もない。なぜなら、ロシアは広大な空間を有しており、しかもその空間は未開発だからである。ロシアに必要なのは平和であり、それによって国際舞台での権威をはっきりと示すことができるというのである。エカテリーナの文書が、このパーニンの主張に答える。「外交において、わが人民に必要なのは平和と帝国の威光の回復とです。それらが、これまでの政策によって危険にさらされているからです[10]」。

女帝には、つきまとって離れない考えがあった。すなわち、もはやヨーロッパの列強に、それら自身の目的のためにロシアを利用させてはならないというわけである。これまで、実際のところロシアは、これら列強にとって一種のジョーカー、つまり自分たちの思いのままに利用できるカードだったのだ。そのためにこれら列強は、もっとも多くの場合買収という手段を用いた。たとえばベストゥジェフ＝リューミンは、外国の宮廷から巨額の献金を受けとっていた。ニキータ・パーニンに信頼が置かれたのは、ほかの理由にもまして、この次期外相に道徳的に厳格だという評判があったからである。ヨーロッパの各宮廷はつねに、買収によって歴代ロシア首相から恩恵をひき出してきたが、またたくまに、パーニンという人物が買収を受けつけないことを知る。エカテリーナは、だれよりもよくそれを知っていたのである。

エカテリーナにとっておおいに悔やまれることだったが、かの女の提唱した調停の提案は、ほとんど反響を呼ばなかった。ヴェルサイユとウィーンは、この提案を丁重に歓迎したものの、それを推進しようとはしなかった。ウィーンにとって、ロシアはたしかに友好国ではあった。だがロシアは中立ではなく、したがって、調停の役割を果たしうる状態になかった。また、ルイ十五世のスポークスマン・ショワズール公は、ほとんど協調しなかった。かれはズバリと女帝に思い知らせた。すなわち、フランスとイギリスは、交渉を始めるためにエカテリーナを当てにしたことなどないと。これでは、かの女の提案は存在理由をすっかりもぎとられてしまう。[11] さらにフリードリヒ二世はといえば、たしかにかれは、エカテリーナの提案に好意を示したが、かれが共鳴したのは利害関係からではなかった。かれが認めざるをえなかったように、ロシアの調停は、抗争に終止符を打つ助けにはなりえなかったのだ。なぜなら、プロイセンが交渉すべきはオーストリアとであり、オーストリア女帝マリア゠テレジアには、エカテリーナの介入を受けいれる用意など、これっぽちもなかったからである……。

こうして最初の試みは失敗し、ロシアは国際舞台にその存在を知らしめすことはできなかった。だがこの失敗をもって、エカテリーナの逡巡の時期ないし意見聴取の時期は終わる。和平がロシアぬきに進められて以来、かの女は、明確な選定――人員と方針の選定――の時鐘が鳴ったことを知る。女帝となってほんの数ヵ月後、エカテリーナは、自分の対外政策とはなにか、そしてかの女を補佐してそれを指導するのはだれかを、明確に言明することになる。

パーニン伯の登用、すなわち対外政策の確定

一七六三年二月一〇日、パリ条約がフランスとイギリスによって調印された。同一五日、今度はプロイセンとオーストリアが和解に調印する。こうして、ヨーロッパの平和が現実のものとなる。この新しい状況のなかで、ロシアは、いかなる役割を演ずることができるのだろうか？

ヴェルサイユとウィーンが、かの女の調停提案に対抗して侮蔑的な態度をとったため、エカテリーナは、エリザヴェータ女帝の政策に回帰することを推奨するものたちの助言を聴く気にはならなかった。ところでパーニンの見解は、久しいまえからエカテリーナにとって馴染み深いものだった。このパーニンにとって、いまこそ、かれの構想、すなわち「北方体制」*を優先させるときだった。

＊ パーニンは、フランス＝オーストリア＝トルコの「南方体制」に対抗して、ロシア、イギリス、プロイセンに、スウェーデン、デンマークを加えた「北方体制」を構想した（『ロシア史 2』、七八ページ）。

こうして、パーニンが舞台の前面に躍りでるが、それは、一部のものたちが排斥されることを意味していた。かれらはそれまで、女君主から意見を聴かれ、かの女のそばで積極的な役割を果たす望みをいだかされていたのである。まずヴォロンツォフが、外国で療養に出かけるよう強く勧められる。

かれが去って、その首相職が空くと、ベストゥジェフ＝リューミンの野心が眼を覚ます。だがそれは実現するどころか、決定的な引退に繋がっていく。女帝が引退を強要したのである。イヴァン・シュヴァーロフも、旅だって故国を遠く離れることを勧められる――あるいはむしろ、「許可される」。権力を争った各徒党は、こうしてそのリーダーを失う。エカテリーナは邪魔ものたちを一掃し、以後パーニンが、かの女の側にたって、もっとも重要な役割を果たすことになる。たしかに、かれはこの後もけっして首相の称号を手にすることはない。けれどもかれは、その後二〇年にわたって実質上その職務を果たすことになる。

まずは、エカテリーナの選んだ助言者の人物を、検討しておくのがいい。この人物は、一七六三年一〇月四日、「外務参議会」の最初の構成員に任命され、ついで数ヵ月後に議長となるが、エカテリーナにはすでになじみ深い人物だった。かれは、あらゆる点において前任の首相たちとは対照をなしている。

一七六二年当時パーニンは、一七一八年生まれで、まだ四四歳にすぎなかった。それほど高い教育は受けていなかった――一介の将軍の息子で、地方育ちだった――にもかかわらず、かれは、読書によって眼もくらむような教養を身につけていた。その知識は、並ぶもののないほど多様な領域にわたり、それによってかれは、啓蒙の世紀の偉大な人物の典型となっていた。エカテリーナは、自身きわめて教養が高かったにもかかわらず、かれを「生き字引」と形容していた。ヴォルテールの信奉者にしてフリーメーソンであるなど、かれは矛盾した人物であり、とらえにくく、そのもって生まれた性格は、女帝を魅了しては、また苛立たせるのだった。その容姿からして、かれは、あい反するものをもっていた。長身で、体つきは擲弾兵のようで、顔色は血色よく、美男だったが、かれは注目すべきオシャレで、いつも最新流行の服と香水を身につけ、政務の指揮よりも自身のことにかまけて——といってもよかったろう——いた。大変な女好きで、まずはじめに、姪のダシュコフ公爵夫人と関係があると疑われ、夫人はたちまちのうちにエカテリーナの不興を買う。つぎに、かれがロシア対外政策の先頭に立ったときには、列強から派遣されてきたものたちは、かれと面会しようとすると、かれが、美しきストロガノフ伯爵夫人にいい寄っていないときを探さなければならなかった。あるいは、これにつづいて、シェレメチェフ伯爵夫人にいい寄っていないときを探さなければならなかった。夫人が一七六七年に天然痘で他界することがなかったら、パーニンはおそらく、かの女と結婚していたことだろう。社交と公務とにあちこち手を出すと非難され、のんびりして——「もし急いだら、かれはそれで死ぬでしょう」と、エカテリーナはいっていた——、このうえなく怠けものだという評判だったが、パーニンはそれでも、一七六二年以降女帝に、ロシアの国家利益と関連した考え方を提案した。かの女はそれまで、膨大な助言を聴かされてきたが、パーニンの考えは、それら助言のすべてと、またエカテリーナ女帝の方針大綱とも無縁だった。これに、廉直の評判と、買収を受けつけない性格とを、つけ加える必要があるだろうか？　この性格は、幸運にも、前任者の一部の嘆かわしい習慣とは、際だった対照をなしていた。当時の駐ロシア＝フランス大使ブルトゥイユ男爵は、熱心に女帝の取り巻きの欠点をあげつらっていたが、ある外交文書で、「まったく私利私欲のない人物である」と指摘している。また、一時イギリスの駐ロシア大使を務めたカスカート卿は、一七六八年一〇月にロンドンで、「すべての外交官が、かれの廉直、信念の堅固さ、誠実で、いかなる陰謀もいだくことのないことを強調している」と認めている。

かれにとっても、また女帝にとっても、ロシアの対外政策は、厳密な国家利益の観点から構築されなければならない。パーニンは、ロシアが劣位にある場合、そうした同盟体制をことごとく退けた。かれにいわせれば、「われわれの政策は、ただただロシアの利益のみを指針としなければならない。同盟国の辿った道に追随するのは、第二級の勢力にふさわしいにすぎない」のだ。かれの考えた体制は、世界という舞台における力関係の明晰な分析から出発している。たしかにロシアは、同盟国なしに力を誇示することはできまい。だが、ロシアが選ばなければならないのは、みずからの利益にもっとも役立つ同盟国である。パーニンの構想では、その柱となるべきは、プロイセン、イギリス、デンマーク、スウェーデン、ザクセン、ポーランドだった。かれがたえず念頭に置いていたのは、フランス＝オーストリア協定〔七〇ページ、訳註参照〕——ブルボン家とハプスブルク家の同盟——を粉砕することだった。かれの評価によれば、それは、ヨーロッパにおけるロシアの勢力拡大にブレーキをかけるものだったからである。この構想はまた、ロシアとイギリスとのあいだで、一定の役割分担を含んでいた。ロシアが、もっぱらポーランドに関わるのに対して、イギリスは、スウェーデンとデンマークからフランスを排除する任にあたるのである。

この計画が失敗したのは、以下の二つの条件が、はじめから満たされていることを前提としていたからである。まず、イギリスが、スカンディナヴィア諸国に対して、結構な額を財政援助することである。つぎに、右の政策を実施するために、イギリス＝プロイセン間に合意が必要だった。そのほか最後に、プロイセン王は、ポーランドにおけるみずからの利益を護ることを諦めなければならない。

ポーランドは、このヴィジョンのなかで特別な位置を占めていたが、それはしばしば、あまりよく理解されていなかった。パーニンはそれについて書いている。「もしもポーランドが、その通商と諸制度をもっとよく組織していれば、同国は、この同盟のなかでオーストリアの代わりとなることができようし、しかもそれは、同盟諸国にいかなる危険ももたらさないことになろう」[12]というのである。この体制がスムーズに機能するには、まえもってロシアとプロイセンとが和解し、ポーランドに対するそれぞれの立場に関して、合意していなければならなかった。一七六二年以来、エカテリーナとフリードリヒ二世は、直接書簡を交わしはじめていた。その合意の輪郭は定まりつつあったが、そこには、ピョートル三世とフリードリヒ二世を結びつけていたものと、なんら似かよったものはなかった。ロシアの先帝は、自国の利益を忘れて、プロイセンの利益を優先し、自分が模範とする王フリードリヒ二世に奉仕していただけだった。エカテリーナはずっと、こうした姿勢を断罪していた。かの女の政治的選択が基盤としたのは、これとは反対に、ロシアの国益を優先させ、自国にヨーロッパにおける第一級の外交的役割を保障しようという意思だった。だから、かの女が、パーニンとともにプロイセンに依拠することを選んだのは、かの女が、プロイセンがどれほどロシアを必要としているか知っていたからだった。また、フランス王のほうが、なんら隠し立てすることなく、ロシアをヨーロッパの舞台から遠ざけようと決めていることを知っていたからだった（まさにこの理由によって、フランスへの知的親近感にもかかわらず、エカテリーナはパーニンの構想を選んだのである）。そして最後に、ロシアとオーストリアの利益が、いたるところで対立していることを知っていたからである。

プロイセンとの関係は、両国君主間の書簡の交換によって繕われ、その回復は容易なことだった。おそらくフリードリヒ二世は、「北方体制」に特別好意的だったわけではない。けれどもかれの考えでは、エカテリーナと和解すれば、かれにとって、かの女を中立化することが容易になるのだ。交渉は一七六二年に開始され、六三年三月三一日、両国間の防衛同盟条約調印の運びとなる。しかもそれには秘密協定が付属しており、第三国が、ロシア＝プロイセンの利益に反してポーランドへの行動を企てたときには、両調印国は、これに対して武力をもって応えることになっていた。

しかしながら、パーニンにとっては、かれの体制はなによりも、ロシア＝イギリス間の相互理解を基盤としなければならなかった。かれが出発していたのは、以下のような確認からだった。まず、イギリスは海軍の強国であり、一方ロシアは、大陸において役割を果たす定めにある。したがって、イギリス艦隊とロシア陸軍は、力を合わせなければならないというのである。けれどもロンドンでは、かれの論調は説得力をもつはずがなかった。ロンドンでは、ロシアの勢力が台頭したことに対して、大きな危惧が生まれていたからである。長い交渉のすえ、パーニンは認めざるをえなかった。自分は、セイント＝ジェイムズの宮廷から、単なる通商条約以上のものを勝ちとることはできないと。この条約は、一七六六年七月二〇日に調印される。かれはその後ずっと、イギリス人がこの論争において「商売人根性」丸出しだったと、恨みつづけることになる。

かくして、一七六三年の夏以降、エカテリーナの選択には、もはやいかなる疑問の余地もなくなる。「北方体制」がかの女の歩みの指針となり、かの女は、パーニンのいうことを注意深く聴く。だからこそなおさら、ここで、かの女が、かくも身近な助言者に首相の称号を与えようとしなかった——他方かの女は、自分をひき回そうとするものたちすべてを、自分に都合のいいよう遠ざけた——理由を、問うてみなければならない。

その説明は、エカテリーナの性格それ自体のうちにある。一七六二年の夏から、かの女が決めていたのは、帝位にあるだけにとどまらず、みずから国を統治することだった。だからかの女は、大臣であれ寵臣であれ、いかなる人物であろうと、強力すぎる地位に就けることを望まなかったようだ。また、パーニンに拒否したものを、かの女は、別のやり方で当時の愛人グリゴリー・オルロフにも拒否することになる。当時オルロフは、エカテリーナと結婚することを熱望していたのである。パーニンは、この結婚の考えを厳しく断罪し、それを頓挫させるよう力を尽くしたようである。エカテリーナに以下のようにいったのは、パーニンではなかったのか？　すなわち、「ロシアの女帝には、望むことがなんでもできます。だがオルロフ夫人になれば、女帝でいることはできません」[13]と。こうしてかの女は、オルロフと結婚することを断念したが、他方では、ベストゥジェフ＝リューミンに腹を立てていた。この男は、オルロフと結婚するよう陳情書を連発して、エカテリーナに圧力をかけていたのである。そこで女帝は、きっぱりと表明する。職務遂行という名目であれ、個人的関係という名目であれ、自分に圧力をかけようとする試みは、いっさい許さないと。この女性はなん度も情熱に身を捧げたが、その情熱を私生活の領域に限ることを、つねに心得ていたようである。

エカテリーナは「北方体制」を選択したが、それは、フリードリヒ二世に対する好意からではなかった。かの女は、この王を信じていなかった。かの女の選択は、フランスの君主が、かの女に対して、そしてさらにはロシアに対して、なかば軽蔑的な、なかば敵意むき出しの態度をとっていることからきている。事実ルイ十五世は、当時ペテルブルク駐在だったブルトゥイユ男爵に宛てて、秘密勅書（そこには、王の署名がある）のなかで、これ以上ないほど明確に表明している。それをみると、「わが対ロシア政策の唯一の目的は、ロシアをヨーロッパの諸事から遠ざけることであり……。ロシアの民衆を混乱に浸けておくことのできるものは、なんであれ、わが利益にかなっている」[14]とある。この王は一時、エカテリーナに対抗するものたちを支持――目立たぬようにではあるが――し、またイヴァン六世を皇帝候補に立てることすら検討した。より大ざっぱにいえば、この王が望ましいと考えていたのは、ブルトゥイユが一七六二年一二月一六日付けの外交文書に記しているとおり、「かの国に内的混乱をひき起こすこと」だった。女帝を補佐するものたちは、しばしば、フランス王の秘密外交のこうした側面を見抜くことができた[15]。だから女帝は、不幸なイヴァン六世の存在は危険であり、これ「と り除く」のが好都合だと考えていたと思われる。

二つの主要な問題が、このとき両国をいちじるしく対立させていた。ポーランド問題とロシアの地位である。ポーランド問題にはのちほど触れるとして、ロシア皇帝家の地位という問題は、最初に触れておくにあたいする。それが、ペテルブルクとヴェルサイユのあいだに度重なる論争をひき起こしたからである。この論争は、すでにみたように、エカテリーナに皇帝の称号を認めるかどうかに関連していた。一七六二年の八月以来、ブルトゥイユ男爵が女帝に通知したところでは、フランスがかの女にこの称号を認めるのは、条件付き外交文書《レヴェルサル》を交わした場合に限られるというのだ。つまり、議定書によって二国間の上下関係が規定されており、ルイ十四世以来フランスに優位が与えられているが、ロシアは、この議定書を変更しないむね保障を与えなければならないというのだ。エカテリーナははじめ、この要求は自分の正統性を問題にしているのだと受けとった。またそれにくわえて、ブルトゥイユの個人的な発想だと受けとった。けれども、女帝はすぐさま、問題のもっと厳しく、もっと不愉快な姿を認めざるをえなくなる。かの女はまず最初に確認せざるをえなかったのだが、このフランス代表は、スペイン大使アルモドバル侯爵に支持されていたのだった。そしてかの女は、「ブルボン枢軸」が自分に対してかたちづくられているのだと考えた。ブルトゥイユが戴冠式に欠席した――このときは、かれひとりだったが――ことによって、かの女は、これがまさにフランスの公式な立場だと確認した。このときから、問題は拡大を続け、エカテリーナは、身を守るうえからも、皇帝の称号に対する異論の余地のない自分の権利を擁護しようと決した。かの女は、一七六二年一一月二一日、この称号はピョートル大帝以来ロシアの王冠と君主制に付属していると言明する。だから、列強に条件付き外交文書《レヴェルサル》を発行することなど、問題になりえないというわけだ。たとえそれら列強が、ロシアのいかなる君主にも皇帝称号を認めまいとしてもである。(16)

しかしながら、女帝の姿勢は若干変化する。はじめ——一七六二年の冬である——、かの女は、正統性をめぐる論議にかかりきりで、優先権の問題にはごくわずかな興味しかもっていなかった。そういうわけで、右の断固たる宣言とともに、かの女は、先の議定書も、現行の宮廷間の優先順位も変えるつもりはないと保障した。こうして、問題は片づいたかにみえた。とはいえ、ブルトゥイユ男爵——自分の王の気質に敏感で、エカテリーナに好意的になることはけっしてなかった——は、外務大臣に、争いはすべて「女帝の並はずれた思い上がり(17)」によってつくり出されていると書くことができた。かの女が問題にした条件付き外交文書《レヴェルサル》は、「純然たる愚かもの(18)」ピョートルによって発行されたのではなかったのか？　そしてブルトゥイユの結論は、「これらロシア人とエカテリーナは、傲慢と不作法しか知らない」というものだった。時が経ち、自分の正統性が認められてきたと確信するにつれて、女帝はみなすようになる。すなわち、条件付き外交文書《レヴェルサル》をめぐる争いはフランスの野望の表出にすぎず、フランスは、ロシアを永遠に劣等な位置にとどめておくつもりなのだと。抗争はここで、新しい段階に入る。つまり女帝が表明するところによれば、かの女は、自分の国に支配的な位置を要求しているのではなく、ただただ対等の地位を求めているだけなのだ。だがフランス王は、それを受けいれることを拒否した。両者の観点は折りあわないように思われた。一方でエカテリーナが、現在を、つまりロシアの勢力の進展と、勢力進展後にヨーロッパ協調体制のなかに占めるロシアの地位を引き合いに出しているのに対して、ショワズール公爵は、ルイ十五世の名で意見を表明するとき、過去を拠りどころにしているからである。「フランスは、ヨーロッパにおいて重要な位置を占めていた。だがそのころはまだ、だれも、ロシアのことなど知らなかった。ロシアが、われわれからこの地位を奪うとすれば、それは不当なことであろう」というわけである。

　パーニンは、つねに実際的な人物だったので、エカテリーナを支持しつつも、論争を回避しようと努力した。条件付き外交文書《レヴェルサル》を出さなかったので、かれが提案したのは、通商協定を締結して、ロシアとフランスとの接近を期待することだった。ブルトゥイユ男爵は、フランス外相に、この件に関するパーニンとの会見について報告し、パーニンが執拗に求めるもの、すなわちパーニンいうところの二つの政治的目的を指摘している。それは、悪化した対フランス外交行政を復旧することと、フランスと通商関係を結ぶことだった。外相ショワズールの答えは、この領域でイギリスが特権待遇という利益をえない条件で、というものだった。ブルトゥイユは報告を以下のように結んでいる。「パーニン氏はフランスを好きではない。だが、かれはしきりに、われわれから塩を買い、われわれに煙草を売りたがっている」。

　ショワズールの危惧は、根拠のないものではない。フランス側の悪意ある意思、エカテリーナの懐疑的な態度、こうしたものすべてが、イギリスとの関係を特別なものとするのに寄与していた。一七六六年六月には、イギリス＝ロシア通商協定が調印されたが、これがそのことを実証している。皇帝称号をめぐる争いのほうは、一七七二年まで、ヴェルサイユとの関係を阻害しつづけることになる。一七七二年時点で、エギュイヨン公爵がショワズールの跡を継ぎ、ルイ十五世の説得に成功して抗争に終止符を打ち、特段の条件なしに皇帝称号をエカテリーナに認める。このようにフランスの立場は柔軟になったが、その唯一の問題点は、両国の交換文書で、くだんの称号をフランス語ではなく、ラテン語で記すことだった。エカテリーナは、よきラテン語通だったので、この点では妥協した。

ポーランド問題——ロシア、傀儡王をえる

宮廷間の優先順位をめぐる争いにくらべると、ポーランドは、ロシアの政策と、そのフランスとの関係の行く末に対して、はるかに重要な争点だった。だから、この問題に関しては、エカテリーナは妥協する気などなかった。

ロシアはずっと、ポーランド問題に気を配ってきたが、今度の場合は、それが唯一の問題ではなかった。十七世紀以来、ヨーロッパ各国の大部分は、ポーランドを、行動を仕掛ける場、ないしは影響を及ぼす地域とみなしていた。一六五四年に、ウクライナがロシアに統合され、ポーランドの力がペテルブルクを脅かすことがなくなると、新しい問題が生じて、ロシアの歴代君主たちはこれに腐心してきた。かれら君主たちは、ウクライナの一部がベロルシアと同様ポーランドの権威下にあることを思うと、強い不満感を感じるのだった。ピョートル大帝とその継承者たちは、これら両地域をロシアの権威下に置こうとしてきたが、ヨーロッパ各国の反撃を恐れて、長きにわたって慎重に振る舞うほうを選んできた。一六九七年、ピョートル大帝は、ポーランド王位に、自分に忠実な君主を座らせることに成功した。ザクセン選帝侯アウグストであり、かれはアウグスト二世の名で王となる。通称「強健王」である。けれども、一七〇六年には、スウェーデン王カール十二世が、アウグスト二世を退け

て、みずからの手持ち継承候補者スタニスワフ・レシチンスキをこれに代える。この人物は、ワルシャワ連盟※の支持を受けていた。けれどもポルタヴァの勝利*によって、ピョートル大帝は、アウグスト二世をポーランド王位に復することができた。だがこれによって、アウグスト二世は、ロシアへの依存度を強めるばかりだった。アウグスト三世が、一七三三年に二世の跡を継いで即位し、エカテリーナが女帝となったときには、まだ王位に就いていた。三世もまた、その地位をロシアの庇護に大きく依存していた。一七六三年、アウグスト三世が他界すると、エカテリーナは、王位継承をとり仕切るのは自分だとの結論を出す。

※「連盟 konfederacja」とは、ポーランドのきわめて古い制度で、市民たちの基本的抵抗権を表している。それは、武装した運動であって、自分たちの正義のヴィジョンを掲げる人物たちの団体でもある。それは、国王によって結成される場合もあれば、国王に対抗して結成されることもある。一七〇六年当時、親スウェーデンのワルシャワ連盟に対して、親ザクセンで、ロシアに支持されたサンドミェシュ連盟があった（なお詳しくは、京大西洋史辞典編纂会編、『新編　西洋史辞典　増補改訂』、東京創元社、一九九三年、「連盟」の項参照）。

*十七世紀末から十八世紀初頭にかけて、ロシアは北方の大国スウェーデンと対立しており、そこには両国のポーランドへの野心もからんで、この二国間で戦乱がたび重なっていた。大帝は、緒戦で敗北を喫し（ナルヴァの敗北、一七〇〇年）、これにともなってポーランド王の交替が起こった。けれども、一七〇九年のポルタヴァの戦いで決定的な勝利を収め、アウグスト二世を復位させた（『ロシア史 2』、一〇—一二ページ）。

ポーランドの運命は、十八世紀終わりの数十年において、文明化されたヨーロッパの歴史のなかで前例をみないものだった。よくあることだが、戦争の過程では、勝者がうち破った相手から領土を奪う。だが、歴史ある一国家がうち続く分割によって消滅してしまった例などない。こうした運命は、例外的であると同時に不幸なものでもあるが、その原因を理解するには、当時のポーランドの状態を考察してみるとよい。当時の人々は、この国を「無政府状態の王国」と形容していた。ヴォルテールは、エカテリーナの思索の師だが、こうした状況を同様に要約している。すなわち、「ひとりのポーランド人は誘惑者だが、ポーランド人二人となると、それはすなわち口喧嘩である。それが三人となれば、ああ！　それこそがポーランド問題だ」と。ポーランドでは、すべてがこうした評価を正しいものにしていた。同国は、一五六九年以降二つの部分から成っていた。ポーランド王国とリトアニア大公国であり、*両者の利益は矛盾しあい、いかなる改革に関しても意見が異なっていた。君主は選挙制だった。国会は二年ごとに招集されていたが、自由拒否権《リベルム・ヴェト》によって不能になっていた。この驚くべき原則によって、議員のだれでもが、ただひとりで、すべての法案と決定とに反対することが可能だったからである。別の言い方をすれば、この国は、一二〇〇万近い住民を擁し、フランスやスペインより広かったにもかかわらず、中央権力も中央財政ももたず、一万二〇〇〇あるかどうかの兵力に依拠して、国内の混乱と国外からの圧力とに向きあわなければならなかった。だから君主にも、まったく権威がなかった。国会は自由拒否権によって麻痺しており、地方議会ないし小議会のほうも、国会に代表を送っていたが、国王選挙をめぐる混乱に苦しんでいた。※

※　国王は国会 Seim によって選出されていたが、国会は、国王選出を目的として三度、つまり招集、選挙、即位に際して開かれる。それも、国内の抗争と国外からの圧力による大混乱のなかでである。新王が「合意条項《パクタ・コンヴェンタ》」、つまり実際の権力契約（当時、国王候補者は、選挙に先だって、貴族とのあいだで権力を制限する約定を交わさなければならなかった。一五七三年に、フランスのアンリ・ド・ヴァロアが一時ポーランド王に即位したとき、重要決定に国会の承認を義務づけた「ヘンリク（アンリのポーランド名）諸条項」を受けいれたことに由来するようである）を拒否すれば、選挙は行なわれず、国会《セイム》は別の候補者を捜した。また、自由拒否権は、国会と小議会の諸決定に適用された。

＊　一五六九年当時、イヴァン四世治下のロシアの進出によって、リトアニア貴族たちは脅威を感じ、ポーランドとの関係強化に傾いた。この年ワルシャワ東南のルブリンでリトアニア＝ポーランド合同国会が開かれ、同一の君主と合同国会のもとで連合王国となった（詳しくは、矢田俊隆編、『東欧史』、山川出版社、一九七七年、一六二―六三ページ参照）。

国の独立は、まったく相関的なもので、列強がたがいに監視しあっていることだけで保たれていた。そして列強はいずれも、どこかがこの国に手を付けはしないかと注意していた。ピョートル三世とフリードリヒ二世はたがいに合意に達して、ポーランドを、自由拒否権つきの悲惨な政体にとどめておくことにした。そうしておけば、この不幸な国は、再建のごくわずかな意思さえ示しえないだろうし、ましてや独立の意志においてをや、というわけである。(19)両王はまた、アウグスト三世の死に際してどうすべきかに関して、合意に達していた。この王の息子はだれも、その跡を継いではならず、それによって、自分たちに自由裁量の余地を残し、自分たちに忠実な候補者を捜そうというのである。だからこの点に関しては、ロシアの立場はフランスの立場と衝突し、エリザヴェータ女帝のとった政策とも訣別していた。女帝は過去に、アウグスト二世の死に際して、ヴェルサイユの表明した要求を考慮することを認めたからである。

けれども、アウグスト三世の死には時間がかかった。そしてこの遅滞は、諸大国間の対立を激化させずにはおかなかった。この死を待ちながらも、ロシアとプロイセンは、別の抜け道を考えだしてポーランド問題に介入しようとした。それは、宗教的少数派の擁護である。ポーランドは、大多数においてカトリックだったが、ロシアとの国境地帯には、きわめて多数の正教徒がおり、強力な圧力下に置かれて「合同教会」*を支持させられていた。この教会は、ローマの権威のもとで、典礼は東方教会のものを採用していたものの、教義のほうはそうではなかった。ポーランドには、正教徒だけでなく、プロテスタントもまた多数おり、たしかに、この両教徒は、一七一八年以来政治的権利を手にしていた。しかしながら、時とともにその地位は低下して、差別も厳しくなり、両教徒は不満をもっていたため、エカテリーナは、当時かの女が離教徒**と呼んでいたものたちの救援に赴く。そしてフリードリヒ二世がこれに続く。だが、エカテリーナの声のほうが、はるかに熱烈で説得力があった。かの女が熱心な正教徒であり、それが自分の使命だと主張して、ポーランドにおいてもバルカン諸国においても、自分と信仰を同じくするものたちを護ろうとしたからである。信仰よりも政治的利益のほうが、かの女の指針だったとしても、それは大したことではない。ポーランドにおいては、諸大国にとって、あらゆることが自国の影響を拡大する口実だったのだ。

＊　宗教改革後カトリックがまき返すなかで、一五九六年、当時の王ジグムント三世とカトリック教会の主導で、ポーランド東部に設立された。ここにあるように、スラヴ語の使用をはじめ正教会の典礼を残しつつ、ローマ教皇の権威を認めていた（前掲『東欧史』、一六七ページ）。

＊＊　一五七三年以降、ポーランドのカトリック教徒が用いた用語。ローマ教会から離れているものたちを指す。

その治世の初期に、エカテリーナはすでに、クールラントに領地を獲得していた。この公国は、一七三七年まではポーランドの管理下にあったが、ビロンがその公位に就いた日から、ロシアの勢力圏内に入っていたからである。一七六二年には、君主が不在となる。アンナ＝レオポルドヴナがビロンを追放したからである。ピョートル三世は、この公位をホルシュタイン公ゲオルクのものだと主張し、アウグスト三世はそれを、自分の息子にと要求していた。だがエカテリーナは、ビロンをふたたび公位に就けることによって、争いに終止符を打つ。これによってクールラントは、再度ロシアへの依存関係に入る。公位に戻ったビロンは、エカテリーナが「つくった」君主の第一号となる。これに、ポーランドの君主を追加しなければならない。

一七六三年の初め、アウグスト三世がきわめて重い病にあるとのニュースが知られるや、エカテリーナは先手を打つことに決し、作業集団を招集して将来の準備をさせた。ベストゥジェフ＝リューミンは、このときまだ政権内にとどまっていて、この継承に関してフランスおよびイギリスと協定を結ぶべきだと主張した。けれどもかれには、女帝の本当の選択がもはや伝わっていなかった。女帝にとって、ザクセン家の公子つまりアウグスト三世の息子を王位に就けることなど、考えられないことだった。この継承をめぐる争いがすでに激しくなっていることを考えれば、なおさらのことだった。つまり、一七五七年、ロシア女帝エリザヴェータ、フランス王ルイ十五世、オーストリア女帝マリア＝テレジアの交渉の際に合意があって、アウグスト三世の長子フリードリヒ＝クリスティアンを優先することになっていた。だがフランスは、この人物よりも、もうひとりの息子で、すなわちフリードリヒ＝クリスティアンの弟で、フランス皇太子妃マリー＝アントワネットお気に入りのフランツ＝クサファー公を推した。そして三番目の候補者は、前出の元クールラント公カールであったが、この人物は、エカテリーナによってクールラントから追放され、ビロンがこれに代わっていたのだった。

一七六三年の秋、アウグスト三世が死の床にあるあいだに、陸軍参議会の副議長ザハリー・チェルヌイシェフ伯爵が、女帝に「ポーランド計画」をふたたび提出した。その提案の主要な点は、ポーランド王位の継承期間、すなわち空位期間を利用して、ロシアの西部国境を「膨らませる」ために、ドニエプル川西岸に位置するヴィテブスク、ポロック、ムスティスラフの各行政区を併合することにあった。[20] この計画は、厳しく秘密裡にされていたが無駄だった。いくつかの国の首都で、噂が広がっていたのである。フリードリヒ二世は、ロシアの野心を支持する意図を隠そうとはしなかったが、自身もそこから利益をひき出すことが、その条件だった。

一七六三年一〇月、エカテリーナは、オーストリアのマリア゠テレジアから了解をえようと決心した。[21] そこでかの女は、マリア゠テレジアに新王候補についての協議をもちかけ、ついでに、ロシア゠ポーランド国境の平和を維持するため、軍隊を送るつもりだとつけくわえた。

フリードリヒ二世とポーランド問題に関して合意に達することは、エカテリーナにとって自明のことだったわけではない。なん人かのものたちは、この選択を恐れるか、ないしはそれを腹立たしく思っていた。そのなかには、グリゴリー・オルロフがおり、その兄弟たちに支持されていた。ロシアの政策がプロイセン側へ「転回する」のに、かれが反対したのは、部分的には、表明化していなかった対抗関係によるものだった。かれは、公認の愛人としてパーニンと対立していたが、パーニンのほうはたえず、オルロフを政治から排除しようと腐心していたのである。

勝ったのはパーニンだった。

一七六三年一〇月五日、アウグスト三世がついに他界したとき、エカテリーナはすでに選択を終えていた。かの女には、エリザヴェータ女帝の見解にならうつもりも、フリードリヒ＝クリスティアンの候補擁立を支持するつもりもなかった。フランツ＝クサファーについてはなおさらだった。かの女は、この人物をルイ十五世の手下とみていたからである。カールの候補擁立も同様だった。カールは、エカテリーナのクールラント対策によって追放されており、かの女を嫌っていたからである。エカテリーナもまた、それを完璧に知っていたからである。数ヵ月まえから、かの女は、自身の考えから、亡夫が暖めていた考えをふたたび採用していた。ロシアは、ポーランドにおいて、ポーランド《ピアスト》貴族を[22]候補者として支持するべきだというのである。そうすればこの人物は、ロシアのおかげで王位をえたわけだから、ロシアに忠実になるほかあるまいというわけだ。二人の候補者が、かの女には好都合に思えた。スタニスワフ＝アウグスト・ポニアトフスキ伯爵と、アダム・チャルトルイスキ大公だった。ポーランドでも、貴族が、国王を選出しようとして二派に分かれていた。「ロシア党」は、チャルトルイスキ一族に率いられ、「反ロシア党」は、ザクセン選帝侯フリードリヒ＝クリスティアンを候補とすることで結集していた。しかしながら、競争者の側で、状況が片づいてしまう。フリードリヒ＝クリスティアンが、亡き王のあといくばくもなく、一七六三年の一二月に死んでしまったからである。そこでエカテリーナは、一時的にアダム・チャルトルイスキの名を振りかざしたのち、これを退けてポニアトフスキを選ぶ。

おそらく、チャルトルイスキを候補者としたのは、たんに、かつて女帝とポニアトフスキを結んでいた関係が、明るみに出るのを避けるためだったのだろう。それに、チャルトルイスキ一族はポーランドにおいて有力であり、一族のひとりを王に選出することは、危険を冒すことでもある。つまり、一族の側から、正真正銘の権力への意思が生じる恐れがある。その点ポニアトフスキのほうは、個人的に優越した立場にあるわけでも、支持者がいるわけでもなかった。エカテリーナは、かつての愛人の性格を知っていて、その判断では、この性格は弱く、したがってかの女にすがらざるをえまいと思われた。一七六三年、まだアウグスト三世が存命中だったが、駐ポーランド＝ロシア大使カイザーリンクは、以下のような指令を受けとった。すなわち、「王の死という仮定のもとに、あらゆる措置を講じなければならない。ポーランド王位に就くものは、わが国の利益を問題視してはならず、また、それをよりよく代弁できなければならないからである」[23]というのである。いったいだれが、ポニアトフスキ以上に、この指令にかないうるだろう？　かの女の計算のなかには、ルイ十五世はポーランド継承問題に軍事介入できまいということも、また組みこまれていた。パーニンが、かの女に、フランスの軍事＝財政状況に関して膨大な情報を提供しており、それによればフランスは、戦争によって疲弊しているとのことだったからである。[24]パーニンの保障するところでは、かの女が手持ちの候補者を支援するとしても、それは、裏工作と、親フランス党派に金をばらまくことと、手持ち候補者に好意的な言辞を送るだけでいいとのことだった。

選挙は一七六四年九月に行なわれることになったが、その準備段階のあいだ、ペテルブルクとヴェルサイユ間では、一大駆け引きがくり返された。フランスでは、ロシアの構想を阻止しようという意思が、将来のポーランド分割に対する危惧によって増幅されていた。ロシアとプロイセンが継承者候補に関して合意していることが、分割の可能性を示していたからである。エカテリーナのほうはといえば、自分の思うさま自由に行動できると感じていた。とはいえかの女は、ルイ十五世を安心させてやろうと考え、外相をとおして、ポーランドの完全維持を保障するつもりだと伝えさせた。だが、だれもそんなことは信じなかった。かの女は、フランスはあえて対決しまいと確信していたが、それでも予防策を講じたのである。投票の準備が熱狂的な雰囲気だったので、かの女はポーランドに新たな軍隊を送った。選挙期間中の平穏を保障するとの口実のもとにである。かの女はまた、宗教問題を前面に掲げた。正教信者たちに公民権を要求したのである。正教徒たちは公民権をもっていない、ないしはもはやもっていないと、かの女は糾弾している。さらにかの女は、いくつかの改革の弁護者となった。それらは限られたものだったが、かの女の候補者がそれらを、そしてなによりも自由拒否権の廃止を望んでいたからである。選挙のまえから、次期王とその庇護者たち、つまりエカテリーナやパーニンとのあいだに、こうして共謀が進行していた。

国会での投票は、一七六四年九月四日、表面上は法にのっとった平穏な雰囲気のなかで実施された。王は全会一致で選出された。ロシア軍は首都を離れていた。ロシアの主張に反対するものたちは、すでに逮捕されたり、国会に行くことを阻止されたりして、発言を封じられた。エカテリーナは勝利しただけでなく、投票は、あらゆる点からみて節度あるものだった。だが実をいうと、それは、先行するいくつかの選挙の大部分とそっくりだった。実際のところ、いったいなん人の王が、外国の宮廷の決定によって選ばれたことだろう！　スタニスワフ・レシチンスキは、スウェーデンのカール十二世のおかげで王位をえた。ピョートル大帝は、アウグスト二世にまず王位を与え、つぎにそれをとり返してやった。アウグスト三世は、ロシア女帝アンナの意思の純然たる産物だった。ただ明らかに、エカテリーナは、自分の前任者たちより、ずっと慎ましく巧みに選択を押しつけるすべを知っていたのだ。さらにかの女は、パーニンに、以下のような熱気にあふれたメッセージを送っている。「ニキータ＝イヴァノヴィチよ、わたしは、おまえのつくってくれた王に満足しています。今回の仕事によって、わたしは、おまえに、これまでより大きな信頼を寄せています。というのも、おまえのとった措置すべてがどれほど賢明なものだったかを、わたしが確信しているからです[25]」。

だが、勝利をえてすぐに、女帝は気がついた。スタニスワフ＝アウグスト・ポニアトフスキは、かの女の権威に服すると思われていたにもかかわらず、かの女がまえもって想定したほどには弱腰でなかった。かれは祖国を統治し、その尊厳をとり戻そうと望んだ。つまり、国を改革しようとしたのである。女帝は、思いもかけない問題に直面した。かの女は、ポニアトフスキは自分の言いなりで、命令など出す必要すらないと思っていた。ところが、それどころか、かの女は、この人物に圧力をかける方法をみつけなければならなくなった。自分が王にしてやったのに、反抗しようとしているからである。「離教徒たち」が、かの女に必要な武器を提供することになる。かの女は高く強く、自分は離教徒たちの境遇に責任をもっていると宣言する。そのうえかの女は、一七六四年一一月二三日の国会での戴冠に際して、第一歩を踏みだしていた。このとき、駐ポーランド＝ロシア大使――パーニンの甥レプニン大公で、かれはカイザーリンク伯爵と交替していた。伯爵がすこしまえに他界したからである——は、ポーランド国会に対して、ロシア・プロイセン両君主の名で、正教徒とプロテスタントが国会議員、行政官、地方行政官になることができるよう要求した。大使が提出した文書では、以下のように強調されている。「離教徒たちの要求の正しさを認めないとなれば……、それは、かれらに、近隣諸国のなかから審判者を選び、みずからその同盟者となる権利を付与することになろう」。

エカテリーナは、介入の機会を待っていたが、一七六五年にそれをみつける。このとき、白ロシア《ベロルシア》の主教コニンスキが、新国王に、ポーランドの宗教的少数者問題に関する覚え書きを提出した。この告発文書で、主教は、差別＝抑圧措置の一覧表をつくり上げ、その対象を正教信徒としている。まず、二〇〇の教会で正教の礼拝権がとり上げられ、合同教会に移管さるべし。つぎに、荒廃した教会を修復したり、再建したりすることを禁ずべし。そして、正教の僧侶たちは身体的な迫害を受け、ときにはその殺害にまでいたるべしというのである。

女帝はただちに、正教会を擁護した。ただしかの女は、その際宗教的寛容を求めるというかたちをとった。かの女は、自分が啓蒙主義の娘であることを、けっして忘れはしなかったのだ。抗争はポーランドを荒廃させ、ローマを巻きこむ。「離教徒たち」に好意的な連盟が、まずロシアの、ついでロシア軍の支援をえてスルーツクに結成された。カトリック側も同様にラドムに連盟を結成し、クラクフの司教は、まごうかたなきカトリック派の指導者として、反ロシア勢力を動員した。

一七六六年に国会が召集されると、ロシア大使レプニン公はそこへ赴いて、「離教者たち」に味方するエカテリーナの宣言を読みあげた。しかもこの宣言は、イギリス、プロイセン、スウェーデン、デンマーク各王の賛同をえていた。啓蒙主義の友エカテリーナが擁護していたのは、まさに正当なる大義ではなかったのか？

不幸なスタニスワフ・ポニアトフスキは、正真正銘の罠にはまったのである。女帝は当然、自分に対する恩義をポニアトフスキに指摘し、かれが自分を支持するよう要求する。だがポーランド王のほうも、自身が女帝に依存していることを承知していたし、依然としてかの女に強く執心していた。ロシアから追放され、自分に圧力がかけられているにもかかわらずにである。かれの『回想録』がそれを物語っている。[26]「一七六三年から六四年にかけて、わたしは二度女帝に手紙を書いた。わたしを王などにせず、おそばに召喚してほしいと。二つの動機から、わたしは右のようにいったのだ。ひとつは、わたしがいまだ心にいだいている感情からである。もうひとつは、わたしの確信からである。わたしは、個人として女帝のおそばにいるほうが、ここで王であるよりも、祖国のために多くのことをなしうると確信していたのだ」。一七六六年の危機のあいだ、ポニアトフスキは、ロシアの要求の責任はパーニンとプロイセン王にあるとし、女帝にすがって、その信頼を回復しようとしていた。[27]

ポニアトフスキの姿勢には二面性があるが、そのもうひとつの源泉のほうは、かれの性格に結びついていた。かれは基本的に寛容で、辱められた少数者に味方し、したがってエカテリーナのほうがむしろ正しいと考えたい気になっていた。だがかれはポーランド王であり、クラクフの司教は、カトリックに味方するよう、かれに求めたのである。ポニアトフスキは、称讃にあたいする努力を払って両陣営を鎮め、理性にたち帰らせようとした。だが、このようなケースのつねとして、それはかえって両陣営を激怒させ、とくにエカテリーナに、かつての愛人に対する不快の念をいだかせた。ロシア軍があらたに、ポーランド国境に結集した。一七六七年の国会は、最悪の条件のもとで招集される。国内の空気が内戦寸前であると同時に、外国の軍隊の脅威があったのである。最後に——危機の小さからぬ要因として——、ポーランドのカトリック教徒たちが勇をふるって抵抗し、あらゆる譲歩を拒否しようとしたのは、教皇クレメンス十三世の書簡があったためと、教皇大使がくり返し強硬に介入したためであった。

ロシア大使は、この行き詰まりとみえた状況に終止符を打つべく、力ずくで抗争に介入した。かれは、クラクフとキエフの司教を連行した。この二人が、カトリック派を指導していたからである。そして二人を、ほかに二人の国会議員とともにシベリア送りにした。王は無力となり、悲嘆の感慨を漏らした。プロテスタントたちも国じゅうで立ちあがったが、利はロシア側にあった。国会はすべての要求に同意する。この決定によって、カトリックは国家と国王の宗教となるが、「離教徒たち」もすべての権利を回復され、「離教徒」貴族は、カトリック貴族と同じ権利——ただし、王位に就くことだけはできない——を享受することになる。翌年一七六八年二月一三日には、ポーランドとロシアのあいだで条約が調印され、いかなる憲法の修正もロシアの同意なしにはできないと定められる。ロシアはこうして、ポーランド国家体制と同国の将来を公式に保障するものとなる。ポーランドはパーニン「北方体制」内に位置を占め、パーニンが当初構想したとおりとなった。

こうしてロシアは勝利を収め、ヨーロッパでは、その勝利をあえて問題にするものは、だれもいなかった。けれどもそれは、ひき合わない勝利だった。この勝利は、ポーランド人たちの怒りをかき立て、いくつもの連盟の台頭を招いた。連盟とは、ポーランドの体制に特異なものであるが、一七六八年にはほとんど活動していなかった。けれども連盟は、国会が機能しなくなる（きわめてよくあるケースだった）たびに、その力を発揮する。このとき陽の目をみた連盟には、同一の意見を共有するものたちがすべて結集していた。国会とは対照的に、これら連盟は自由拒否権によって麻痺してはおらず、自分たちの見解を力ずくで通そうとした。一七六八年に起こったのは、まさにこうした事態だった。このとき、バール連盟*が、狂信的なカトリックと、王――あまりにも煮えきらないと評価されていた――に不満をもつポーランド人とを結集した。全員が、王を廃位する気でいた。ポドリアが運動の中心となったのは、偶然ではない。トルコ国境に近かったからである。連盟参加者たちは、ロシアに対して自分たちが劣勢であることを知っており、フランスとトルコの支持をえることを当てにしていたのである。参加者たちは、短期間オーストリアの援助もえたいと望んだ。だがこの国は、一歩距離を置くほうを選んだ。マリア＝テレジアは、ロシアへの配慮に腐心していた。ロシアの国際舞台での力が、たえず拡大していたからである。と同時に、かの女は、近い将来のポーランドにおいて、オーストリアの可能性を確保すべく苦心してもいたからである。

＊　この都市は、今日ではウクライナのポドリスク地方になる。

しかしながら、バール連盟の構想――カトリックにのみ認められた特権を維持することと、自由拒否権を維持すること――は、救援を求められた相手国を、困難な状況に陥れた。いかなる変革にも敵対するものたちを、狂信者たちを支持することができるだろうか？　ヴォルテールは王の立場を支持した。王は、連盟に脅かされながらも、改革を主張していたからである。だが、ルイ十五世と、その外務大臣は、これとは別な判断をした。この二人にとって、ロシアが弱体化してくれるのは好都合だった。たしかにフランスには、みずから連盟参加者たちの救援に赴く方法はなかった。七年戦争の代償はあまりに重かったし、その記憶もまだ生々しかったからである。そこでフランス王が構想したのは、ロシアに対してトルコをけしかけること――フランスの昔からの戦略である！――だった。連盟は、トルコ国境に陣どっているのではないのか？　だとすれば、オスマン＝トルコがポーランドの状況の巻き添えにされかねないと主張するのは、許されることではないのか？

二年間にわたって、フランス外交は二つの任務に専念した。トルコの対ロシア戦争をけしかけることと、とりあえずは、連盟参加者たちを援助して、ポーランド王を弱体化させることである。さらにいえば、王を厄介払いすることである。そうすればロシアは、現国王を失うことになる。この国王は、漠然とした独立の意思があるものの、依然としてペテルブルクにとって橋頭堡であり、したがってロシア勢力の重要な要素なのだ。ヴェルサイユでは、王位に就くものとして、いくつかの案が構想されさえした。たとえばコンデ公であるが、公は、そんな王位に関心を示さなかった。あるいは、ザクセン公である。すこしまえまで、公を支持していたではないか……。だが、ポーランド王位をあけ渡させなければならないにしても、それはすんなり行くことではない。連盟参加者たちは財政支援を受けていたし、将軍デュムーリエが、ほかなん人かのフランス人将校とともに救援に派遣された。かれはその『回想録』で、連盟参加者たちの陣営にはびこる無秩序状態——そこでは、全部で一万六〇〇〇人が、いくつもの集団に分かれて対抗しあっていた——を告発している。この無秩序状態は、ポーランド政治の特徴である無政府状態と、そっくりだったのだ。正真正銘の内戦が、じっさいこの国を荒廃させていた。パーニンは女帝に、連盟に関して文書を送っているが、そこには、王の無能振りに対するロシアの苛立ちがみられる。王は、「離教徒たち」に対しても、連盟に対しても、ロシアに示さなければならない忠誠に関しても、明確な態度を選ぶことができなかったのである。(29)

一七七〇年、スヴォーロフ将軍の介入によって連盟は粉砕され、内紛にけりがつけられる。だが、この内紛によって、国はひどく弱体化していた。けれどもすでに、ロシアの関心はポーランドとは別のほうに向いていた。ロシア＝トルコ戦争が始まっていたのだ。ポーランド問題は、二年後にふたたびむし返される。

黒海にむけ前進！

この数年間、エカテリーナが夢中になっていたのは、ヨーロッパの政治舞台において、列強としてのロシアの地位を確立することだった。この間、ロシア＝ポーランド関係とロシア＝トルコ関係は、解きがたいまでに錯綜していた。ロシアが一方の戦線で成功をおさめると、ただちに、他方の戦線で新たな行動の時期が始まる。

第一次ロシア＝トルコ戦争は、オスマン＝トルコの主導で勃発したとはいえ、ロシアの願望にかなったものだった。ロシアのポーランドにおける成功にひどく不安になって、フランスとオーストリアは、トルコをロシア゠ポーランド問題に巻きこもうと力を注いだ。パーニンのほうも、こうした危険を察知していたので、オスマン゠トルコの好戦熱をオーストリアに向けさせようと試みたが、ほとんど成果をえられなかった。一七六八年には、エカテリーナ二世は、ポーランドで行動できることが重要だと認識していた。またかの女が確認したところでは、オーストリア女帝マリア゠テレジアは、この紛争から一歩退いていようという意思をもっていた。かの女はさらに、フランスの困難も認識していた。最後にトルコに対しては、かの女は、ピョートル大帝の継承者になろうと望んでいた。大帝の夢は黒海沿岸を征服することだったが、それは依然として、かなわぬ夢の状態にあったからである。かの女の精神は、地政学の教育を受けており、ロシアは南方にその自然国境を広げ、キエフ公国の旧所領を回復しなければならないと教わっていた。それら所領は、十三世紀にタタールの侵入者たちによって奪われたのである。けれども、クリミアのタタール人たちは、この肥沃な土地をキプチャク゠ハン国から継承して、スルタンの封土権を認めていた。*当然の結果として、一七六八年に始まった戦争は、ロシアをトルコやタタール人と対立させ、クリミア併合を準備する以外のなにものでもなかった。

＊　黒海北岸のタタール人たちは、十五世紀にキプチャク゠ハン国から分かれて、ハージ・ギレイをハン（位一四四一？—一四六六年？）として、クリミア゠ハン国を建設したが、同国はその後、オスマン゠トルコの支配下に入った。

ロシアにとって、この戦争は前代未聞の性格を帯びていた。それは同時に陸上と海上とで展開され、終結したときには、世界は、呆然と、かつ不安に満ちて知ったのである。ロシアは、その勢力を拡大したただけではなく、この勢力に新たな次元を、つまり海上で行動する能力をつけ加えていたことをである。ピョートル大帝の南への歩みを再開しただけでなく、エカテリーナは、大帝の海上への夢にも生命を与えたのである。

オスマン＝トルコは、十八世紀フランス外交のなかで重要な役割をもっていた。まずそれは、ハプスブルク家の動きを封じることであり、つぎに、ロシアが勢力を伸ばしはじめたとき、それにブレーキをかけることだった。一七六八年、ショワズール公は、数年まえからコンスタンティノープル大使の職にあったヴェルジェンヌ伯爵に書き送った。「残念にも認めなければならないが、ヨーロッパの北部は、ますますひどくロシア女帝に従属している……。また、この地域では、フランスにとって心安らかならざる状況が準備されている。この構想を真っ向から阻止し、そしておそらく女帝をその簒奪した帝位から追いはらおうとすれば、もっともよい手段は、女帝に戦争を仕掛けることであろう。トルコだけが、わたしたちのために、こうした役を果たすことができる」(30)と。

こうした指示を受けて、ヴェルジェンヌ伯爵は、コンスタンティノープルで奮闘し、オスマン＝トルコをロシアと対決させるべく仕向けた。ロシアは、こうした突発事件に対して入念に準備していたが、トルコも、ためらうことなくフランスの勧め——ごくわずかではあったが、オーストリアの勧めでもあった——に応じた。一七六八年一〇月六日、女帝の駐コンスタンティノープル大使アレクセイ＝ミハイロヴィチ・オブレスコフが、トルコ宰相と会談すべく王宮に召喚された。だが、かれはただちに逮捕され、ついでテオドシウス城壁*の牢獄に閉じこめられ、三年間そこにとどまることになる。

この行動が、ペテルブルクで宣戦布告と受けとられたことに、驚く必要があるだろうか？　同時に、クリミア国境で衝突が起こり、「オブレスコフ事件」は、後戻りのできない軍事的次元をもつことになる。

＊　東ローマ皇帝テオドシウス二世（位四〇八―四五〇年）が建築した城壁。七つの塔をもつため、フランス語では「七つの塔 Sept Tours」といわれる。

この衝突は、ロシア部隊によって起こされた。これら部隊は、バール連盟参加者たちを追って、クリミア＝ハン国領に侵入していたのである。タタール人たちは、ハンであるキリム・ギライの指揮のもと、即座に反応して新セルビア※を荒らし回った。このとき、ロシア軍はまだポーランドに手を取られており、タタール人に抵抗する状態になかった。ついで、オスマン＝トルコのスルタンがみずから介入して、ロシアにプルート条約＊の廃棄を突きつける。この条約は、一七一一年にピョートル大帝がオスマン＝トルコと調印したもので、両国がポーランド問題に介入しないことを約していた。このときすでに、ポーランドとトルコは、ロシアにとって、切り離すことのできない二つの問題となったのである。一七六八年、スルタンにとって、状況は単純だった。ロシアは、ただちにポーランドから軍を引き、「離教徒」に与えた保障を放棄しなければならないというわけである。

※　新セルビアという呼称は、ノヴォロシイスク（「新しいロシア」の意）行政区内の一部につけられていた。エカテリーナ二世がそこに、ロシア側に立ってタタール人と戦ったセルビア人数千人を住まわせたからである。
＊　北方戦争でうち破ったスウェーデンのカール十二世が、オスマン＝トルコに亡命したため、ピョートル大帝は、一七一一年夏、その引き渡しを求めてトルコ領に侵入したが、数倍におよぶトルコ軍に大敗し、やむなくこの条約を結び、かつて征服したアゾフを返還し、黒海北岸の権益を放棄しなければならなかった（『ロシア史 2』、二二一―二二三ページ）。

おそらく一七六八年の夏には、エカテリーナは、トルコ戦線での戦いが時期早尚であることを知っていたが、かの女にはそれを避けることができなかった。パーニンは、一一月八日、すべての駐ペテルブルク外国大使を招集して、ポーランドにおけるロシアの平和的意図と、トルコの危惧に根拠のないことを保障するとともに、「キリスト教徒の連帯」[31]を訴えた。だが、それは徒労に終わった。戦争は始まってしまい、ロシアははじめ劣勢のようにみえた。タタール人封臣の仲介によって、トルコはクリミアを、したがってロシアの領土を支配した。トルコはまた、黒海の主でもあった。戦場はトルコの目と鼻の先だったが、ロシアにとっては拠点から遠く離れており、人員と物資を困難な条件下で移動させなければならなかった。最後に、こうして戦闘が始まったとき、ロシアは、二つの戦線に脅かされていた。一方はポーランドと連盟参加者たちであり、もう一方は、ポドリア付近のトルコ軍である。

ロシア軍は二手に分かれて、敵とあい対した。一方は、大公アレクサンドル＝ミハイロヴィチ・ゴリツィン統率下の兵力一万三〇〇〇で、その任務は、トルコ大宰相とその兵一〇万がポドリアに入って、連盟参加者たちと合流するのを防ぐことだった。第二軍は、ルミアンツェフ将軍麾下で、ウクライナを占領して、クリミアのタタール人の進路を断つべしとされた。その決断力と進取の精神によって、大公ゴリツィン元帥は、兵員の数的劣勢をものともせず、トルコ軍を狼狽させた。かれは、ドニエストル河畔で大宰相軍をうち破り、一七六九年にホティンの要塞を奪取し、モルダヴィアとワラキアを占領した。両地には正教徒が住んでいたので、これによってかれは、正教徒たちをイスラム支配から解放した。翌年、第一軍は、ゴリツィンの跡を受けたルミアンツェフ将軍の指揮で、タタールのハン、カプラン・ギライ二世（キリム・ギライの後継者デヴレット・ギライ四世の跡を継いでいた）＊をうち破った。カプラン・ギライ二世は、一〇万人をもって軍を構成していたにもかかわらず、ルミアンツェフに抵抗することができなかったのである。敗残兵は、ダニューブ（ドナウ）河方面に後退して、そこで大宰相軍と合流した。こうして、トルコ＝タタール連合軍が、ルミアンツェフ軍と衝突することになるが、それは強力で、兵一五万を擁していた。これに対して、ロシア軍はその三分の一にも満たなかった。だがロシア軍は、ずっとよく組織＝訓練されていたため、一七七〇年七月二一日カグールで勝利を収める。この間、パーニン将軍――外相ニキータ＝イヴァノヴィチの弟――は、エカテリーナから、タタール人と交渉して、かれらをオスマン＝トルコからひき離す任を託された。その際タタール人たちには、クリミアは独立国となるだろうとの約束――巧みに飴と鞭を用いたのである――がなされた。パーニン将軍は、ベンデリの要塞に陣どって交渉を進めたが、かれは一七七〇年八月二八日にこの要塞の主になっていたのである。右の二つの大勝利の結果として、ベッサラビアとブルガリアがロシア軍の手に落ちた。(32)

＊　この戦争時の歴代ハンは、一七六八―六九年キリム・ギライ、一七六九―七〇年デヴレット・ギライ四世、一七七〇年カプラン・ギライ二世。

トルコは、いたるところで破れ、またすでに、クリミアに現れた独立要求――パーニン将軍が巧みに立ち回ったのだ――と戦っていたが、この一七七〇年という年に、もうひとつ別の失望を味わう。このときまで、ヨーロッパ諸国とトルコにとって、ロシアはもっぱら大陸の強国だった。いくつか敗戦をこうむったにもかかわらず、オスマン＝トルコは、依然として黒海の主をもって任じていた。スルタンは、この確信にますますすがりついていた。このとき同時に、エジプトの太守《パシャ》の反乱とも対決しなければならなかったからである。ところで、アレクセイ・オルロフは、海軍を指揮する能力などほとんどなかったが、エカテリーナはかれに大きな信頼を寄せていた。そのためかれは、バルト海に停泊中のロシア艦隊の指揮を仰せつかる。かれはフィンランド湾をあとにして、いくつかのヨーロッパの港に寄港し、ギリシア沖に到着した。そのギリシアでは、これらの艦船が目撃されたことで、解放が近いとの希望がもり上がった。ギリシア人たちは、ロシア艦隊が自分たちの海に入ったことを巧みに利用して、可能なところでは村落であれ都市であれ、どこでもトルコ人を攻撃した。そして、両民族間の潜在的な対立は、長期にわたって激化した。だが、アレクセイ・オルロフの目的は、まったく別のものだった。かれが追跡したのはトルコ艦隊であり、これをキオの錨泊地でうち破り、一七七〇年七月六日にチェスメ湾で沈没させた。おそらくオルロフは、完全に目的を達しえたわけではなかったが、ダーダネルス、ボスポラスの両海峡を突破することはできた。けれども、最終決算はトルコにとって手ひどいものだった。アゾフ、クリミア、ドニエプル河からドニエストル河までの黒海北岸、ベッサラビア、ワラキア、モルダヴィアがロシアの手に落ちたのである。

ロシアにとって、この第一次ロシア＝トルコ戦争は、じつに大きな影響をもった。まず最初に、チェスメの勝利は、ロシアを海軍列強の列に加えることになった。共通した認識では、この勝利は神話の次元に達しており、レパント沖海戦*の神話にも匹敵するものだった。またそれはロシアにとって、数世紀にわたるタタール支配への報復でもあった。この支配のあいだ、ロシアのこの地域は、それ自身の文明と、ヨーロッパ文明をとり上げられていたのである。と同時にまた、海軍の強国たりたいという、ピョートル大帝の夢の完成でもあった。そして最後に、ロシアが新しいタイプの強国になったというしるしでもあった。これによってロシアは、フランス、イギリスと同じように、最重要国というカテゴリーに位置づけられることになる。けれども、オルロフの遠征は、ロシアに、もうひとつ別の可能性を開くことになった。しかも、この可能性に対する恐れが、それまでもずっと、フランスとトルコの念頭につきまとっていた。すなわち、ロシアの地中海進出である。パーヴェル一世は、エカテリーナのもっていた夢をさらに延長して、一七九八年から同九九年にかけて、マルタ島やイオニア諸島を奪取しようとする。十九世紀の初めになってようやく、イギリスの対ロシア圧力が、こうした試みに終止符を打つことになる。

＊　一五七一年、ギリシアのレパント沖での、オスマン＝トルコを中心とするイスラム連合艦隊と、ヴェネツィア、スペインが主力のキリスト教連合艦隊との海戦。それまで連戦連勝だったトルコ艦隊を、キリスト教連合艦隊がはじめて破った。

最後にロシアは、オスマン＝トルコの弱体化にホッとする。オスマン＝トルコがずっとロシアに敵対してきたからである。ピョートル大帝の復讐はなった。トルコ艦隊は破壊され、ギリシアは解放の夢に目覚め、あらゆることが、隣国オスマン＝トルコを弱体化している。そしてこれに、力の展望が加わる。短期間でクリミアを切りとらなければならない、というわけである。

クリミアにおけるロシアの策動

クリミアは、もうひとつの戦場――それも、ペテルブルクにとって、どれほど決定的な戦場だったことだろう――であって、そこではロシアとフランスの政策が衝突していた。一七六七年、フランス政府は、トット男爵を「特別顧問」の公式資格でクリミアに派遣し、ロシアがこの半島をポーランド問題に関して利用するのを阻止しようとした。(33) エカテリーナ二世とパーニンは、クリミア政治の中心地バフチサライにフランス人が現れたのをみて心配になった。どうしてすぐに、常駐顧問にならないといえよう? このときから、パーニンは、クリミア問題にきわめて特別な関心を払い、政策を確立して、オスマン＝トルコとその同盟国クリミアを離反させることはできまいかと考えた。その目的を達するために、かれは、クリミアにおけるオスマン＝トルコの立場の弱点を検討した。パーニンは、この問題にいたく頭を痛めた。というのも、それがロシアにとって、さまざまなかたちをとった脅威になっていたからである。まず、クリミアは、ロシアに隣接しているにもかかわらず、オスマン＝トルコに服従していたからである。つぎに、フランスが、この国を利用してロシアに対抗しようとしていたからである。そして最後に、たぶんこれがもっとも深刻な理由だったのだが、ノガイ＝タタール〔カフカース在住のタタール人〕の指導者シャヒン・ギライ（自身タタール人だった）が、ドニエプル河下流のザポロジエに本営をおくカザークたちを反ロシア陣営にひき入れようとしていたからである。※ これらカザークたちが独立精神をもっていることは、どんなロシアの指導者でもよく知っていた。パーニンは、前出のオブレスコフが拘束されるまえ、いくつか書簡を送っているが。これら書簡は、この問題に関して、ロシア外相の考えの展開をよく示している。(34)

※　ザポロジエ＝カザークの共同体は、十六世紀にドニエプル河下流に組織された。この共同体はポーランドと結んで、ステップとの境界地帯で、きわめて重要な政治的＝軍事的勢力となった。だが一六四九年、かれらの頭目《アタマン》ボグダン・フメリニツキーはロシアの保護下に入った。

カザーク離反の可能性――これはまさに、カザークがしばしば、ロシアと戦うものたちの側に付いたことを想い起こさせた(35)――は、なににもましてパーニンを不安にしていた。そこでかれは、迅速な反応がクリミアに対して必要であり、それによってタタールの提案の吸引力を奪うべきだと提案した。もっともよい対処方法は、部族間の対立を利用することではないだろうか？　ノガイ＝タタールは、あるいはすくなくともその一部は、そのタタール人指導者たちに反抗していた。そこでパーニンは、これら反抗タタール人たちが、自分の和平努力に役立つはずだと結論した。かれは、ザポロジエ＝カザークの頭目《アタマン》カルニシェフスキーを説得して、ロシアの代理としてノガイ＝タタールと交渉させることに成功した。策謀は有効だった。この策謀によって十分な時間が保障されなくなり、タタールは、カザークを自分たちの側にとり込むことができなくなったからである。パーニン将軍の軍が、一七七〇年七月、ベンデリをまえにして敵陣を突破したことも、大きく貢献した。これをみて、ノガイ＝タタールは、ロシアの力にたち向かってはならないこと、もっとも賢明なのはロシアと交渉することだと納得させせられたからである。七月六日、友好同盟条約が、ロシアとノガイ＝タタールの二部族とのあいだで交わされる。イェディセンとブジャクの二部族である。エカテリーナは、かれらをクバン——すでにカルムイク人※が定住していた——に定住させ、またかれらのために独立国家を創設することに決する。だがパーニンは、クリミアを二つの国に分割する案に反対し、将来のためには、ノガイ＝タタールの運命をあまり急いで決めないほうがいいと判断していた。うちにこもった相克が、パーニンと女帝を対立させていた。女帝は、ことを急いで、パーニン将軍にも命令して、残りのタタール人たちとも独立国の創設を交渉させた。それは、かの女がノガイ＝タタールに与えると約束したものと、同じものだった。

※　モンゴル族のひとつで、十七・十八世紀に中央アジアの一部を支配していた。カルムイクの一部は、一六三二年にヴォルガ下流に定住して、カルムイク＝ハン国を創設した。

二つの重要な点で、エカテリーナと外相パーニンは意見が分かれていた。まず、クリミアの統一を維持したほうがいいのか、それとも二つの国に分割したほうがいいのか？　つぎに、クリミアの独立を維持しておいたほうがいいのか、それとも、ロシアに併合したほうがいいのか？　すでに、バシキール人の土地とカザン＝タタール人の土地とは、ロシアに併合されていたのである。※パーニンの主張するところでは、クリミアの統一と独立が、ロシアに確実な南部国境を保障するというのである。だが、一七七〇年にノガイ＝タタールとの交渉が成功したことによって、エカテリーナは、自分の構想が正しいと確信する。かの女は、パーニンの意見とは反対の説を擁護していたのである。とはいえ、かの女は、幻想を棄てて確認しなければならなかった。すなわち、ハンたちに対するオスマン＝トルコの権威はまったくの現実であり、かれらハンをロシアに惹きつける唯一の論法は、独立の約束だったのである。トルコが、独立を拒否していたからである。またかの女は気づいたのだが、イスラム教の重みが、タタールとオスマン＝トルコの強力な絆となっているはずだった。たしかに、遊牧民社会では、定住民族においてほどはイスラム教が定着していないにしてもである。

※　バシキール人はトルコ語を話すイスラム教徒で、おもに南ウラルのカマ河とヤイク河のあいだに定住していた。イヴァン四世のカザン攻略後一五五七年に一部が、十七世紀初頭にはすべてがロシアの支配下に入った。カザン＝タタール人も、同じくトルコ語を話すイスラム教徒で、キプチャク＝ハン国の流れを汲むカザン＝ハン国に結集していたが、一五五二年イヴァン四世によってロシアに併合された。

交渉と約束では、タタール人をオスマン＝トルコから離反させるに十分ではなく、力を使用することが必要になった。クリミアの武力占領が、一七七一年一月にペテルブルクで決定された。ただし、パーニン将軍は、健康上の理由で、軍指揮官の地位をドルゴルコフ公に譲らなければならなかった。(36)

軍事的な面では、このクリミア作戦がロシアに有利であることは明らかだった。ドルゴルコフは六月にクリミア半島に着いた。かれは誘惑と武力を同時に用いた。かれはタタール人たちに呼びかけて、かれらの過去の独立、失われた偉大さを想い起こさせ、もしもロシアに臣従すれば、かつての地位をとり戻してやると約束した。だが、これと同時に、ドルゴルコフ軍はクリミアに進軍する。エカテリーナの確信によれば、魅惑的な提案がより効果を発揮するのは、軍事的圧力をともなったときだからである。一方、オスマン＝トルコのスルタンのほうは、クリミアが永久に失われることがあるなどとは考えていなかった。また、前年の敗北によって、クリミアに軍を送ってドルゴルコフと戦うことができなかった。だからかれは、軍隊のかわりに援助金を地域部族のハンたちに送った。けれども、この財政的努力は無駄だった。ドルゴルコフの約束と、そしてとくにロシア軍の進軍によって、タタールの長たちの大多数は、ロシアを支持して、対決を避けるべきだと納得した。この対決は、はじめから負けることが分かっていたからである。

一七七一年六月一四日以降、実際のところ、ロシアの勝利は異論の余地のないものとなっていた。当時のハン、セリム・ギライ三世は、ロシア軍をオルカピシのまえで止めようとしたが、うち破られてしまう。ハンははじめ、ドルゴルコフと、臣民の主権の条件について交渉しようとした。だがかれは、自分がその任にないことを認めなければならなかった。かれは退位して、コンスタンティノープルへ逃亡する。サヒブ・ギライ二世が、かれを継承してハンに選ばれる。サヒブがバフチサライにいるときに、他方ではタタールの代表団が、シャヒン・ギライ＝ハン（タタールの政治制度のなかで、ナンバー・ツーだった）に率いられてペテルブルクに赴き、ハンの選挙を確認し、ロシアと交渉しようとする。エカテリーナ二世は、歴史に熱中していたから、このような地位の逆転にただただ驚嘆するばかりだった。二世紀のあいだ、ロシアの大公たちは、タタールに認知を求めなければならなかった。だが一七七一年には、クリミアのほうが、オスマン＝トルコから独立して、ロシアの支配者たちによって、あの屈辱的な待遇を適用されたのだ！

新しいハンはたしかに、交渉の用意があるとペテルブルクに伝えてきていた。だがかれは、クリミアはかつてオスマン＝トルコの保護下にはあったが、はっきりと二つの国になることは認めなかった。

ところが、ノガイ＝タタール の諸部族は、他のタタール人たちが決断するまえから、オスマン＝トルコの支配を拒否することを決定していた。しかもそれは、自分たち固有の国を与えられるという約束のもとにである。はたして、この同盟者第一陣のものたちに対して、希望を諦めろなどということができるのだろうか？　それも、ロシアみずからが植えつけた希望を？

だがこのとき、きわめて巧妙な交渉者、主席参謀シチェルビニンがドルゴルコフの跡を継いでいた。かれは、クバンのノガイ＝タタール指導者たちを説得して、ほかのタタール族と合同させ、ロシア提案の統一国家を受けいれさせることができた。こうして、ロシアとタタールのあいだで合意がなったが、その文言はロシアにきわめて有利なものだった。ハンは、けっしてふたたびオスマン＝トルコの支配を受けいれないこと、ロシアと「永遠の友好」関係を維持することを約束した。そのかわりに、タタールに多額の賠償金を払い、各都市から徴税する権利を与えた。これらの都市はそれまで、オスマン＝トルコに課税されていたのである。この合意は、ロシアにとってたいへんな重要性をもっていた。というのも、国境沿いに友好的な独立国ができれば、それがロシアに大きな安全をもたらすはずだったからである。このうえは条約が必要となる。それによって合意に法的次元を付与し、この南部国境の恒久的不安定を終わらせるためである。

若きハン、シャヒン・ギライ＝カルガ※が、この条約交渉のためにやってきた。エカテリーナは、このハンとペテルブルクで会見するが、それは記念すべきものだった。女帝は、なかば蛮人の公子とあい対するものと思っていた。ところがかの女は、とても若く、すばらしい風貌の男――よく知られているように、かの女は美男子が好きだった――を眼のまえにしていた。かれは、若いころをヴェネツィアで過ごしたため、イタリア語と、西欧式の立ち居振る舞いとマナーを完璧に身につけていた。かの女はシャヒン・ギライの魅力にまいってしまい、ヴォルテールにうち明けている。「この若い公子は穏やかで、機知があり、アラビア語の詩をつくり、人目を惹かないものはひとつもありません」[37]と。シャヒン・ギライに魅せられたため、かの女は、かれに対して心遣いと友情のしるし――とくに財政的なしるし――を振りまいた。けれども、このようにタタールのハンに対して弱みがあったため、エカテリーナには、難題が日に日を継いで登場するのを見抜くことができなかった。そしてこのことは、かの女のクリミアに対する関係に否定的な結果をもたらすことになる。

※　ギライ家の階層制度では、カルガ、またはカルガ＝スルタンはナンバー・ツーで、ハンのした、ヌルディン＝スルタンのうえに位置する。カルガとヌルディン＝スルタンは、この順序でハンを継承するとされていたが、実際には、しばしば選挙でハンが決められた。

エカテリーナの確信では、合意が結論に達し、対クリミア関係という問題は決定的に片づいているはずだった。ところがかの女は、この地域の各社会の生活に関して、二つの恒常的要素を過小評価していた。イスラム教と各民族の民族感情である。条約がほとんど調印の運びとなったとき、イスラム法学者たちが、その恥ずべき点を告発した。イスラムの国が異教徒女の法に従うとは！、というわけだ。宗教指導者たち――ドルゴルコフは、かれらの好意をえようと努力して、多額の資金をばらまいた――は、ロシアに新たな譲歩を求めた。かれらの要求の背後には、オスマン＝トルコの影が浮かんでいた。こちらも、ハンに対して頻繁に支援金を送っていたのである。そのうえクバンでは、情勢が急速に悪化していた。はじめは他のタタール人と合同したものの、ノガイ＝タタールたちが自分たちの選択を再度問題にしだしたのだ。この豹変に責任があったのは、クバンの部族たちで、かれらはオスマン＝トルコに近く、ノガイ＝タタールたちをロシアに反抗させようとしていた。けれども、ひとつの悲劇的な事件によって、ロシアはふたたび事態を掌握できるようになる。対抗する部族が急襲してきて、人間と家畜（遊牧地帯では、もっとも大事なものである）の生きる糧すべてを略奪・破壊してしまったため、この地域で飢餓が発生したのである。ロシアの代表たちは、餓死寸前のノガイ＝タタールを説得して、バフチサライの権威に服させ、他のタタール人とともにひとつの独立国に統合しようとした。つまり、こうした服従と統合を条件として、ノガイ＝タタールを援助し、かれらが生き延びることができるよう約束したのである。ニキータ・パーニンは巧妙にも、交渉に部族の長と宗教指導者全員、およびノガイ法制度の最高責任者首席判事《カディアスケル》を加えた。それまで交渉は、タタールのハンとロシアの交渉担当者に限られていたのである。

　この決定——当時としては、なんと例をみないものだったことだろう！——は、もっともうまくいったもののひとつだった。カラスバザール条約が一七七二年一一月一日に調印される。ここに、「永遠の友好と同盟」によってロシアと結ばれたクリミアが誕生する。ロシアは、この国の諸民族の宗教と法を尊重することを約束し、完全な国内主権を認めた。また国際関係においては、ロシアは、いかなる戦争においても、クリミアの諸民族に助力を求めないと約束した。他方クリミアは、これに対して、ロシアに対するいかなる戦争にも参加できないことになった。

ロシアの勝利とオスマン＝トルコの敗北は、絶対的なものにみえた。とはいえ、いくつかの陰が、すでにこの図式を損なっていた。[38] 最初の難問は、トルコ国内に強大なタタール人共同体があることからきていた。これらタタール人は、一七六七年以来クリミアから逃亡してきていた。当時クリミアは不安定で、ハンがたびたび交替し、戦争もあって、国内では社会組織と政治関係が混乱していたからである。またこれらの亡命者たちはしばしば、トルコにとって貴重な補助部隊となっていく。かれらは頻繁にクバンに赴き、そこで騒乱状態をまき起こし、その情報をもち帰ることになる。またコンスタンティノープルでも、たびたび圧力をかけて、トルコ当事者がロシアとの和平交渉で、もっと強硬な態度をとるよう求めたり、自分たちの利益がそこで考慮されることを求めたりする。トルコのスルタンとクリミアのあいだには、久しいまえから宗教上の繫がりがあった。この繫がりがとくに、状況を複雑にすることになる。

オスマン帝国に対する勝利と、バルカンにおける成功によって、ロシアはオーストリアに恐れをいだかせることになった。オーストリアは、エカテリーナの帝国が勢力を増大させ拡大していくのを、指をくわえてみてはいられないところまできていた。一七七〇―七一年以降、先に述べた利益が保障されると、ロシアの政策責任者、すなわちエカテリーナとパーニンは、ただちにトルコ問題をおしまいにすべきだと理解した。パーニンからエカテリーナへの長いメモが、「外務参議会秘密意見」のかたちをとって、この問題に関する情報を分析している。[39] いくつかの国内的原因――ペストの流行と反乱

――はたしかに、この戦線でそろそろ手を打つことを促したようである。けれども、主要な理由は、国際的孤立を打破したいという意思にあったようである。その勝利によって、ロシアは孤立に陥っていたのである。ロシアは、オーストリアの敵意にいつまでも我慢してはいられなかった。また、フリードリヒ二世の二股かけた動きにも我慢がならなかった。フリードリヒ二世は、オーストリアのヨーゼフ二世と組んで、さまざまな共同政策のもとでロシアの成功に対抗しようとしていたのである。こうして、オスマン＝トルコに対する勝利からの損失を埋めあわせるために、ポーランド問題がふたたび浮上する。

第一次ポーランド分割

「オーストリアは、ポーランドの不幸に多大な責任がある」と、のちに歴史家ヴァリシェフスキが糾弾することになる。(40)「オーストリアとプロイセンは」と書くのが、もっと公平ではないだろうか？　フリードリヒ二世はじっさい、ロシアとオーストリアとともに、二重の外交的役割を演じようとしており、ポーランドがつねにこの政策の餌食となる。かれは、エカテリーナ二世に、一七六八年九月、リーナル伯爵の準備した分割案を呈示した。だがロシアにとって、提案にはほとんど魅力がなかった。まずは、この分割案ではオーストリアが大きな利益をえるが、その背後に、書かれてはいないもののフリードリヒ二世の要求が透けてみえ、パーニンがなんなくこれを見破ったからである。プロイセンは、仲介の労の代償として、ポーランドの一部を先どりするつもりだったのだ。(41)くわえて、一七七〇年には、ポーランドは弱体化していたからである。スタニスワフ＝アウグストは、ペテルブルクの要求に抵抗しきれず、国はロシアに支配されていた。ならば、どうしてロシアが、すでにポーランドで影響力を行使しているというのに、これをプロイセンやオーストリアと分けあわなければならないのか？

ウィーンとのあいだでは、フリードリヒ二世の役回りはもっと簡単だった。かれはそこに、興味津々で、好意的でさえある聴き手をみつけたからである。それはヨーゼフ二世その人で、かれは、自国の対外政策の立案に参加したくてうずうずしていた。またかれは、この点では、宰相カウニッツに支持されていた。一七六九年八月と一七七〇年九月の二度にわたって、フリードリヒ二世とヨーゼフ二世は会見したが、ポーランド問題がかれらの対話のなかに存在しないことなどありえなかった。なるほどマリア＝テレジアは、息子や宰相よりも徳義心があり、分割という考えに言及したがらなかった。*とはいえウィーンは、一七六九年に分割の方向へ重要な一歩を踏みだす。国境紛争からハンガリーを守るという口実で、オーストリア軍がスピシェ伯領に侵入し、のちにこれを併合する。ついで、ノヴィ＝タルクとノヴィ＝ソンチを奪取する。このときフリードリヒ二世は、もしもロシアが分割に同意しなければ、即座に併合がいくつか続くだろうし、その結果は、ロシアとオーストリアの抗争となるだろうと主張することができた。

＊ この当時、オーストリアはマリア＝テレジア（位一七四〇―八〇年）と、その息子ヨーゼフ二世（位一七六五―九〇年）の共同統治下にあった。

一七七一年、エカテリーナは、この論法を受けいれた。マリア＝テレジアは考える時間をおいたが、それはおそらく、ポーランドの解体に慎ましい外見を与えるためだったろう。なにしろこの国は、理論上まだ独立していたからである。だが、その後一七七二年二月には、マリア＝テレジアも分割に同意する。条約は、一七七二年七月二五日に、サンクト＝ペテルブルクで調印されることになる。その前文が陳述するところでは、「分派精神、かずかずの騒擾と内戦が、なん年もまえからポーランド王国を動揺させるとともに、同国では無政府状態もたえず拡大しており……そのため、同国家は早晩完全に解体すると思われ……、ポーランドに国境を接する列強は、同時に、きわめて古来からの、きわめて正当な権利に対処しなければならず……」とされている。この分割のなかで、フリードリヒ二世は、ダンツィヒとトルンを除いて東プロイセン、あるいは「王領」プロイセン*を手にしたが、それは国土の五パーセント、住民にして五八万を数えた。これは、このときの同盟国に比べれば慎ましい獲得地だったが、その政治的、軍事的、財政的影響を過小評価するわけにはいくまい。ロシアは、その野心からすれば相対的に自制したようにみえた。獲得したのは、ドニエプル河とドゥヴィナ河までの白ロシア《ベロルシア》、ポロツクとヴィテブスク、それにポーランド領リヴォニアであり、あわせてクールラントの支配権を確認させた。強調しておかなければならないが、ロシアがこのとき獲得した国土は、過去においてロシアのものであり、その後リトアニアによって奪いとられたものだった。この一七七二年の獲得地は、ポーランド国土の一二・七パーセントに当たり、ロシアに一三〇万の新たな臣民をもたらした。だから、この分割でライオンの分け前〔もっともよい取り分〕をえたのは、まさにオーストリアだった。ガリツィア、東ポドリアの一部、小ポーランド南部をえたのである。たしかに、オーストリアに割りあてられた国土の比率（一一・八パーセント）は、ロシアが奪取した国土の比率に比べれば、わずかにこれを下回っていた。だがその人口ははるかに多く、二一三万に達していた。ヨーゼフ二世宛の書簡のなかで、オーストリア女帝はなお、この作戦に対する寝覚めの悪さを垣間見せている。かの女の徳義感覚からして、賛成できなかったのである。「すべてが、オスマン＝トルコとロシアの戦争を利用することを原則としたことからきています。それによって国境を拡大し、戦争まえには思いもしなかった利益をえたのです。プロイセン流に動こうとしたのです(42)」というわけである。

＊ この付近は、もともとプロイセン人の居住地で、当時の国名プロイセン王国の由来する地だった。

結局のところ、ポーランドは、国土の三分の一近くと、人口の三分の一以上を切りとられたのだった。看過できないことに、この分割は、ポーランド国内においてさえ大した反響を呼ばなかった。他の地においてはなおさらである。ポーランドでは、このために国会が召集されたが、条約の条文を確認するにとどまった。ポーランド以外では、ただひとりの君主だけが腹を立てていた。スペイン王である。フランスでも、反応はきわめて慎重だった。ポーランド王は、パリが介入してポーランドを分割から守ってはくれまいかと努力した。おそらく、これよりすこしまえなら、かれはルイ十五世を説得することができたろう。だが、かれが呼びかけを乱発していたとき、ド・ブロイ伯爵は、フランスの君主に、対ロシア政策の変更を進言していたのである。

このときまで、ド・ブロイ伯爵は、ペテルブルクに対する侮蔑的な態度を擁護してきた。けれども一七七三年の初め、かれが確信する――また、その新しい確信をルイ十五世と共有することを望む――

にいたったのは、フランスのかたくなな姿勢が、ヨーロッパにおけるロシアの地位と成功を利しているということだった。かれが王に書き送ったところによれば、フランスは、ヨーロッパの大問題のかずかずから距離を置いていただけだった。ド・ブロイの論法をよく理解して、ルイ十五世は、みずからの臣下の進言に従い、ペテルブルクに要員を派遣することに決めた。ド・ブロイが王に推薦したのは、フランソワ＝ミシェル・デュラン＝ド＝ディストロフだった。この人物の任務は、ロシアの女帝に、そのポーランドでの陰謀が、かの女自身の国よりもプロイセンの利益になっていると説明することだった。こうした状況のもとで、また自分の特使の使命を容易にするため、ルイ十五世は、甘んじて、皇帝称号という微妙な問題でエカテリーナを満足させる――こうなれば、その称号がラテン語で発音されようと、エカテリーナにはどうでもいいことだったのだ！――ことにした〔二六〇ページ参照〕。だが、フランスの姿勢が変わったからといって、ポーランドの状況はなんら変わることがなかった。というのも、エカテリーナには分割合意を見直す気などなかった――第一、かの女だけが合意に関係していたわけではない――からである。けれども、ロシア＝フランス両国間では、関係がいくらかやわらいだ。

＊　ド・ブロイはこのとき、ルイ十五世の私的外交機関「王の機密局」の長だったようである。

フランス特使ははじめ、二つの懸案に没頭した。それらが、フランス＝ロシア関係を損なっていたからである。ひとつは、どちらかといえば小さな問題で、二〇名ほどのフランス人将校の境遇に関するものだった。かれらはポーランドで連盟参加者の側に立って戦い、ロシア軍の捕虜となっていた。

デュラン＝ド＝ディストロフは釈放要求を提出したが、本当のところはあまり効果がなかった。ダランベールがかれらを弁護したが、むしろこのほうが効果を発揮した。エカテリーナが譲歩したのは、ダランベールのほうにだった。かの女はこうして、自分の眼からみれば、この哲学者のほうがフランス国王の特使よりも、はるかに大きな声望があるのだとみせつけたのである。しかしながら、もっとも重要な問題として、特使がとりかかる使命を帯びていたのは、ロシア＝トルコ戦争の問題だった。ポーランドは分割されたから、ロシアは実際にトルコと決着を着けることができるというわけである。

ロシア＝トルコ講和――ピョートル大帝の屈辱をはらす

ロシア＝トルコ戦争が始まったころに、フランス王が信じていたのは、トルコ軍の勝利――かれは、それを望んでいた――が、長期にわたってロシアを黒海と地中海から遠ざけるだろうということだった。けれども一七七〇年以降になると、ロシア軍の勝利――とりわけチェスメでの勝利――は、海軍の強国が成長していることを明らかにし、不安な事態の起こる可能性がほのみえてくる。ロシアが地中海に進出してくるのではないか、というわけである。フランスははじめ、トルコを助けてロシア艦隊と対決させよう――徒労に終わったが――とした。一七七二年になると、もはや疑問の余地はなかった。ロシアはクリミアでかずかずの勝利をあげ、トルコは、ロシア軍の進撃をくい止めることができない。こうしたことすべてが物語るように、トルコにおけるフランスの選択は、ポーランドにおける選択と同様、いささかもロシアを悩ませていないのだ。一七七一年七月――ポーランド分割条約の一年まえだったが、このときすでに条約は予測されていた――、エギュイヨン公爵が、ショワズールに代わってフランス外交の先頭に立つと、駐フランス＝ロシア大使ホティンスキーが、「ロシアへの憎悪が衰えています[43]」と、パーニンに書くことになる。けれども、中核となる考え方は変わっていない。オスマン＝トルコを全面的な崩壊から守らなければならない。またそのために、ロシアを説得するよう試みなければならない。すなわち、勝利に満ちた南進を決定的な征服にしてしまわないようにと。さらにロシアは、かねてから、黒海で自由に通商する特権を獲得したがっている。この野心が実現するのも、阻止するほうがいい。交渉に入って、この問題が提起されると、ホティンスキーがパーニンへの公用文書で指摘しているように、「黒海における通商の自由が、不安の種となっています。実際のところ、通商権がわれわれの手に落ちはしないかと、恐れられており……。したがって結論しなければならないとすれば、こちらでは、オスマン＝トルコがロシアに対してこの件を拒否するよう、あらゆる手段を用いて促しています[44]」、ということになっていた。

一七七二年になると、トルコは講和を求めざるをえなくなる。このときヴェルサイユが、調停ないし斡旋の労をとろうと望んだのは、ロシアの野心を阻止するためだった[45]。これらの野心が、よく知られていたからである。まずエカテリーナは、クリミアが独立国の地位を保持することを望んだ。それは、ロシアがクリミアに認めたものだからである。そして、黒海における通商の自由を享受することを望んでいた。この二つの要求は、フランスを震えあがらせた。ペテルブルクが、モルダヴィアとワラキアにおける獲得地を、この要求のために犠牲にしようと認めてもである。この両地が、オスマン

＝トルコにとって、クリミアに比べれば、まったく貴重なものではなかったからである。

さまざまな障害にもかかわらず、ロシア＝トルコ間の交渉は、一七七二年五月、モルダヴィアのフォクシャニで始められた。ついで、両陣営がクリミア問題に固執したため一時中断し、その後ブダペストで再開されて二年間つづく。フォクシャニでの議論が頓挫したため、ふたたび戦いの時が始まり、その戦いは今度はバルカンで展開された。もう一度、ロシア軍は勝利を積み重ねる。ところが、ロシア自体に難題が生じて、戦闘に終止符を打つことになる。すなわち、プガチョフの反乱※が勃発し、これにロシア当局の関心と努力すべてが必要となったのである。ルイ十五世がこれをみて結論するところでは、こうなればエカテリーナに圧力をかけて、フランス主導のもとで和平にいたらしめることができるということになる。フランスはつねに、熱心にトルコの利益を優先させようとしていたからである。女帝を説得するために、当時ロシアにいたディドロ*に命じて、フランスの考え方を主張させた。そして、この哲学者に重みのある論法を駆使するよう促した。つまり、女帝に警告して、失敗のあかつきには、フランスに帰還すればバスティーユがディドロの住まいになろうといえというのだ！　エカテリーナはつねに、ディドロに対する友情につき動かされてはいたが、このような脅しに応ずる気はなかった。かの女はディドロを愛想よく迎えたが、かれのもってきた提案をきっぱりとはねつけた。かの女は、交渉する際には強い立場でのぞみ、フランスなどを介入させないつもりだった。そのトルコ寄りの姿勢に我慢がならなかったからである。(46)

※　「第四章　浮浪者たちの皇帝」参照。

＊ ディドロは、女帝の執拗な誘いに応じて、一七七三年九月末にペテルブルクに到着し、その後およそ半年にわたって滞在する（三〇四―一二ページ参照）。

なるほどエカテリーナは、和平のプロセスにフランスを干渉させなかった。けれどもかの女は、両国間の関係を改善することを望んではいた。ただし、そのためになにかを犠牲にする気などなかった。その使命は、新任の特使イヴァン・バリアティンスキーに委ねられた。この人物には、たしかに外交の経験はなかったが、軍隊経験はあった。かれは、七年戦争で戦闘に参加し、そのときの勇気は女帝とパーニンに評価されていた。だが、かれの使命は、はじめは困難であり、ついで時宜遅れになっていく。事態が急激に展開したからである。つまり、トルコの軍事的弱体振りと、ロシアの成功のかずかずが、両者相互の立場をたえず変化させていたからである。一七七四年、ムスタファ三世が死に、弟のアブドゥル＝ハミト一世がオスマン帝位に就く。この新たなできごとによって、フランスはふたたび調停を提案する。だが、この申し出には根拠がなくなってしまう。というのも、あい継ぐロシア軍の勝利によって、ほとんどすぐさま無に帰してしまったからである。ルミアンツェフ将軍の指揮下で、ロシア軍はダニューブ〔ドナウ〕河を越え、この第一次ロシア＝トルコ戦争でもっとも劇的な最終の勝利に道を開く。ルミアンツェフがトルコ大宰相をシュムラの陣に包囲する一方で、別の部隊がバルカンに侵入すると、スルタンは、情勢が見かけよりはるかに悲劇的なことに気づく。もう一度勝利すれば、ロシアがコンスタンティノープルへの道を切り開くところまできていたのである。アブドゥル＝ハミト一世は、それ以上フランスの庇護者たちに頼るのをやめ、ただちに交渉を開始するよう求めた。

ルミアンツェフはこのとき、ダニューブ河右岸のクチュク＝カイナルジにおり、そこへスルタンの密使たちを呼びつけた。しかもそれは、交渉のためではなく――おまえたちはもはや交渉などできる立場にないと、ルミアンツェフは密使たちにいい放った――、ロシアの出した条件で和平を結ぶためだった。一七七四年七月二一日〔ロシア暦では一〇日〕、講和条約が調印されたが、そのロシアにとっての利益は、エカテリーナが夢みていたものを、あらゆる点で超えていた。クリミアの独立（こうなれば、クリミアはもはや、ロシアの庇護から逃れることができまい）も、条約に記された。ロシアは、アゾフとケルチの諸港、カフカースのカバルタ、およびグブ河とドニエプル河間のステップの領有を認められた。ロシアはまた、黒海での航行と通商の自由、ボスポラス＝ダーダネルス両海峡を通るエーゲ海への進出権を獲得した。つまりロシアは、交渉相手のトルコにとって、フランスと同等の特権を手に入れたが、フランスはこのとき最恵国待遇を受けていたのである。そのうえ、四五〇万ルーブリの賠償金も、ロシアに支払われるべしとされた。最後に、ロシアは、スルタン支配下のキリスト教徒の宗教的自由を擁護し、不当な徴税や、その他キリスト教徒たちが脅威と感じる不当行為から、かれらを守る任に就いた。

こうしてロシアは、黒海に通ずる地域を獲得しただけでなく、これ以後、オスマン帝国内のキリスト教徒たちに対して、一種の保護権を行使することになった。ロシアにとって、さらなる征服への道が開けたわけである。一七一一年に、ピョートル大帝は、惨憺たる敗戦の結果、勝利者トルコ軍のまえに膝を屈せざるをえなかった。プルートの和議が一七一一年七月一二日に調印されたが、それによってロシアは、全面的な屈辱に甘んじなければならなかったのである。[*] ところが、クチュク＝カイナルジの和議によって、一七七四年に、なによりもまずロシアはアゾフをとり戻した。つまりこの和議は、大帝の後継者たちによる復讐となったのだ。エカテリーナは、大帝の軍事作戦をひき継ぎ、その意図を完成させただけでなく、大帝の復讐をも果たしたのである。すなわち、トルコがもぎとられた代償は、六〇年まえにピョートル大帝が認めなければならなかった犠牲よりも、はるかに大きなものだったのである。そのうえ、一七一一年には、大帝は征服地を放棄したにしても、ロシア国土を損なわないですんだ。ところが一七七四年には、これとは反対に、オスマン帝国の領土は、ロシアの征服によって大きく切りとられたのである。

＊　一七〇九年、スウェーデン王カール十二世が、ポルタヴァの戦い（一三八ページの訳註参照）に破れてトルコ領に逃げこみ、オスマン帝国に庇護を求めると、帝国は翌年ロシアに宣戦布告する。時のピョートル大帝は、これに応じて出兵するが、一七一一年七月プルート河右岸で一二万のトルコ軍に包囲され、和議のやむなきにいたる。翌一二年七月一二日調印のプルートの和議によって、ロシアは、一六九六年のアゾフ遠征でえたドン河河口のアゾフ要塞をはじめ、いくつかの要塞を失った（『ロシア史 2』、六―七、二二三―二二四ページ）。

フランスにとって、この戦争のツケは、このうえなく不満なものだった。なるほどポーランド問題では、フランスは賢明にも事件から距離を置いていた。だがロシア＝トルコ紛争では、同じようにはいかなかった。同盟国トルコの敗北はまた、フランスの敗北でもあり、その政策の失敗を意味していた。ところが、「歴史」の皮肉であろうか、この同じときにルイ十五世の死〔一七七四年五月一〇日〕が、フランス外交の重大な転換に道を開く。たしかにこのとき、ヴェルジェンヌ伯爵がフランス外交の先頭に立っており、かれは、ロシア＝トルコ戦争の支持者のひとりであり、仕掛け人のひとりでもあった。つまり、フランス外交破綻の張本人だった。ところが、ルイ十六世は、フランスのロシア政策の見直しが必要なことを、本能的に理解していた。クチュク＝カイナルジ条約の報が知られるや、かれは急いで女帝を祝福した。かれがすぐさま理解したように、好都合なのは、新興勢力ロシアとそれがヨーロッパの均衡に及ぼす影響を、考慮に入れておくことだった。だからいまのところは、エカテリーナの内憂につけ入ろうなどとはしないほうがいい。なるほど、クチュク＝カイナルジの和議は、ロシアに多くの征服地と新しい地位をもたらした。だがこの和議は、エカテリーナにとって欠くことのできないものであり、これによってかの女は、その関心と力のすべてを国内戦線に向けることができた。そこでは、反乱が帝位を脅かしていたのだ。

挫折した「北方体制」——エカテリーナ、スウェーデンと対峙

これとまったく別の戦線——スウェーデン——では、フランスは、ロシア＝トルコ戦争での目論見違いの時期にあって、満足な結果をえてロシアの後退を目撃する。もちろんこの後退は、フランスにとって、黒海におけるロシアの成功のかずかずと、どうみても釣りあうものではなかった。けれどもスウェーデン問題が示すとおり、ロシアといえども、ヨーロッパの南北両端で、それぞれ同等の成功をおさめることはできなかったのである。

「北方体制」は、パーニンによって、エカテリーナ二世の治世初期に構築されたが、きわめて大きな成果をあげたというわけではけっしてない。けれども、この体制は力の配分――ロシアは、かずかずの反フランス同盟を結んだ――を前提としていたが、その配分は長続きのするものであり、介在した国々、つまりポーランド、トルコだけでなくスウェーデンをとおして、フランス＝ロシア間の激しい闘争の基盤をなしていた。一七七〇年代初頭、ロシアは、ポーランドとトルコにおいて優位に立った。だがこのときスウェーデンは、フランス外交の大きな成功の場となった。ロシアは、他の二つの作戦現場に手をとられて、この成功を阻止することができなかったようである。

ピョートル大帝と一七二一年のニスタット条約との時代には、ロシア＝スウェーデン間で、かずかずの戦闘が行なわれた。[*] スウェーデンがロシアにもたらした問題は、その起源をこの両国間の戦闘にまでさかのぼる。カール十二世の死と、その後の継承のいざこざによって、スウェーデンでは貴族による革命が起こり、一七二〇年に憲法が採択されて、国王からすべての権力をとり上げ、これを二つの議会・元老院と国会《セイム》に付与した。だがこの憲法によって、スウェーデンは、半世紀にわたって無政府状態、弱体化、政治エリートの腐敗に苦しまなければならなかった。ロシアとフランスは、この国での影響力を強化しようとして、これらエリートを先を争って買収した。ピョートル大帝は、一七二一年のニスタット条約に、ロシアをこの憲法の保障国とする条項を入れさせた。

＊ ピョートル大帝の時代には、一七〇〇年夏のナルヴァ要塞包囲に始まり、ネヴァ川河口要塞の奪取（同〇三年）――この地にサンクト＝ペテルブルクが建設されることになる――、ポルタヴァの戦い（〇九年）など、ニスタットの和議（二一

一年）まで数次にわたって戦闘がつづいた。最終的にはニスタット条約によって、ロシアはバルト海南岸地域を獲得し、同海への出口を確保した（『ロシア史 2』、一〇―一四、二〇―二二、四五―四七ページ）。

一七六八年、ポーランド＝ロシア条約によって、この両国間関係には同様の条項が導入された。つまり、ポーランド憲法は、ロシア側の同意なしに変更を加えることができなくなったのである。この二つの状況間に、いくつかの類似点――両憲法とも対象となる国を麻痺させ、ロシアの意思は、この基本法を維持して両国への影響力をもつことにある――をはっきりとみてとることができる。また、それを支配している意図も、たやすくみてとることができる。

混乱がスウェーデンを支配していることは、ロシアにとってきわめて都合のいいことだった。ロシアがみるところでは、昨日の強敵が突然弱体化したことは、自国の影響力を主張する確実なチャンスだった。けれども、このスウェーデンの無力化は結局社会の一部の憤激を招き、なん年かのちには、復讐心にとりつかれた政党が結成される。党員たちはみずから帽子《ハット》党を名のったが、この命名は、かれらの決意を示すためのものだった。またこれら党員たちは、対立する党にナイト＝キャップ《ナット＝メッサ》党（あるいはたんに、頭巾《メッサ》党）という名を進呈して、この名は相手の柔弱振りを表すものとした。ハット党の目的は一七二〇年憲法を廃止することにあり、他方メッサ党は、この憲法の利点を擁護していた。フランスとロシアはこの分野で執拗に争っていたから、この両列強が、それぞれ別の党を選んだとしても、なんら驚くべきことではない。すなわち、ロシアがメッサ党を支持する一方、ヴェルサイユは、ハット党を行動に駆りたてようと多額の財政支援をばらまいた。アンナとエリザヴェータが大帝を継承すると、これら女帝たちは、一七二〇年憲法維持条項に断固として執着した。したがって、ハット党がスウェーデン政界を掌握したのをみて、二人の女帝は悔しい思いをした。フランスにならって、二人の女帝は、自分たちが庇護しているものに支援金をばらまいたが、かれらを救うことも、ハット党が一七四一年にペテルブルクに宣戦布告する――この点では、ハット党はフランスに支持されていた。フランスが自信満々みていたところでは、優柔不断で怠惰な女帝アンヌの治世下で、ロシアは弱体化しているはずだった――のを阻止することもできなかった。しかしながら、ストックホルムでもヴェルサイユでも、スウェーデンの力が過大に評価される一方で、敵の反撃力を過小評価していた。戦いはスウェーデンの敗走に終わり、一七四三年調印のオーボの和議は、ロシアに、フィンランドの土地の結構な部分をもたらした。そのうえ、女帝エリザヴェータは、帝位に就いたばかりだったが、この機を利用してスウェーデン王朝の交替を画策した。かの女が君主として王位に就けたのは、ホルシュタイン＝ゴットルプ家のアドルフ＝フリードリヒ〔スウェーデン王アドルフ＝フレドリク〕だったが、この人物は、かの女の眼からみて二つの長所をもっていた。まずかれは、かの女自身が選んだ後継者、すなわちのちのピョートル三世の叔父だった。またかれは、プロイセンのフリードリヒ二世の妹の夫でもあった。こうしてスウェーデンは、王朝の家系においてロシアとプロイセンに結びつく――つまり従属する――ことになる。

エカテリーナ二世がピョートル三世――かれには、治世のあいだに対スウェーデン政策を検討する暇がなかった――を継承したとき、かの女は、先帝たちのとった道を踏襲することに決めた。それが、

「北方体制」に組みこまれていたからである。駐スウェーデン大使オステルマン宛の指令のなかで、かの女が強く強調したのは、自分が一七二〇年憲法に執着していることと、スウェーデンの実効ある君主制復活に断固反対であることだった。メッサ党が一七六五年に権力の座に就くと、かの女は、同党を資金援助し、その仲介によって一七二〇年憲法の修正案を強要することができた。ロシアの同意のほかに、この基本法の改正にはすべて、スウェーデンの四身分と二議会の承認をえなければならないというのである。それまで、国王はごくわずかながら決定権を保持していたが、それも、これによって消滅する。ロシアは、後戻りできないかたちで、スウェーデンに対する権威を確立したかにみえた。

しかしながら、こうした領域——政治的影響力と支配権という領域——では、なにものも、けっして決定的に獲得されるということがない。だれが気づかずにいられよう？　スウェーデンは、その憲法の「保護国」、すなわちロシアとプロイセンの利益のために解体が必至——このすぐあと、それはポーランドのケースとなるのだが——のようにみえるではないか。また、漁夫の利をえる国デンマークの利益のために（ポーランドと同様の形態を完成させるとすればであるが）。一七六九年一二月、エカテリーナの主導で、ロシア＝デンマーク間に条約が調印され、デンマークは同盟にひきずり込まれる。つまりデンマークは、一七二〇年憲法維持を監視する責を負うことになる。この憲法はすでに、一七六九年一〇月一二日のロシア＝プロイセン条約によって保障されていたが、この憲法の侵害はすべて、戦争の原因《カスス・ベルリ》とみなされることになる。スウェーデンの指導者たちはそれまで、諦めてこれを甘受する姿勢をとっていたため、抵抗することができなかった。だが、グスタフ三世が、一七七一年四月にアドルフ＝フレドリクを継承すると、かれは、この非道な体制を粉砕する。それによって、スウェーデンが消滅に瀕していたからである。

この二五歳の若き公子は、先王たちとなんら似たところがなかった。エカテリーナがのちにいったところによれば、かれは「足先から頭のてっぺんまでフランス人」だった。まずは政治的理由によって。つまりかれは、ロシアを宿敵とみなしつつ、この重荷となる隣国に対してフランスこそ抑止力だと考えていた。またかれは、君主制に対する確信においても、フランス的だった。まだほんの若かった公子時代から、かれは、王の権威を回復すべく願っていた。それだけがスウェーデンを内的崩壊と解体から救うだろうと、かれが知っていたからである。王はすぐさまハット党の先頭に立つ。つまり、フランスとの同盟という考えをいだく。王の受けてきた教育すべてが、こういう選択を準備していたのである。

一七七一年、父の死の直前、グスタフはフランスを訪れる。そして、王となってのちも、急いでストックホルムに帰ろうとせず、ルイ十五世に助言を求めにいき、みずからのスウェーデン政治体制変革計画への支持をとり付けようとする。かれはパリで、ジョフラン夫人のサロンに足繁く通い、マルモンテル、グリム、エルヴェシウスら啓蒙主義周辺の知識人たちと会談する。また、ルイ十五世の寵姫デュ＝バリー夫人の知己をえて、フランス王と意見の一致をみ、ストックホルム大使にヴェルジェンヌ伯爵を任命してくれるよう依頼する。グスタフがこの人物をよく知っていたからである。かれがずっとスウェーデンに帰ろうとしなかったため、スウェーデン元老院は、パリのかれに憲法証書を送りつけて、一七二〇年の政治体制を尊重すると約束させなければならなかった。かれは、すすんでこの約束を交わしたが、それは、この同じときすでに、同体制を尊重せずにすむ方法について交渉中だからであった。

＊ フリードリヒ＝メルヒオル（一七二五―一八〇七年）。民話の収集で名高い言語学者ではなく、フランスで活躍したドイツの作家。

ようやく帰国したとき、グスタフ三世は、ルイ十五世とのあいだで密約を交わしていた。相当額の財政援助と引き換えに、かれはフランス王に、スウェーデンからロシアを排除するため、一七二〇年憲法といくつかの条項の破棄を通告すると約束した。これらの条項が、ペテルブルクに、スウェーデン政界に圧力をかける手段を保障していたからである。ほんのわずかのあいだ、かれは、元老院の送りつけた文書を受けいれると同時に、自分が夢みた憲法改正を準備していた。

状況はかれに有利だった。ハット党がふたたびメッサ党を凌駕していたし、社会の気分は、はっきりと反ロシアだった。と同時に、ロシア＝プロイセン＝オーストリア合意が予告するところでは、スウェーデンが確実に次の国として、ポーランドと同じ運命を甘受するはずだった。したがって、隣接する大国がスウェーデンに干渉しないよう、手段をとり上げなければならない。グスタフ三世の確信するところによれば、危険が差し迫ってはいるが、かれの側にも実力行使に有利な条件が存在していた。ロシアはポーランドに手をとられており、トルコも、ロシアの動きを制限することができる――すくなくともこのときはまだ、そう考えられていた――ようにみえた。そこでグスタフ三世は、極秘裡にクーデターを準備した。一七七二年八月一九日、かれは近衛部隊を招集し、元老院議員たちを外出禁止にして、首都の住民に自分を支持するよう訴えた。そして、国会に新しい憲法を強要した。五七条からなる条文は、啓蒙主義精神に多くの着想をえていた。すなわち、絶対王政は復活したが、それは、さまざまな公的自由が認められたことと均衡を保っていた。国家による拷問と不当尋問は廃止され、改革のプログラムの輪郭が示されていた。血が流されることもなく、この静かな革命は、スウェーデンを外国の脅威から解放した。

あとに続くできごとは、グスタフ三世の計算の的確さを示すことになる。対外的征服——まず最初がポーランド分割である——のためだけでなく、国内の反乱とも戦っていたため、エカテリーナは右の動きに対応することができなかった。かの女は敗北を認め、さらには譲歩さえしなければならなかった。じっさいかの女は、危惧したはずである。すなわち、スウェーデンの独立が回復したことを背景に、若きスウェーデン王がさらに歩を進めて、スルタンにあい対して同盟を提案しはしないかと。それも、ロシアを弱体化するという、共通の目的にもとづいて。それを思いとどまらせ、隣国に慎重な行動を促すため、エカテリーナは軍をフィンランドに集結させた。だが、若さに似ず、グスタフ三世は考え深い気質だった。かれは、ロシアが挑発ととるような行動を、いっさい避ける決心だった。あまりにも多くの問題に直面して、エカテリーナは沈黙していたが、フリードリヒ二世はぎやくに、怒りをむき出しにしていた。かれはグスタフ三世を脅して、エカテリーナになりかわり、その骨身に染みて分からせようとした。つまり、エカテリーナがけっして、成就した革命を認めはしまいということをである。「報復が延期されたとしても、それは縮小した報復ではない」[47]と、かれはグスタフ三世に書き送っている。デンマーク王も同様にわめき散らしたが、グスタフ三世にそれほど印象を与えることはできなかった。デンマークから戦闘の噂が起こって、スウェーデンにまで鳴り響いたにしてもである。[48]ルイ十五世はみずから、ロシア女帝に対して若きスウェーデン王の弁護人となり、グスタフ三世は全国民に担がれていると論陣を張った。かれはまた、慎重にではあるが、それとなくほのめかして、もしも必要が感じられれば、フランスは躊躇なくスウェーデンを助けるであろうといった。フランス歩兵部隊がダンケルクに集結しており、これは、フランスのスウェーデンへの軍事援助という脅しが単なる戯れ言でないことを、エカテリーナに示すものと思われた。

こうした発言がロシア女帝を怖じ気づかせるためになされたが、それらはあまり有効ではなかった。かの女は、すべての戦線で同時に戦うことなどできないと知っており、すでに、この反逆王と落ち着いた関係を確立しようと決心していた。二人はすでに、非の打ちどころのないフランス語——ディドロ、ボーマルシエ*、ヴォルテールらが、二人の言葉遣いの質の高さを称讃していた——で書簡を交わしていた。これらの書簡は、心底からの和解ではないにしろ、すくなくとも、そうした和解を装いたいという欲求のあかしとなっている。一七七一年九月二七日付けで、エカテリーナからグスタフ三世への悔やみ状が、かの女が新王にいだく信頼と、相互の友情を育みたいという意思を物語っている。[49]やがて一連のメッセージが、こうした言辞を双方から確かなものにしていく。手紙を書く二人は、すすんで、「血の絆が二人を結んでいます」(エカテリーナからグスタフ三世宛、一七七二年五月三一日)

とか、「血の繋がった相続人同士」（グスタフ三世からエカテリーナ宛、同三月二一日）と指摘している。一七七二年八月二一日、グスタフ三世はエカテリーナに書き送って、自分の国に起こった変化は、「もしそれが、自分の揺るぎない友情をあなたに確信させる機会でないとしたら」[50]、わざわざ告知するにあたいしまいと書いている。エカテリーナの返事は九月四日付けで、いくらか曖昧で、下心のあるのが行間からみてとれるが、そんなことに驚くべきだろうか？　ともかく、エカテリーナは悔しさを感じはしたものの、だからといって報復に転じはしなかった。かの女のもっぱらの関心事は、別のところにあった。やがてエカテリーナは、一時期内政に専心したのち、ふたたび積極的かつ拡張主義の対外政策にたち戻る。だがこのときスウェーデンは、かの女のねらいからまったくはずれることになる。この女帝にとって、一七七二年の失敗は分別をえる授業だったようである。そしてそれは、それまであれほど激動していたロシア＝スウェーデン関係において、新しい理解の時代の始まりを画することになる。

＊　ピエール＝オギュスタン・カロン＝ド＝ボーマルシェ（一七三二―九九年）は、十八世紀フランスの劇作家。『セビーリヤの理髪師』（一七七五年）、『フィガロの結婚』（同八四年）の諷刺喜劇で名高いほか、著作権保護を目的に劇作家協会を設立した（一七七七年）。

第四章　浮浪者たちの皇帝(1)

一七七一年は、エカテリーナにとって幸先よく始まった。かの女は、失っていた領土をポーランドでとり戻したし、ロシア軍はクリミア゠ハンと戦って、オルカピシを奪取し、勝ちほこって半島を進撃していた。だがちょうどそのとき、モスクワではペストの発生が宣言された。この都市では、一七七一年の夏はひどかった。一日に一〇〇〇以上の死者があり、恐れをなした住民は、ボゴリューボヴォ〔モスクワ北東の都市〕の聖処女のイコンに殺到してひざまずく。大主教アンブロシウスは、こうした狂信的かつ絶望的な信仰の徴候に不安を感じ、平静を呼びかけるが、それも、モスクワ市民を蜂起させるという結果しか生まない。反乱はクレムリンを脅かす。大主教は殺され、その宮殿は荒らされる。暴動を鎮めるには、グリゴリー・オルロフもその精力と知恵のすべてを必要とした。オルロフは、エカテリーナがかれにすがる必要のあるとき、いつもそばにいたのである。

平静が戻り、ペストも阻止されると、女帝に余裕ができて、かの女は、自分の人民がいかに統制しがたいものであるのかを確認する。どんな小さな口実ででも、ロシアの人民は熱狂状態となり、権力の埒外に救済を求める。聖処女のイコンはおそらく、束の間の救いの手段だったのだ。だがおしなべて、この人民は、思いもかけない救済者に助けを求める。それは、突然現れた神秘の人物であり、現行政府にとって替わるべく、歴史的権利を要求する。

ステップ地帯

ひとつの反乱が、一七七三年から同七四年にかけて、ロシア帝国を危機に陥れることになる。この反乱は、ロシアに特有の複数の要因によって誘発された。まずは、この国南部における住民とかれらの地位の錯綜振りである。ステップ地帯は、十八世紀には帝国を縁どっていたが、帝国に属しながらも真にその一部にはなっていなかった。この地域は、黒海と繋がった二つの内海、カスピ海とアゾフ海を南限としていた。また、いくつかの大河も流れていた。西から東へその名を挙げると、ドニエプル河、ドン河、ヴォルガ河、カマ河、ヤイク河である。これらの大河にはさまれた地域、および大河の周辺部は、さまざまなカザークたちの居住地だった。ドニエプル河流域にはザポロジエ＝カザーク、ドン河とヴォルガ河のあいだにドン＝カザークがいたし、ヤイク＝カザークの居住地はキルギス族の国にまで広がっていた。また、もっとも南のカスピ海沿岸には、チェレク＝カザークが住んでいた。

しかしながらステップはまた、帝国に属さない民族の国土でもあり、これら民族はしばしば遊牧民だった。タタール人、ノガイ＝タタール人、バシキール人たちであり、程度の差こそあれ部分的にオスマン＝トルコのスルタンに服していた。そのほかの民族は、たとえばカルムイク人であるが、モンゴル族で、十七世紀にジュンガリアから移住してきたのだった。そのさきの東方には、中央アジアが広がっており、栄光あるブハラ、ヒヴァ両ハン国があった。ステップの通行路は、隊商の通行ルートと一体化しており、ここを通って、かず多くの商品、とりわけ絹と顔料が運ばれていた。この混乱した世界では、すべてが混じりあっていたのである。

ピョートル大帝はかつて、この地域によき秩序をもたらし、その権力をステップにまで伸張しようと決心した。そのころは、かれが権威を振るうことができた唯一の場はアストラハンであり、この都市はヴォルガ川河口をおさえていた。そこでは、要塞と、守備隊と、聖俗あわせた帝国の代表者たちとが権力を体現していた。だが、この権力は、盗賊や遊牧民や、さらにはカザークの襲撃と侵入に対して、たえず防衛していなければならなかった。ステップはまた、帝国の規範から逃れたものたちすべての避難地だった。農奴制から逃亡した農民、召集不服従者、すなわち軍籍登録に服するのを拒否したものたち、新しい信仰を拒否した古儀式派のものたちである。これらのものたちすべてが、カザークに合流していた。ピョートル大帝は、この地を中央集権化しようと決心したが、カザークには一定の自由の幅を残さざるをえなかった。かれらが、その奔放さにもかかわらず、帝国運営の守り手でもあったからである。そこで大帝は、いくつかの措置をとって、カザークの自由を縮小しようとした。

かれは、自由共和政体であるカザークの本営《セーチ》を陸軍参議会《コレギア》の監督下に置くとともに、これらセーチに逃亡民の受け入れを禁止すると主張した。セーチにまで軍籍登録を拡大するのも、かれの野心のひとつだった(2)（エカテリーナ二世も、のちに試みるが達成はできなかった）。これら中央集権化の努力は、しかし、結果としてカザークの独立精神と、近隣の民族に依拠しようとする意思を増大させただけだった。かれらの考えによれば、近隣の民族の支持は、ロシアの権威主義に対する抑止力となるはずだった。スウェーデンのカール十二世との戦争のあいだに、ピョートル一世は、カザークが外国の援助をえようとする傾向を検証する機会をえた。すなわち一七〇六年、スウェーデン軍がロシア国境に到達したとき、かれらはそこにひとりの同盟者をみいだす。ドニエプル河流域のカザークの頭目《アタマン》マゼッパである。マゼッパは、カザークを支配下に置こうとする大帝の試みに不満で、ポーランド王、オスマン＝トルコのスルタン、クリミア＝ハンと文書を交わして、かれらの援助をえようとしていた。かれは、その手勢とともにカール十二世の側につき、「皇帝《ツァーリ》に反抗する」と明確にいい切った(3)。

唯一カザークだけが、帝国の混乱を煽動したわけではない。もうひとつの原因は、あらゆる類の不満をもつものたちが、「解放者ツァーリ」ないしは「真のツァーリ」の夢に生きる傾向にあったことである。このツァーリは、いつか人民のまえに現れて、その苦難を救うものと考えられていた。この見果てぬ夢《ユートピア》はくり返し現れては、そのたびにロシアに、これを僭称するものたちを出現させた。そしてこれら僭称者たちは、つねに熱狂的に迎えられ、浮浪者たちを惹きつけて正真正銘の軍隊にし、既存の秩序を脅かす(4)。

すべては、「動乱の時代」に、偽ドミトリー〔二世〕の継承問題とともに始まった。* 十六世紀フランスの冒険家マルジュレ大尉※が、はじめて報告しているところによると、ヴォルガ流域のカザークのなかに、若い公子が出現して、自分は皇帝継承者ピョートル、すなわち皇帝フョードル＝イヴァノヴィチ〔リューリク朝最後の皇帝フョードル一世〕とその妻イリナ＝フョードロヴナ・ゴドゥノヴァの息子であり、イヴァン雷帝の孫であるといいはった。フョードル一世には息子などけっしていなかった。だが、だからといって、カザークの世界のいたるところに自称ツァーリが出現する妨げにはならなかった。この当時〔十六世紀末から十七世紀初め〕、その数一二を下らず、カザークたちはその擁護者あるいは忠臣になるよう求められた。それから偽ドミトリーの時代〔一六〇五―〇六年――次ページ訳註参照〕がくるのだが、この偽ドミトリーを名のる僭称皇帝のほうも、この後おびただしい数にのぼる。こうした僭称皇帝のひとりが、一六〇六年のカザーク大反乱の指導者ボロトニコフの率いる蜂起から出現した。ボロトニコフは、逃亡農奴とカザークにあいだに介在する関係を、完璧に体現している。この人物自身かつて農奴であり、カザーク社会に安住の地をみいだすまでは、トルコでガレー船の漕役を務めていた。かれは、偽「ツァーリ・ドミトリー」の代理人となり、このツァーリの名でチェレク、ヤイクそしてドンのカザークを蜂起させ、兵役を忌避したもの、小都市の貧しい住民、逃亡農民を結集しただけでなく、タタール人、ノガイ＝タタール人、モルドヴァ人、チェレミス人たちを行軍途中で兵として募集した。この雑多で、しかし強力な軍隊はステップを出発して、たえず新たな参加者をえつつ、モスクワの市門まで到達した。これは、正確には農民戦争ではなく、不満分子の集合であった。これら不満分子は、社会のあらゆる階層からきており、あるものたちは自分たちの貧困に抗議して、救い主ツァーリの救済を待望し、別のものたちは、「偽ツァーリ、ヴァシリー・シュイスキー」※※をロシアから厄介払いする決意だった。ただしボロトニコフは、本当の「偽ドミトリー」をつくり出すことができなかったので、皇帝継承者を僭称する前記のピョートルと手を組んだのである。だが結局は、本当の皇帝〔当時みずから皇帝を宣していたシュイスキーのこと――左記訳註参照〕の軍がボロトニコフ軍をうち破り、ほかの混乱はともかく、カザークの向こうみずな行動を終わらせた。

※　マルジュレ大尉は、十六—七世紀にかけてロシアを旅行し、一六〇七年に『ロシア帝国の現状 *L'État présent de l'Empire de Russie*』を著した。

※※　ヴァシリー・シュイスキー（一五五二—一六一二年）は、旧貴族で、一六〇六—一〇年の「動乱の時代」にツァーリとなった。

＊　一五九一年、ときの皇帝フョードル一世の幼少の弟で、唯一の帝位継承資格ある男子・ドミトリーが変死を遂げたが、その死には疑義がいだかれ、ドミトリー生存説の根拠となる。一五九八年フョードル一世が、後継者を残さずに他界すると、大貴族間の権力争いを経て、そのひとりボリス・ゴドゥノフが帝位に就く。ボリスの失政や一六〇一—〇二年の冷害で社会不安が広がると、ポーランドに、死んだはずのドミトリーを名のる人物が出現し、ポーランドの王や貴族の支持をえてロシアに進軍し、カザークや不満分子を結集する。一六〇五年ボリス・ゴドゥノフが急死すると、勢いをえた自称ドミトリーはモスクワを制圧し、暴動で殺されたボリスの息子・皇帝フョードル二世の跡を襲って皇帝（偽ドミトリー一世）を名のる。だがこの人物も、その強いポーランド色を嫌われて、一六〇六年のモスクワ暴動で殺され、ボリス・ゴドゥノフに失脚させられた大貴族ヴァシリー・シュイスキーがみずから皇帝を称する。けれども、不評のシュイスキー政権に対して各地で反乱が起こる。その最大のものが、ボロトニコフによる反乱だった（一六〇六—〇七年）。かれははじめ、「皇帝ドミトリーの総司令官」を自称し、カザークや不満分子を結集したが、本文にもあるとおり、第二の偽ドミトリーをみいだすことができなかったので、フョードル一世の息子ピョートルを僭称する人物をいただいてモスクワを包囲する。しかし結局は包囲戦に破れ、一六〇七年シュイスキー軍に降伏する（『ロシア史 1』、二七九—九六ページ）。

この六〇年後、新たなカザークの反乱が、もう一度ロシアを大きな危険に陥れる。ドン＝カザークの指導者スチェンカ・ラージンの乱である。ラージンははじめ、ヴォルガ河沿いに略奪に走り、ツァーリや大商人たちの船から強奪し、刃向かうものすべてを殺し、住民を恐怖に陥れた。かれの軍は、待遇に不満な銃兵《ストレルツィ》たちによって膨れあがった。一六七〇年、すべてが変わる。かれはそれまで盗賊であり、盗賊仲間の首領であったが、このときから真の反乱の先頭に立つ。かれはツァーリに立ち向かい、人民を解放すると称し、自分は亡き皇帝継承者アレクセイ*の代弁者だと宣言する。ラージンの保障するところでは、この皇子は立派に生存しており、権力をひき受ける用意があるとのことだった。ラージン率いる反徒の隊列は、ヴォルガ河口のアストラハンからモスクワまで遡るつもりだった。これら隊列は、オカ河とヴォルガ河のあいだで、そこに位置する州すべてを蜂起させることに成功し、職を失ったものや、ろくでなしたちを数万も引きつけた。ようやく一六七一年になって、大軍が反乱を制圧してラージンを逮捕することができた。かれはモスクワに連行されて、公衆の面前で四つ裂きの刑に処された。しかしながら、ラージンは死んだけれども、かれの神話は具体性を帯び、「解放者ツァーリ」と民衆反乱の見果てぬ夢《ユートピア》をさらに強固なものにする。この反乱によって、「解放者ツァーリ」が、浮浪者たちに幸福を惜しげなく振りまくことができると考えられたからである。そしてカザークは、この神話の偉大な英雄となる。

* ロマノフ朝第二代皇帝アレクセイ＝ミハイロヴィチの長子アレクセイ＝アレクセーヴィチ、一六七〇年に十代なかばで早世した。

さらにこの数十年後、ピョートル大帝の治下で、新たなカザークの反乱が勃発する。今度は、かつてのマゼッパの行動とはちがって、ロシアの敵と同盟したのではなく、逃亡民――そのうちの多数は古儀式派だった――をひき渡すのを拒んだのである。それは、大帝が要求したことだったが、この要求に対して、全ドン＝カザークは頭目《アタマン》ブラーヴィンを中心として蜂起した。古儀式派のものたちは、ツァーリの「不信心な」命令に反抗していたから、カザークに合流した。カザークたちにとって、ピョートル大帝の命令は受けいれがたいものだった。それは、逃亡民の保護というカザークの掟と、その自由だけでなく、信仰をも踏みにじるものだった。カザークの多くは、古い信仰の信者だったのだ。髭を切ることも同様に、かれらカザークの眼からみれば、ひとつの冒瀆だった。こうして反乱が広がった。たしかにピョートル大帝は、激しい弾圧のすえに反乱を鎮圧した。だが、ステップ地帯はけっして平穏に戻ることがなかった。

中央集権化に抵抗するカザークと少数民族

このように過去には反乱がいくつもあり、国境地帯でも動乱があれほど起こり、苦しむものたちは、「善きツァーリ」の見果てぬ夢《ユートピア》をたえず呼び覚ましては、これにすがる。エカテリーナは、こうしたことに用心すべきだったはずである。なぜならば、善きないしは真のツァーリはつねに、正統性の疑わしい君主に対置されるものだからだ。かの女は、このケースではなかったのか？　一七七二年には、たしかに、かの女にはもはや、そうしたことを考えなくてすむ理由があった。一〇年間のあいだに、国外でのはなばなしい成功と国内での改革努力とによって、みずからの正統性を確立したと信じていたからである。そのうえかの女は、ヨーロッパでもっとも自由な精神の持ち主たち――ヴォルテール、ディドロ、グリム――から、その進歩的業績を称讃されたのではなかったのか？　問題の反乱が勃発しようとしていたとき、かの女はまさに、首都でディドロとグリム相手に親しく語りあって――もちろんフランス語で――いた。かの女の考えるところでは、かの女のサロンは、フランスの有名なサロン、すなわちランベール夫人やジョフラン夫人[*]のそれとみまごうばかりに似ていた。だがそうしたサロンから、文明化されていないロシア、いくつもの蜂起が起こるロシア、「真のツァーリ」を求めるロシア、浮浪者の隊列が首都をうろつくロシアがいまだ存在するなどと、どうしたら想像できようか？　要するに、半世紀このかた、民衆運動は鎮まったようにみえたのではなかったのか？

＊　フランスのサロン主催者（一六四七―一七三三年）。そのサロンにモンテスキューなど啓蒙思想家をはじめ多くの知識人を集めた。（十八世紀フランスのサロンに関しては、赤木昭三・赤木登美子、『サロンの思想史――デカルトから啓蒙思想へ』、名古屋大学出版会、二〇〇三年、を参照のこと）

エカテリーナ二世は幻想のなかで生きていたのだ。かの女は気づいていなかったが、ロシアの軍の進歩には金がかかっていたのである。また、かの女は恩義を受けたものたちには気前がよかったが、それがつねに、隷従状態になる臣下の数を増大させていたのである[*]。かの女には、人民の不満が増大するのが感じられなかった。かの女はさらに、一七六二年の改革が人民のあいだに生みだした希望を測りかねていた。この改革で、貴族が国家勤務から解放されたのである。立法大委員会招集の際、多くの声が上がって農民たちの熱望を伝えた。かれらは、一七六二年改革には当然の帰結があるはずで、その恩恵をえたいと願っていた。すなわち、自分たちの解放と土地の「大分配」である。ところが、かれらは、自分たちの状況が深刻化するのに直面しなければならなかった。けれどもかれらは、運命に身を任せるばかりで、自分たちの絶望と、その怒りが増大していくことを、首尾一貫して組織だったやり方で表現することができなかった。このときもまた、カザークたちのあいだから狼煙《のろし》が上がって、農民たちを糾合することになる。それも、カザークの辺境地帯ヤイクからだった。

＊　手柄を立てたものたちに、報償として国有地を農民つきで与えたことを指す。

同胞ドン＝カザークから枝分かれして、このヤイク＝カザークは勅許状の復活を要求していた。それは、十七世紀初めに皇帝ミハイルによって与えられたもので、さまざまな特権が付属していた。(5)＊恒常的に反乱状態にあったバシキール人の王国に隣接して、ヤイク＝カザークの王国は、キルギス遊牧民世界との境界に接していた。ドン河に沿って、かれらは歩哨として帝国の最辺境を守っていた。二つの都市、カスピ海北岸のグリエフと、ヤイツキー・ゴロドーク――のちにウラリスクとなる――が、要塞として、またロシアと遊牧民との交易の中心として、その役割を果たしていた。この地域のカザークたちは、全員が兵士というにはほど遠く、とくに漁業で生計を立てていた。漁業生産物はかれらの食料となり、また交換貨幣の代用品になっていた。また部分的には、森林でしとめた狩りの獲物と、動物の皮革で生計を立てていた。かれらの皮革は、ヨーロッパでも売られていたのである。さらに、かれらの土地は隊商の通り道であり、ここを通って商品がアジアとヨーロッパのあいだを運ばれていた。

＊　ヤイク＝カザークのいい伝えるところでは、一六一三年にロマノフ王朝の傘下に入り、同一五年にツァーリ・ミハイル

の勅許状によってヤイク河流域の領有を認められたという（中村仁志、『プガチョフの反乱——良きツァーリはよみがえる』、平凡社、一九八七年、九〇ページ）。

他のカザーク共同体と同様、ヤイク＝カザークの自由な共和体は、民主主義にしたがって組織されていた。頭目《アタマン》を選挙し、集会で投票して決定する……などなどのことである。ヤイク＝カザークは租税を払わず、軍の規律を認めず、軍役に招集されることを拒否していた。またその大部分は古い信仰に帰依し、かれらとは縁のない高位聖職者を求めなかった。だが、ピョートル大帝以来、中央権力のほうは、みずからの諸制度と規範をカザーク共同体に押しつけようと、たえず努力していた。陸軍参議会《コレギア》は、一七二一年以降ヤイク＝カザークをその統制下に置いていた。エリザヴェータ女帝は、その父ピョートル大帝と同様に、カザークが帝国の統一にとって致命的な脅威を及ぼしていると確信していた。そこでかの女は、一七四四年と同四七年に二つのことを決定したが、それは、カザークにとって重大な影響をもたらすことになる。まず一七四四年に、カザークの地にオレンブルク県ないし「新しいロシア」県を創設し、それによってヤイク河上流以北の地域を切り離してしまう。これは、カザークたちから、もっとも獲物の多い森林地帯と、主要な漁場を奪うことだった。つまり、住民たちの経済生活にとって、正真正銘の災難だったのだ。この三年後、威圧的なネプリュエフが、新しい県の知事に任命される。(6) かれには、カザークたちの自由を無視して、かれら内部の諸事に介入する傾向があった。そして、そうした介入は、この地方に不満のムードをかき立て、それがバシキール人居住地において反乱に転化することになる。

バシキール人たちは、強い民族意識《アイデンティティ》をもっていて、しかもその数も多かった。オレンブルク県当局は、バシキール人たちが主権を握っている土地で、ロシアの東方拡大を至上命令として、ロシア正教への強制的な改宗政策を活発化していた。宗教指導者アブデュッラ・ミヤグサルディン師がいく度か聖戦を呼びかけたため、ロシア＝バシキール双方の不満に宗教という次元が加わることになる。そして県知事ネプリュエフが、これに危険な方法で立ち向かう。すなわちかれは、バシキール人に対抗してキルギス人たちに武器を与えたのである。遊牧民の大半はほとんどイスラム化されていなかったので、増加する反乱は、次第に民族抗争の色を帯びてくる。だが結局のところ、これら民族間憎悪、ないしは部族間憎悪のツケを支払ったのは、ロシア権力のほうだった。オレンブルク県以南では、狂信的姿勢のもととなったのはイスラム教ではなく、古い信仰への執着のほうだった。

中央権力の意思は、それまでカザークに認めていた自由を縮小することにあったが、それは、一七六〇年代末からはっきりと現れ、爆発の前触れとなる。国税庁は、漁業、魚類の販売、塩に対して未納の税を要求した。また、激しい対立がカザーク共同体《セーチ》内部でも明らかになる。すなわち、身分の低いカザークたちが、自分たちが選んだ首長に関して、オレンブルク県知事に不満を漏らしていた。これらカザークたちにいわせれば、首長たちはあまりにも権力を好み、その権力を濫用しているというのである。中央権力は頭目《アタマン》を任命するようになり、ツァーリの役人たちは、自分たちに、カザークを裁いたり、これに刑を宣告する権限があると思いこんでいた。けれども、カザークの主要な不満は、ペテルブルクが自分たちの共同体《セーチ》に人員の供出を求めていることだった。チェレク＝カザークに対する要塞防御のためと、トルコと戦う目的で編成中だった部隊を強化するためである。カザークたちはこれを拒否した——すでに述べたように、なによりも、軍の規律（髭を切ることと同様、これら古儀式派のものたちには考えられもしない冒瀆だったのだ）を強いられるのがいやだったのだ。

この当時カザークは、二つの集団に分裂しようとしていた。一方には、非恭順派がいた。すなわち、あらゆることに反抗する人々で、その対象には、ロシアに従属する自分たちの首長も含まれていた。また他方には恭順派がいた。これは、右の首長たちと、それに追随するものたちである。両陣営は対立して、争いを起こし、暴力は絶頂に達して、県知事ネプリュエフを呆然とさせた。かれは、モスクワへの報告のなかで、慎重な措置をとるようしきりに進言していた。かれの書き送ったところでは、全面的な爆発の引き金になるような要求や決定は、すべて避けなければならない。かれがすでに、その前兆をいくつか認めているからである。だがそのとたんに首都が介入してくる。すなわち、すぐさま第一次調査委員会を調査に派遣する。しかしながらこの委員会は、混乱した状況に困惑して、ペテルブルクに向けてひき返す。第二次調査委員会がこれに続くが、それをとり仕切っていたのは、ドゥルノヴォとトラウベンベルクの両将軍だった。けれども、この委員会も無力だったため、結局はかえってカザークたちを怒らせ、蜂起へと導くことになる。トラウベンベルクは命を落とし、一方ドゥルノヴォは負傷して、終生障害を負うことになる。報復は情け容赦なかった。だが、反乱の首領——そして「真のツァーリ」——となるべき人物プガチョフは、すでに登場していたのである。

僭称者それとも真の皇帝《ツァーリ》？

エメリアン・プガチョフとはなにものか？(7) ドン出身のカザークで、注目すべき偶然から、スチェンカ・ラージンと同じ村で生まれた。ヤイクに現れたとき、かれは三〇歳で、すでにややこしい過去をもっていた。プガチョフのもっとも優れた伝記作者プーシキン*は、しかしながら、プガチョフ自身が尋問のあいだに語ったほどには、この問題に触れていない。尋問されたときのプガチョフの説明によれば、かれは、一七歳のときにカザークとして父の跡を継いだ。かれの村では、みなそうしていたからである。かれはその村で、かなり若いうちに、あるカザークの娘と結婚した。けれどもかれは、自分は正教徒だった――この地方では、あまりあることではない。古儀式派が支配的だからである――と宣言している。七年戦争がたけなわになると、かれはプロイセン戦線に送られた。ここでかれは、エリザヴェータ女帝の死とピョートル三世――かれは、この皇帝を称讃している――の即位を、ついでその廃位とエカテリーナへの交替を知った。ピョートル三世の死に関しては、二つの説明――激しい痔の痛み、あるいは酔いが脳に回ったため――がなされたため、この若いカザークは当惑と悲しみに陥った。だがかれには、そんなことを思いめぐらす余裕などほとんどなかった。一七六八年、かれはパーニン将軍の指揮下で、トルコとの戦いに送りだされた。そのあいだに、かれは、馬を逃がしてしまったかどで鞭打ちにされ、ついで病気になって、交代要員を金で買った。このことから、かれが単なる浮浪者ではなかったと考えることもできる。ともかく、こうして、かれの正規の軍隊生活は終わる。そしてこのときから、かれにとっての冒険の時期、しばしば悪漢小説もどきの時期が始まる。

＊　プーシキン、『プガチョーフ叛乱史』（米川哲夫訳、『プーシキン全集　5　評論・歴史・紀行』、河出書房新社、一九七三年所収）

いくつかの奇妙なエピソードののち、当局がかれの退役を認めなかったため、プガチョフは非合法にチェレクの地にいたる。かれはそこで、パスポートをもたない、したがって合法的生活のできないカザークたちに出会う。かれは、これらカザークたちを説得して、自分を頭目《アタマン》に選ばせ、請願書を託させることに成功する。かれは、それを女帝に届けることができると吹聴していたのである。じっさいかれは、ただちにドン方面に向かったが、そこで逮捕されてしまう。というのも、かれに誓願を託したものたちと同様、かれは身分証明書をもっておらず、おまけに、危険な請願書を所持していたからである。けれども、かれは脱走に成功し、あるウクライナの村に到達する。そこはポーランド支配下にあり、古儀式派の人々が集まっていた。かれはただちに自分は古儀式派だと宣言し、この古儀式派《ラスコルニキ》の共同体で、ロシアに戻るためにパスポートを手に入れる。自分は古い信仰の信奉者だといいはることによって、このときかれは、寛容措置の恩恵を受けることになる。それは、一七六二年一月にピョートル三世によって採用され、古儀式派のものたちに恩赦を与え、かれらが祖国に戻ることを認めていたのである。脱走兵で、経歴を詐称しているにもかかわらず、かれは、正真正銘の身分証明でロシアに帰還する。すなわち、「エメリアン、プガチョフの息子、信仰は古儀式派《ラスコルニク》」というわけである。ただし、かれが手に入れた文書から判断しての話であるが。

かれの幼年期以上に、右の期間——一七六八—七二年——は、プガチョフの性格を如実に物語っている。かれはペテン師であって、いつでもあらゆるふさわしい手段——たとえば、偽の改宗のように——を手に入れて、自分の安泰を確実にしようと身構えている。いやそれだけでなく、自分の財産もかれが、イルギス河〔現在はボリショイ＝イルギス河〕にのぞむシムビルスク県に居座ることを求めたのも、この居住地が、ヤイツキー・ゴロドークへの途上にあり、かれ自身が、ヤイツキー・ゴロドークで起こっていたできごとに精通していたからだった。

一七七二年春に「偽ピョートル三世」のひとり※が出現したのは、ヴォルガ河をのぞむ地だった。このツァーリの死の奇妙な状況、民衆の困惑、彼の死を包む愛惜の念、こういったものをどうして忘れられよう？　その死以来、もっとも貧しいものたちの状況は、たえず深刻になっていっているではないか。ピョートル三世が死んだとしても、どうして民衆が、かれの復活を夢みずにいられようか？同タイプのエピソードすべてと同様、「女簒奪者」の存在自体が、「真のツァーリ」への魅惑をひき起こす。この人物が帝位に復帰すれば、臣下たちが救われるだろうと考えられたからである。この「偽ピョートル三世」は無から生まれたのではない。ほんの短い期間、忠臣たちがかれのもとに集まっていたが、その後一七七二年の一二月に、かれは逮捕されてシベリアに送られた。だがその途上でかれは死ぬ。おそらく、手ひどい扱いが続いたためである。権力は、この僭称者はただの逃亡農奴フョードル・ボゴモロフだったと四方に触れまわった。よみがえった「真のツァーリ」を騙《かた》ろうとするものたちが、いく人も潜在的にいたため、当局は、ボゴモロフ＝ピョートル三世の企てに関する宣伝によって、これらすべてが笑いものになるよう望んでいた。けれどもこの宣伝は、所期の目的とは逆行してしまう。それはかえって、以下のような考えを広め、それに信憑性を与えることになる。つまり、ピョートル三世は死んでおらず、時を待ってカザークに呼びかけ、自分を帝位に復帰させようとしているというのである。

※ 一七六四—七二年の時期には、九人を数えた。

ウクライナの古儀式派たちのところにいたとき、プガチョフは間違いなく、この「ピョートル三世」の噂と、この人物がドン＝カザークを蜂起させ、またほかのものたちに夢を与えたことを聞いていた。プガチョフは、ヤイクに向かって数ヵ月のあいだ放浪していた。だがこの間、ヤイクが、いまにも反乱を起こしそうな状態にあり、地方当局にとって大きな不安となっていた。そのため地方当局は、むしろカザークと妥協しようとし、弾圧に走ろうとはしなかった。プガチョフが一一月二二日にヤイツキー・ゴロドークに着くと、この都市は占領状態にあり、当局の同意のもとで、恭順派と、中央権力に買収された手先たちとによって支配されていた。カザークたちのうち、逃亡できなかったものは、あきらめて無気力状態に陥っていたが、やがてプガチョフが、かれらをそこからひき出すことになる。

かれは、金持ちの商人を名のって友人をえ、その家に泊めてもらう。かれがこの友人にもちかけていうには、カザークたちに呼びかけてクバンへ逃亡させ、そこで同胞の古儀式派のものたちと合流させてはどうかというのである。けれどもかれの呼びかけは、カザークたちの無気力に突きあたる。かれらがいうには、自分たちはあまりにも貧しくて、冒険を冒すことなどできないというのだ。だが、この失敗にすこしも落胆することなく、プガチョフはこのとき、商人の装いをかなぐり捨てて、自分はピョートル三世だと力強く宣言する。そして、必要な金をばらまいて、自分と行動をともにし、ともに戦おうとするものたちを援助する。かれがいうには、自分はヤイク＝カザークだけを蜂起させようとしているのではない。ほかのカザークも、つまりドン＝カザークもヴォルガ＝カザークも蜂起寸前だというのである。自分は、こうして集まった軍隊をモスクワへ連れていく。そこでは、民衆は、ペスト流行の折りにみせたように、もはや苦しみを甘受するつもりなどなくなっているというのである。スチェンカ・ラージンと同様、プガチョフも、すべての不遇なものに自由を与えると約束した。だが、ラージンとはちがって、自分がこの役目をひき受けたいと宣言したのは、自分がなりたいと望むものを求めてのことなのだという。つまり自分は、真のツァーリであって、人民を解放し、帝位を回復するためにきたのだというのである。

　かれは、「余はピョートル三世であり、余に替わって殺されたのは、一兵卒でしかない。余は、ポーランド、エジプト、コンスタンティノープルを旅してきた」といい放ったが、このことばは、このとき、スタニツア※からスタニツアを駆けめぐり、人々の精神を揺さぶった。

※　カザークたちの村落のこと。

　コンスタンティノープルの名を挙げたことによって、プガチョフがもっていると称する軍資金が、スルタンからきていることもおおいにありうると考えられた。こうして自称「ピョートル三世」が不穏な動きをみせたため、かれは当局の注意をひくことになる。当局は難なくかれを逮捕した。かれは、すでに告発されていたからである。かれは独房に閉じこめられ、調査が開始される。だがかれは、もう一度逃げだすことに成功し、ヤイツキー・ゴロドーク近くの旅籠屋で再度ツァーリを演じ始める。この旅籠は、次第しだいにカザークたちの集合の場所となる。かれらは「皇帝」に挨拶し、その成功の可能性を値踏みにきたのだった。

ここで第一の疑問が湧く。いったいどの程度、プガチョフは、自分がピョートル三世だと信じこませることができたのか？　身体的にみれば、かれは死んだ皇帝にどこも似ていなかった。ピョートル三世は、太っていて、動作がのろく、いくぶん虚弱な様子で、金髪で青い眼をしていた。ところがプガチョフは——尋問調書の語るところでは——、むしろ痩せ気味で、中背だった。かれは濃い栗色の髪をしていたが、それはほとんど茶色に近く、カザーク風に「お椀型に」刈りこまれていた。口髭と顎や頬の髭は黒く、なん本か白いものが混じっており、眼は栗色だった。かれの決然たる物腰もまた、本物のピョートル三世の軟弱さとはっきり対照をなしていた。そのうえ、かれはまったく文字を知らず、もの言いと立ち居振る舞いは粗野で、王家の出自にはほとんどそぐわなかった。おそらくピョートル三世も、自分で粗野なふりをしたし、エカテリーナへの接し方も、礼儀作法の限界を越えていたけれども、プガチョフの生まれつきの粗野は、いつでもむき出しだった。最後にいうが、プガチョフはヒゲ面で、カザーク風に装い、自分の宗派は古儀式派《ラスコルニク》だと吹聴していた。一方、亡き皇帝のほうは、あれほど執心して、みずからに——そして、みずからのまわりのあらゆる人間とあらゆるものに——ドイツ風の様子をさせようとしていた。いったいだれが、こうしたプガチョフの裏に、亡き皇帝の姿がみえるなどと思ったのだろうか？　反対に、この二人の人物で似ているところといえば、それは敵に対する残酷さと、すべてのものたちに対するあけすけな無神経さだった。

人民を奪回しようとする「ツァーリ」

味方を大量に動員するには、形式が必要である。皇帝出現の大ニュースを知らせる宣言は、カザークという部族を越えて、ステップの非ロシア民族のあいだから同盟者を集めるのに役だった。すでに述べたように、プガチョフは文字を知らなかった。かれはほんとうに、宣言のなんたるかを知っていたのだろうか？　この点では、かれの忠臣たちの助けは、貴重なものだった。かれがはじめ望んだのは、その地域の古儀式派共同体のなかに文字を知ったものをみつけ、自分の無知を糊塗してもらうことだった。だが、それはできなかった。ところが、かれにとって幸運なことに、ひとりのカザーク――忠臣のなかでも、もっとも忠実なものだったが――が、その息子を差しだした。書記の資格で使って、宣言を起草させてくれというのである。これが、イヴァン・ポチタリンである。近隣のタタール人とバシキール人に呼びかけるため、もうひとりの書記もみつかる。こちらは、アラビア語とタタール語で宣言を起草し、ついでそれを読みあげることができた。インディール・バイメコフの息子で、その名をバルタイといって、すでにプガチョフの大義を信奉していた。本当のことをいえば、カザーク人書記イヴァン・ポチタリンは、その任務を果たすレヴェルにほとんど達していなかった。その正書法はもっとも初歩の段階だったし、語彙も少なかった。また、正確なところ宣言のなんたるかを知っているかどうかも、あまり確かではなかった。だがかれは、たいへんな努力を傾けて、自分に要請されたものを紙に書きつけようとした。そのため、ことはうまくいってしまったのだった。

一七七三年九月一七日は、プガチョフにとって栄光の日だった。その書記によって起草されて、宣言が、カザークたちに対して厳《おごそ》かに読みあげられた。それは、プガチョフがそれまでに集めることのできたもの全員――一〇〇名に満たなかった――だったが、なん人かのカルムイク人とタタール人が、さらに加わっていた。かれの忠臣たちが連れてきたのである。このできごとは、ヤイツキー・ゴロドークのあるカザークの家で行なわれたが、都市《まち》からも遠くないところだった。文章は、いきいきとして率直な文体で書かれてはいたが、いたるところに綴りの間違いがあった。だが、熱狂した聴衆たちのなかで、だれが、そんな細かなことに注意を払ったろう？　文書はじっさい、「全ロシアの専制君主たる皇帝」ピョートル＝フョードロヴィチから発せられていた。そして、ヤイク＝カザーク軍――たしかに、まだ萌芽段階だった――に呼びかけていたが、それは、文書にもあるとおり、カザーク、カルムイク、タタールの混成で、皇帝と祖国に奉仕するためのものだった。宣言は、ラッパの一吹きのように響きわたった。

「この勅令は、余の手で署名され、ヤイクのカザークたちに宣言する。わが友たちよ、われらが父とわれらが祖父は、歴代のツァーリに、かれらの血の最後の一滴まで仕えた。それと同様、汝らも、汝らの祖国の名において、余に仕えよ。余、汝らが君主、皇帝ピョートル＝フョードロヴィチに。汝らが、汝らの祖国を防衛したるとき、汝らカザークの栄光は、汝らの死するまで輝き、汝らの子孫にまで及ぶであろう。汝らは報われるであろう。カザーク、カルムイク、タタールのものたちよ。余、汝らが偉大なる君主によって。さらに、余に対して、余すなわち皇帝陛下ピョートル＝フョードロヴィチに対して敬いの念を欠くものたちも、余は許すであろう。汝らに、余は恩賞として、この河を、その源から海に注ぐにいたるまで与えるであろう。また、地も、草も、また禄として銭を、弾丸を、火薬を、そして生きる糧として穀物を与えるであろう。(8)」

これと同時に、「タタール文字の書記」は、ヌール・アリ＝ハンに宛てて親書を起草しなければならなかった。このハンのもとで、キルギス人たちが、ヤイク東方で遊牧生活を営んでおり、ハンに人員の援助を求めたのである。(9)この要望の結果は、芳しいものではなかった。ハンはじっさい、オレンブルクから処罰されるのを恐れていた。オレンブルクが、騒擾が拡大してヤイクを支配するのを警戒していたからである。ハンは、どちらかといえば中立的な親書と、いくつかの贈りもの届けるにとどめた。剣一本と絹の着物一着——だが、戦闘員はいっさいなしである！——である。

この落胆を誘うできごとにもかかわらず、プガチョフとその傘下のものたちは、ヤイツキー・ゴロドークへと行軍した。そして、かれらの決意には成果があった。いく日もしないいちに、「ツァーリ」の軍隊は膨れあがったのである。カザークたちがいたるところからやってきて、すこしずつ最初の小さな部隊に加わった。全員に、「君主」は、宣言にもられた約束をあらためてくり返す。同様にかれは、その約束をキルギス人たちに向けても発する。かれらは、ヤイクの周辺で遊牧生活を営んでおり、プガチョフはかれらに、二〇〇人が自分の指揮下に入るよう要請したからである。すでにかれは勅令を連発して、みずからの皇帝権威の表現としていたが、また冷酷な宣言もいくつか発していた。たとえば、みずからの軍に加わることを拒否し、戦闘中にとらえられると、そうしたものたちにはただひとつの運命しかなかった。即刻の絞首刑である。

絶え間なく拡大しながら、プガチョフの部隊はあい変わらず前進し、小さな要塞と、とくにそこに収納されていた武器を奪取した。敵から奪った大砲——二〇門にのぼった——も、プガチョフの用いる軍事的手段を強化した。カザークたちが馳せつけ、これに村々の住民たちが続き、かれらはすぐさま「ツァーリ」に忠誠を誓った。こうして、すこしずつ、新たな合法性がつくり出される。

プガチョフは、強く、またただちに、ヤイツキー・ゴロドークを奪取することを望んだ。これを征服すれば、自分がこの地域を掌握していることの、象徴となったであろうからである。だがかれは、それに失敗する。そこでかれは、オレンブルクへの道をとることに決する。途中かれは、ニジニ＝オジョルナヤ要塞を奪取する。この要塞は、堅固に護られていると思われていたが、警備に当たっていたカザークたちが降伏し、プガチョフに忠誠を誓ったのである。かれらが指揮官を弁護したにもかかわらず、プガチョフは、情け容赦なく指揮官を吊させた。つぎにかれは、タティシチェフ要塞にたどりつく。ここの守備隊は一〇〇〇名からなり、ビューロフ将軍指揮下の救援部隊に支えられていた。このときは、攻撃は即席ではなされず、プガチョフが命じた準備工作が勝利を呼びこむ。このエピソードの恐ろしく、眼もくらむばかりの物語を、プーシキンが伝えている。[10] プガチョフが要塞の近くの干し草の山に火を放たせると、火事が要塞にうつる。守備隊が消火に当たっているあいだに、かれはまんまと、自分の部隊とともに要塞に突入する。いつものごとく、かれは情け容赦のないところをみせる。「ビューロフは斬首され、要塞指揮官エラーギン大佐は生きながら皮をはがれ、卑劣なプガチョフの部下たちは、大佐の脂肪を自分たちの傷口に塗るのに用いた。大佐の妻は剣で突き殺され、その娘、すなわちハルロフ少佐の未亡人（夫は前日、ニジニ＝オジョルナヤで絞首刑にされていた）は、征服者のまえに連れていかれたが、この征服者は、かの女の両親の処刑を命じたところだった。プガチョフは、かの女の美しさに魅了され、かの女を人質にとった（実際には、かの女はプガチョフの愛人になる）。将校はすべて絞首刑にされた。また、なん人かの兵士と、バシキール兵も銃殺された」[11]*というわけである。この物語――プーシキンの作品は、ほかにも多くのエピソードを含んでいるが――は、僭称ツァーリがどの程度残酷だったのかを示している。

＊　邦訳の該当箇所は、前掲『プガチョーフ叛乱史』（『プーシキン全集　5』、二二八ページ）。

タティシチェフ要塞は、ほとんどオレンブルクの入口に位置していた。その点からいうと、プガチョフはここで、とるべき方向を決めなければならなかった。カザン、中央ロシア、そして行程の最後にモスクワ、それがかれの夢だった。かれは、モスクワに行けば浮浪者たちを動員できることを知っていた。なんとなれば、かれの伝説が、解放者ツァーリという伝説が、またときとして、力あるものたちを絞首刑にして弱きものたちを守る人物という伝説が、いたるところに広がっていたからである。

とはいえ、西に、つまり大都市のほうへ進むことは、危険でもあった。そこでは権力が、ウラルの外延部とはまったく異なったかたちで防御されているからだ。そのうえ、反乱軍――数千の人員と三〇門ほどの旧式な大砲――は、多数の、装備の整った部隊と十分に対決できるはずがなかった。反対に東に行けば、オレンブルクはほとんど手の届くところにある。象徴的な意味でいえば、このウラルの首都はヤイクの拠点であり、それを制することは決定的な意味をもつ。この地方には多くの工場があり、したがって、つねに不満をもっている労働者＝農民がいるからだ。オレンブルクを攻略すれば、結果として、反乱を都合のいい地点に移すことに繋がる。そこならば、カザーク、農民、少数民族、あらゆる種類の逃亡民が、法を守ることなどとはきっぱり縁を切って、「ツァーリ」の軍に馳せ参じ、奪った軍装備で反乱軍を強化することができるだろう。

そこで一〇月五日、プガチョフは、オレンブルク周辺に包囲陣を敷く。この都市の防御――三〇〇〇名が守備隊を形成していた――は、部隊の志気によって弱体化していた。志気が、ひどい状態にあったのである。だれも、反乱軍を攻撃したがらなかった。いくつかの小競り合いののち、冬がやってきたため、プガチョフは、司令部とともにベルダ（オレンブルクの近郊）に駐留した。この都市は、一種の総司令部と、ないしは疑似の政治的首都となった。二ヵ月のあいだに、偽ツァーリの向こうみずな行動は、帝国を揺るがしかねない規模になっていた。初期の忠臣たちからなる小部隊は膨れあがって、数千のカザークだけでなく、バシキール人やチュヴァシ人たちがいた。かれらは、すでにプガチョフ傘下にあったカルムイク人やタタール人たちに加わったのである。このときから、運動は性質を異にする。これ以上ないほど多様な兵力――カザーク、少数民族、工場を脱走した労働者＝農奴などなど――が集まったため、戦闘は次第に、国家的、社会的次元を帯びることになる。プガチョフの行くところはどこでも、住民が、はじめは力に対する恐怖から馳せ参じはするものの、やがては「真のツァーリ」の神話を信じはじめる。かれが村に入ると、司祭たちは教会の鐘を鳴らし、パンと塩をもってかれを迎えた。ステップで出会ったポーランド人捕虜たちも、かれに加わって砲兵隊を組織していた。

プガチョフは、征服するだけでは満足しなかった。首都に到達する――遠い目標である――のを待たず、かれは、ここで真のツァーリの外観を身につけようと考えた。ベルダでは、すべてが君主の仰々しさを真似てつくられた。首相職や軍事参議会《コレギア》だけでなく、宮廷までもが創設された。まず手始めに、プガチョフは、すでに結婚してはいたが、妻子を生まれた村に残していたため、一七七四年二月にあるヤイク＝カザークの娘と結婚し、新妻を皇后として部隊に披露する。(12) かれはまた、忠臣たちに貴族の正式な名を、つまりエカテリーナに献身するものたちの名、オルロフ、パーニンなどなどを名のらせた。いまや、真の宮廷とその模造とのあいだで、この奇妙な冒険がどんなふうに終わるのかを問うてみることができる。

この間も、プガチョフは味方を集め、宣言を連発しつづけた。そして、その宣言では、自分の意思に従わないと、もっともひどい拷問にあうと恫喝した。かれの確信の力と恫喝とによって、求められたものたちは合流を余儀なくされた。かれの行くところではいたるところで、かれを撃つべく派遣された部隊が、かれの戦列に寝返って、これを肥大させ、自分たちの指揮官をひき渡した。プガチョフのほうも、変わることのない儀式でこれに応える。かれは、将校と領主たちが不運にもかれの行く手をさえぎると、これを絞首刑にしたのである。こうして血が大量に流れたが、偽ピョートル三世の評判は、広がりを増すばかりであった。

エカテリーナついに逆襲す

ステップもウラルも、首都からはずいぶん離れており、女帝の関心も、国外の戦場にずっと引きつけられていた。そこでは、ロシアの力が勢いを増すばかりだったからである。けれども、オレンブルク包囲の報せが、とうとうエカテリーナに届く。カザン、シベリア、アストラハンの県知事たちにつづいて、オレンブルク県知事レインスドルフが警鐘を鳴らし、援軍を要請してきた。エカテリーナははじめ、危険の意味に気づかなかったが、反乱と、バシキール人とタタール人の離反——かの女は、辺境地帯がどれほど脆いものか知らないわけではなかった——と、偽ツァーリの存在とが同時に生ずると、とり乱してしまう。脅威は公共の秩序に危険を及ぼしており、しかもそこには、かの女の権力にのしかかるものも混じっていた。そこでかの女は、これ以上待つことなく逆襲することに決する。[13]

一〇月一五日、エカテリーナは声明を発して、プガチョフの僭称を告発し、かれとあい対しているものすべてに抵抗を呼びかける。この声明は、ステップのロシア当局によって、まだロシアに忠実だったカザークたちのまえで読みあげられる。けれども、それはすでに遅すぎて、反乱の動きをくい止めることはできない。エカテリーナの文書に対して、これを聴いたものたちは、ピョートル三世の声明と勅令を対置する。かれらがいうには、エカテリーナはピョートル三世の帝位を簒奪したのである。大きな困難が、女帝の反撃を麻痺させていた。オスマン＝トルコとの戦争に、ロシアの軍事力がいまだ動員されており、反乱を鎮圧するには、使うことのできる部隊が不足していた。それに反乱地帯では、信頼できると思われる部隊が、あまりにも少ないばかりか、さらにはあまり信用がおけなかった。最後に、プガチョフの意図が読みきれなかった。かれは、きわめて明らかなことに、この冒険をどう続けていこうか迷っていたのである。かれは結局、オレンブルクを奪取するにいたらなかったが、それにもかかわらず、その地を棄てて別の目的を追求する気にはなっていなかった。冬が深まる――この年はとくに厳しかった――と、守備側も攻撃側も飢えに苦しめられてくる。最初の救援部隊が一七七三年にステップに派遣されていたが、ひどい失望をもたらすことになる。部隊は、カール将軍指揮のもと、モスクワから派遣されたが、少数だったために敗戦をこうむる。指揮官は、どれほどの規模の手段が対プガチョフの戦いに必要かを確認すると、エカテリーナから受けた命令に反して、兵員をそのまま残してモスクワに戻ってきたのだ！　エカテリーナは、かれを軍から除名し、領地に蟄居するよう命じる。(14)

このときまで、対決はつねに政府軍の敗戦に終わっていた。将校たちは絞首刑にされ、捕虜となったものたちは、強力な圧力を受けて反乱に加わることを強要された。エカテリーナは、方法を変えなければならないと悟る。

女帝、指揮権を握る

かの女は、すべての軍事作戦を統一した指揮に委ねる——将軍たちが論争に明け暮れ、たがいに手を縛りあっていたからである——ことに決し、その長にビビコフ将軍を任命する。プーシキンが、この人物について書いているところによると、「それは、エカテリーナ時代のもっとも注目すべき人物のひとりだった」(15)*ということである。かれはポーランドから戻ってきて、すぐさま、もうひとつの戦線に赴かなければならなかった。しかも、その使命は二つあった。軍事作戦を指導するだけでなく、反乱の原因を調査しなければならなかったのだ。この目的のために、かれは委員会をたち上げる。いわゆる、「カザン秘密委員会」である。

＊　邦訳の該当箇所は、『プガチョーフ叛乱史』(『プーシキン全集 5』、二二八ページ)。

じっさい、ビビコフが司令部を置いたのは、カザンだった。その第一の目的は、ウファの守備隊を鼓舞することにあった。ウファは、バシキール人の土地にあったが、数週間まえから包囲されていたのである。最初にビビコフは、プガチョフの首に賞金を懸けた。プガチョフをひき渡したものには、一万ルーブリが約束されたのである。さらに時が経つと、報償がひき上げられて、租税が永久に免除され、密告者とその一族の男子全員が、終生兵役を免れることになった。反乱の初期には、偽ツァーリの首に五〇〇ルーブリの価値しかなかったことを知れば、それによって、この運動が当局の眼にいかに重大に映っていたかを確認することができる。このときから、プガチョフの近くにいるものたちにとって、かれに対する裏切りの誘惑が増大する。そしてその誘惑は、政府軍の姿勢を強化するのに役だったのである。

このときから、政府軍は勝利の時期に入る。その戦力は、熟練した、しかもいまだ無傷の部隊を援軍にえていた。他方、プガチョフに味方するものたちはすでに、長く厳しい戦闘を経てきていた。ウファは、たちどころに包囲軍から解放され、ついでベルダのほうも、ゴリツィン将軍によって奪取された。最後のオレンブルクでも、プガチョフの部隊は壊走する。ヤイツキー・ゴロドークとグリエフもまた、政府軍の手に落ちる。ほんの数ヵ月のうちに、つまり一七七四年一月から四月までのあいだに、権力側が勝負を制したようにみえた。

この成功は見かけは容易だったが、それにはいくつもの説明がつく。まず、ビビコフの軍事的手腕が大きな役割を演じていた。かれの部隊は、数こそプガチョフの部隊に劣っていたものの、訓練が行き届き、しかも熟練していた。これと反対に反乱軍では、カザークと農民たちが、同一の大義で結ばれているとはいえ、たがいにどこも似たところがなく、受けた指示に対して無秩序かつ無規律に反応した。そのうえ、プガチョフ軍の構成員はあまりにも多様だったため、しばしばたがいに対立した。カザークたちは労働者や農民を軽蔑しており、しかも後者はそのことを知っていた。カザークたちはしょっちゅう、これらその場かぎりの同盟者たちを、もっとも危険な状況に置き去りにした。そして労働者や農民たちのほうは、戦いの準備がまともにできていないために、抵抗することができなかった。最後に、一七七四年の初め、政府軍の攻撃が勝利に終わると、偽ツァーリの周囲に混乱が生じる。カザークたちが、プガチョフの戦闘指導能力に対して、さらには、この戦闘にかれら自身が連座していることに対して、疑問をもつにいたったのである。降伏すべきだという考えが広がり、それには、プガチョフを政府軍にひき渡し、それと引き換えに恩赦をえようという考えが伴っていた。だが、プガチョフは情報をえて、この陰謀を最後の瞬間に失敗に終わらせた[16]。

とはいえ、すべてはまだ勝利にはほど遠かった。プガチョフの立場が危うくなったとたん、ビビコフが急死する。ところでだれが、かれ以上によく状況を認識していただろう? ビビコフが死んだのは、プガチョフの冒険的行動が全般的な蜂起に変わろうとする、まさにそのときだった。これ以降、さまざまな事件において、偽ツァーリ以上に、ロシア民衆の一部の深い不満が大きな役割を果たすようになる。プガチョフは、こうした民衆に訴えかけたのである。

プガチョフの尋問調書は、これら敗戦のあとの落胆をよく示している。もう一度かれは、とるべき方向を決めなければならなかった。クバンやペルシアには到達できそうになかった。だが、かれの周囲には、バシキール人たちがかず多く残っていた。なによりも、政府軍の報復を恐れてのことである。じっさい、バシキール人の指導者たちはもはや当てにならなかった。部下たちへの見せしめのために、鼻と舌と耳を切り落とされていたからである。そこで、このバシキール人の土地《バシキリア》に、プガチョフは救いの道をみつけられると期待した。少数となった軍とともに、強行軍で、プガチョフはウラルを荒らし回った。工場を占拠し、要塞を焼きはらい、いつものように略奪と殺戮をくり返した。ビビコフに替わって、シチェルバトフ将軍が、いく度か軍を差し向けて反乱軍を追跡した。ミヘリソン中佐が、このウラルでの追跡作戦を指揮しており、かれはなん度か、プガチョフを捕らえるところまでいった。だが、プガチョフはそのたびに、最後の瞬間姿をくらました。とくにかれは、突然進路変更して政府軍をまごつかせた。かれは、自分を追跡する軍をまいて、カザンへ向かう。この都市はほとんど防衛されておらず、七月一二日に反乱軍の手に落ちる。プガチョフの軍は、このときからもはや人非人の集団にすぎず、略奪し、火を放ち、酒に酔って、ヒゲを剃ってドイツ風の服を着たものたちすべてを殺戮した。(17)けれども、こうした成功と、それにともなう破廉恥行為も、長くは続かない。ミヘリソン率いる政府軍部隊が、プガチョフをカザンから追いだし、バシキリアからも切り離す。そこは、プガチョフにとって、貴重な後方基地だったというのにである。

モスクワでは、だれも勝利に酔ってなどいない。当局は、自分たちの都市が偽ピョートル三世の新たな目標になったのではないかと恐れている。たび重なる敗北も、この人物がひき起こした声望と不安を消し去りはしない。プガチョフはなん度もくり返して、自分は最終的にはモスクワに行軍するといっていた。また、このロシアの古都においてこそ、「皇帝の人格」がそのすべての次元をとり戻すともいっていた。文章をいくらか書くよう、また読みあげるよう求められると、かれはそのすべを知らなかったから、「モスクワに戻らぬかぎり、余にはできない」と、いつも答えていた。けれども、ニジニ＝ノヴゴロドに向かわずに、また、その彼方のモスクワに向かわずに、かれはもう一度、その歩をウラルに向ける。そしてそこで、住民全体が反乱状態にあるのに出会う。

かれの最後の無分別な行動は、どこからみても、政府軍をまえにしての逃亡の様相をみせている。しかしかれはまだ、政府軍を震えあがらせることになる。この期にいたっても、かれのゆくところには、もはや反乱民しかいない。農民たちは、かれのまえに立って行軍する。かれらが信ずるところでは、戻ってきた「ツァーリ」がかれらを解放しようとしているからである。工場の労働者たちもしかりである。また僧侶たちも、いたるところでかれを出迎えた。プガチョフにとって、救いは、かれが奪取した小都市からではなく、ドン＝カザークとの絆からくるはずだった。かれは、この絆を確かなものにしたつもりだったのだ。サラトフを落としたのち、かれは強行軍でドンへ進軍する。同胞たちのなかに支持をみいだせば、それが自分を救うと確信してのことである。そこでは、きわめて多数の農民たちが、しばしばほんのすこしまえに農奴にされていた。だから、かれの確信によれば、カザークだけでなく、こうした農民たちも、自分の訴えに応えるほかなく、それが一度はロシアの大地を燃えあがらせるはずだった。ドンへ向かう行軍は、帝国の統一を脅かした男にとって最後の企てだった。もっともかれは、もはや一介の逃亡者にすぎなかったが。かれはあらゆる感受性に働きかけ、カザークの名誉に、貧しい農民たちに、古儀式派のものたちに訴えかけた。この歴史的事件の最後の段階になると、あらゆるものが、プガチョフの宣言には混じっていた。この時期の宣言のひとつは、かれの意思のあかしとなっている。かれは、農民の不満を当てにして、自分の運動を農奴の蜂起に転換し、さらにこの蜂起を巨大な農民反乱にしようとしていたのである。「われらは、これまで貴族所領地の農民や農奴だったものたちすべてに、われらが君主の忠実なる臣下となることを許し……、土地、森林、草地、漁場を小作料も税もなしに所有することを許す。また、これらのものたちを、あらゆる献納と義務から解放する。それらは、罪深き貴族どもによって、農民やすべての人民に課されたものだからであり……われらは、汝らに命令する。領主どもを捕らえ、処刑し、吊せ。きゃつらはその所領におるであろう」というわけだ。この呼びかけに、ロシアの農民はおそらく耳を傾け、それに従う気になったろう。だが、この呼びかけは遅すぎて、農民たちを蜂起させるにはいたらない。今度ばかりは、プガチョフの置かれた状況は絶望的だった。

冒険の終わり

エカテリーナは、決着を着けるべく強く決心していた。このとき、状況がかの女に有利になっていたからである。クチュク＝カイナルジ条約が調印されたところで、多くの部隊がトルコ戦線から解放されたため、それらをヴォルガ方面に移動させることができた。そうして、一七七四年の夏にすべてが決まる。女帝は一時、みずから部隊の先頭に立とうと考えた。だがかの女は説得されて、それを諦める。首都には、かの女の権威が必要だったのだ。七月二九日、かの女は、パーニン将軍を部隊の長に任命する。この部隊は、反乱を決定的に粉砕しなければならない。パーニン将軍はすでに、他の戦いで頭角を現していた。かれの経験とエネルギーは、軍隊中で有名だった。かれは、要求した法外な権限と、必要な兵力を戦線に運ぶ手段をを与えられた。しかもこのとき、スヴォーロフ将軍まで救援に駆けつける。女帝はまえから、この将軍を対プガチョフ戦に派遣したいと思っていた。だが、ルミアンツェフ伯爵がそうしないように説得していた。これほど名高い軍人が国内戦線に赴くとなれば、それは全ヨーロッパに警戒の念をいだかせることになるし、帝国が真に大きな危機に瀕していることを、これまた全ヨーロッパに確信させることになるというのである。結局のところ、スヴォーロフ将軍がヴォルガ戦線に派遣されるのは、やっと戦闘の最終局面になってのことだった。(18)

パーニンとスヴォーロフの到着、ロシア＝トルコ戦争の勝利、これらすべての報せは、ヴォルガに向かった軍の士気を鼓舞し、反乱に加わろうとしていたものたちを意気消沈させた。さらにそのうえ、これらの報せは、プガチョフの部隊の士気を阻喪させた。ドンでは、帝国に忠実なカザークたちが、プガチョフに対抗して軍に参加する一方、プガチョフの手勢たちは、自分たちが助かる道を求めはじめる。別の言い方をすれば、反乱の列から逃亡しようとしはじめる。八月二五日、ミヘリソン中佐の部隊がチェルヌイ・ヤールで逃亡兵に遭遇し、これに壊滅的な敗北をお見舞いする。最後に残った忠臣たち――まだ数千もいた――を従え、プガチョフはヴォルガ河を渡る。グリエフを奪取して、カスピ海の岸に腰を落ち着け、そしてそこでタタール人たちのなかから同盟者を募ろうというのである。だがすでに、そんな計画を練っているときではなかった。ロシア軍部隊がプガチョフを追いまわし、スヴォーロフが、大した苦労もなくプガチョフを捕らえる。最後に残った手勢のものたちが、かれをひき渡すことにしたのである。事実、プガチョフから武器をとり上げたのは、これらの手勢だった。一方、望みを失った反乱軍の行軍は、なおも続く。一七七四年九月一五日、プガチョフに対して陰謀を企んだものたちは、ヤイクに到着する。ここで、冒険のすべてが始まったのだった。かれらは「皇帝」をその馬にくくりつけ、両手を縛って当局にひき渡す。かれは抵抗し、裏切り者たちを脅かして、神の怒りと継承者パーヴェルの報復があるといったが、無駄だった。すべてが終わった。[19] 反乱は突然消滅したのである。

帝国は大きな危機を経験した。エカテリーナも知ってのとおり、深い原因を分析して、正真正銘の動揺を生みだしたものを明らかにしなければならない。だがいまはまだ、そのときではなかった。いまは懲罰のときだった。懲罰は、見せしめで、かつ抑止力あるものでなければならない。帝国は、その力をみせつけなければならないのだ。

エカテリーナの指示のもとで、プガチョフはモスクワに移送された。鎖に繋がれ、檻に閉じこめられて。かれといっしょに、妻――本当の、かれが若いころ結婚した妻――と子ども、それになん人かの近従のものたちもいた。一七七四年一一月四日、モスクワに到着すると、かれは市内をひき回され、多数の群衆のまえで見せものにされた。群衆は、帝国を震撼させた人物をみたくてうずうずしていた。この人物は、貴族には憎まれたが、名もない民衆からは崇められていた。群衆はいまだ、それは「真のツアーリ」ではないのかといぶかっていた。かれはすぐに、入念な尋問に回された。エカテリーナの配慮によって、拷問の使用も禁止され、さらには、いかなる試みによっても、飢えと乾きによってプガチョフとその共犯者を衰弱させようとしてはならないとされた。「なによりも真実を」と、かの女は望んでいたのだ。ただし、いかなる代償を払ってもというわけではない！　審問を締めくくる判決に関しても、かの女は主張した。「慈悲を。三ないし四以上の死刑宣告は要らぬ」というのである。

審問はクレムリンで、一二月の最後のいく日かに行なわれた。それは、このための法廷で、検事総長ヴィアゼムスキー公の指揮のもと、元老院議員、宗務庁のメンバー、すべての大臣（参議会《コレギア》議長）、それに最高位の国家官僚が集められていた。審問は有罪判決をもって終わるが、これらの判決は、エカテリーナの表明した意思を考慮して、相対的に寛大なものだった。プガチョフは四つ裂きの刑にされ、かれの四肢は、その後都市の四隅でさらしものにされることになった。[20] かれとともに四つ裂きとなったのは、忠実な仲間で古儀式派のペルフィリエフで、この男は、刑の執行の際正教会による救いを拒否した。かれにとってはそれが、「悪魔のもの」と思われたからである。三人のカザークが、絞首刑を宣せられた。もうひとりのカザーク、ザルービン――プガチョフは、贅を尽くしたプガチョフ体制《プガチョフシチナ》※の時期、この男をチェルヌイシェフ伯爵と名づけていた――は、ウファへ移送されて、そこで斬首されることとなった。そのほか、一八人の被告が鞭打ち、鼻そぎ、強制労働に処された。プガチョフをひき渡したカザークたちは、無罪放免となった。

※　ロシアで、プガチョフの伝説的事件に付けられた呼称。

処刑は、一七七五年一月一一日に巨大な広場でなされたが、それは、受刑者をみせるためにつくられていた。エカテリーナも出座して、判決の残虐さを和らげようとした。判決は見せしめのためのものだったが、かの女は、その行き過ぎを恐れていた。執行人の受けた命令は、まずプガチョフを斬首――つまり、命を絶つわけである――し、ついで四つ裂きの刑を行なえというものだった。そして、それは実行された。このとき、多くの見物人たちは、執行人がプガチョフの仲間たちに懐柔されたのだと信じた。仲間の多くが、権力の処罰を免れていたからである。プーシキンの『プガチョフの歴史』[*]は、この処刑のきわめて写実的な物語を含んでいる。プーシキンが主張するところでは、この処刑の特殊な点——受刑者に極限の苦痛を免除しようとする意思——は、女帝の指示のたまものだという。(21)またかれは、この処刑がどれほど「もうひとりのカザークの処刑」を思いださせたかを強調している。このカザークは、「一〇〇年まえに同じ冒険を、実際に同じ場所で、同じような性質の恐るべき成功とともに生きた」[**]のだ。すなわち、スチェンカ・ラージンのことである。最後に、かれが明らかにしているところでは、牢獄で、プガチョフがあまりにも気弱だったので、さんざん慰めと励ましを与えて、恐怖のせいで死なないようにしなければならなかったという。(22)処刑ののち、女帝は命令を発して、処刑台と拷問道具を焼却させ、この恐ろしい日々の記憶を消し去らせた。

＊　邦訳のタイトルは、前掲のとおり『プガチョーフ叛乱史』。なお、処刑に関する記述は、『プーシキン全集5』、三一七—三二〇ページ。
＊＊　邦訳の該当箇所は、プーシキン、「『プガチョーフ叛乱史』原注」、米川正夫訳、『プーシキン全集5』、三七四ページ。

とはいえ、モスクワでの判決は、弾圧の全体を示しているわけではない。反乱がもっとも強力だったところでは、パーニン将軍が情け容赦のないところをみせていた。かれは自身で、かれの処罰を受けなければならなかったものたちの数をあげている。それは、一二四の死刑執行、三九九の鞭打ちと耳そぎ、七〇〇〇にも及ぶさまざまな体刑判決であった。これは残忍な弾圧であったが、それでも、プガチョフとその仲間たちの残虐さに見合ったものだった。かれらは、その宿命的な無謀行為のあいだに、二〇〇〇人近くの貴族と、二〇〇人以上の聖職者と、一五〇〇人以上の将校を殺害した。また、犠牲となった農民や一般住民の数を数えることなど、だれにもできない。プガチョフの部隊は、小都市や村落を通過するたびに農民や住民を殺戮していた。これら部隊はそこで、人を殺し、火を放ち、女たちを連れ去っては暴行した。それも、おおいに酒の入った集団の乱痴気騒ぎのなかで。財産と家屋は破壊され、村落は荒らされ、工場は略奪されて、経済的な損害は膨大なものだった。だがそれとて、精神的影響に比べれば小さなほうだった。身を守るすべのない住民たちが、そうした影響を受けていたのである。民衆とその自由の名において、プガチョフは、まさにその民衆に恐るべき苦しみを与えた。ある時期から、民衆はかれを離れ、いっさいかれの役に立たなくなったからである。一七七四年一〇月二二日のヴォルテール宛の手紙で、エカテリーナは、この哲学者の好奇心に以下のように答えている。ヴォルテールは、「プガチョフ侯爵」の事件を憂えていたのである。「わたくしの信ずるところでは、ティムール以降、これほど人類を破壊したものはほとんどいないでしょう。まずあの男は、容赦なく、またその他いかなる形態の審理もなく、この高潔なる種すべてを、つまり男も女も子どもも、そして、捕らえることのできた将校と兵士すべてを絞首刑にさせ……、かれのまえでは、だれも、略奪と殺人から身を守ることができませんでした」と。[23]*

* 邦訳の該当箇所は、前掲『プガチョーフ叛乱史』原注」、『プーシキン全集 5』、三七一ページ。

反乱の教訓

秩序が回復されると、エカテリーナ二世は、プガチョフの反乱の原因と原動力を明らかにすることを望んだ。かの女の第一の関心は、運動の起源だった。それは、外国勢力によって焚きつけられ、ないしは挑発されて、ロシア帝国を弱体化しようとしたのだろうか？　この仮説は、一七七二年以来かの女のまわりで取り沙汰されていた。このとき、南部のイスラム民族が運動に加担していたからである。そのため、オスマン＝トルコがロシアと交戦中で、こうした搦め手を用いて、エカテリーナがこの騒乱地域に注意を向けざるをえないようにしているのではないか、と考えることもできたのである。またさらには、騒乱地域に移動するため、トルコ戦線から部隊をひき上げざるをえないようにしていると考えることもできた。この考えには一時、ある程度の信憑性があった。権力が、なん通かの書簡を手に入れたからである。それは、自称タラカノヴァ公女からスルタンに宛てたもので、この夫人は、みずからをエリザヴェータ女帝の庶子だと名のっていた(24)。くだんの女性はスルタンに、ロシアと和平交渉しないように勧めていた。かの女の書いているところでは、ロシアは弱体化しているし、今後もプガチョフの反乱によってさらに弱体化するだろうというのだ。今日知られている事実として、この女策士の背後には、カロル・ラジヴィウ公に率いられたポーランド人たちがいた。公は、この女を場合によっては帝位継承候補として、ロシアの「女簒奪者」に対抗させようとしていたのである。だから、右のような女の進言は、トルコないしはポーランド人グループが、この運動の起源ではあるまいかと推測させるものだった。※ けれども、疑惑はフランスにも向けられた。フランスがトルコをそそのかして、ロシアの勢力拡大に対抗させたのではないかというわけだ。プガチョフは、かれが外国と共謀した可能性があるかどうか、長期に渡って尋問された。だがプガチョフの答えは、判事たちを、ついでエカテリーナを納得させ、どこの国も、ロシアにこうした問題をつくり出すのに加担していないということになった。エカテリーナも、さきの一〇月二二日の手紙でヴォルテールにうち明けている。「ここまでのところ、かれが、どこであれ、どこかの強国の手先だったという痕跡は、すこしもありません。プガチョフ氏は盗賊の頭《かしら》であって、生きた操り人形ではないと思わざるをえません」*と。

※ 「公女」タラカノヴァは、アレクセイ・オルロフによってルヴリンから連れ去られ、ロシアに連行されて「聖ペテロと聖パウロ」要塞に幽閉され、一七七五年一二月そこで病死した。
* 邦訳の該当箇所は、プーシキン、前掲『プガチョーフ叛乱史』原注」、前掲『プーシキン全集 5』、三七一ページ。

外国からの挑発という考えが霧散すると、なぜ、ロシアの一部がそっくり燃えあがったのかを、理解しなければならなくなる。なるほど、反乱が農民一揆に転化したのは、遅くなってからのことだった。けれども、農民たちの状況を、まず最初に考慮しなければならない。たしかに、まさにこの時期に、まだ自由だった農民が、突然その身分を変えられて農奴身分に移行することが、それも大量に発生していた。しかも、この身分の変更は、巻きこまれた農民たちにとって、きわめて許しがたいことだった。土地を手に入れられるという希望が、ピョートル三世の短い治世のあいだに目覚めていたからである。すでにみたように、一七六二年、この君主が貴族の勤務義務を免除したとき、ひとつの風評がロシアの農村を駆けめぐった。つまり四方八方でくり返されていたのだが、ピョートル三世は第二の勅令を起草しており、それで農民に土地を与えるというのだ。また、だが貴族たちがそれに怒って、この措置をひっこめさせ、皇帝を投獄したというのだ。ピョートル三世が排斥され、その死に十分な説明がなされなかった結果、例の風評が農村で勢いを増し、増幅されることになる。また農村で、死んだツァーリに対する愛惜の念が、生まれることになる。そしてとくに、農民たちに思いこませることになる。すなわち、真実は、ピョートル三世が投獄されているというほうであって、かれが死んだというほうではないと。農奴制が拡大され、農民たちが惨めな状況にあったことが、説明を容易にしてくれる。つまり、右のような事情から、農民たちはピョートル三世の帰還を夢み、その名を名のる人物を、なんの警戒もなく受けいれてしまったのだ。ピョートル三世がお戻りになって、人民の悲惨を軽減してくださるというわけである。事実プガチョフは、オレンブルク近郊に到着したとき、すでに述べたように、「土地、河、森、漁労の獲物、刈り入れの収穫」を与えると約束している〔三三四―三三五ページ〕。一七七四年六月三一日の宣言でも、農民たちに自由を約束している。もし勝利していたら、かれがどうしていたかは分からない。けれども、右のような事情が、農民たちが、大挙してやってきて、一七七四―七五年の運動に参加したことを説明している。

農民たちとともに、少数民族もみいだされる。まずはバシキール人たちであるが、かれらはすでに、かつてピョートル大帝によって手痛い目に遭わされていた。(25)＊ 大帝は、バシキール人に人頭税を課そうとしてなさず、しかしながら労働賦役は課すことに成功した。かれらは、一七三五年に反乱を起こしたが、弾圧と土地の喪失という厳しい代償を払った。このときから、ロシアからの入植者が土地をえる権利をもったのである。オレンブルク県の創設は、さらにかれらの自由を制限した。(26) 一七四〇年以降、強制的な場合と、そうでない場合とがあったが、正教への改宗が、バシキール人だけでなく、タタール、チュヴァシおよび他の少数民族に課されると、これが引き金となって、一七五〇年に新たな反乱が起こった。のちにプーシキンが公正にも指摘することになるのだが、＊＊一七三五―五〇年のいくたの反乱の記憶がいまだ生々しいときに、プガチョフが、ピョートル三世を騙《かた》って出現したのである。となれば、バシキール人たちが大挙してプガチョフの呼びかけに呼応したとしても、なにを驚く必要があろうか？

＊　一七〇四年、ピョートル大帝が利得者《プリブイリシチク》（帝が新設した官職で、新たな課税対象の発見を任務とする）をバシキールに派遣し、一〇〇〇名の兵と五〇〇〇頭の馬の供出を命じたのを契機に、バシキール人たちが蜂起し、中央からの懲罰部隊に執拗に抵抗した。それは、一七一一年にいたって、ようやく最終的に鎮圧された（『ロシア史 2』、一九―二〇ページ）。

＊＊　『プガチョフ叛乱史』、第一章（『プーシキン全集 5』、二〇一―一七ページ）。

惨めな状態にある農民たちと不幸な少数民族は、しばらくのあいだは国家とその重みに耐えている。だが一世紀に一度、かれらは、ある人物が別の正当な君主の名で蜂起を呼びかけると、これに耳を貸す。一六七〇年のスチェンカ・ラージンのケースと、一〇〇年後のプガチョフのケースである。二つの反乱は、共通して帝国の辺境地域で、カザークたちの住む土地で勃発した。そしてさまざまな少数民族を引きつけ、最後は野火のごとく、行政がいまだ脆弱な中央部に到達した。もうひとつ別の共通した特徴が、これらの運動にはある。最高権威に対しては、農民たちはけっして反抗しないのである。

そして、かられのうちの、いかなる指導者も政治的目的をもち出してはいない。たしかに、反乱を先導したものたちは権力と闘ったが、それは、帝位簒奪を責められたツァーリに対してであり、これに、「真の」君主の正統性を対置したのだ。そして、民衆の怒りを、自分たちを搾取し、抑圧するものたち、つまり第一に土地所有者たちに向かわせた。トルストイが指摘したように、「農民は、専制主義体制に抗して結集するのではない。かれらが望んでいるのは、土地を所有することなのだ」。

最後に、カザークたちの世界と近代ロシアのあいだに、どうして対立を確認しないでいられよう？　カザークの世界では、かれらの大多数が古き信仰に帰依している。近代ロシアは、ピョートル大帝以来発展し、エカテリーナ二世が、これに大きな飛躍を刻印した。カザークたちは独自の政治システムをもち、それは、進行中の国家の発展と中央集権化に適合するすべを知らない。教会分裂はすでに、ロシア社会の一部——とくに、カザークたち——が、儀式の変更を受けいれないことを認めていた。当時はそれが、ツァーリ・アレクセイの、ついでピョートル大帝の西欧化の意思と一体だとみなされたからである。カザークたちを全ロシア共通の体制に組みいれること——権力はそれを望んでいた——は、つまり、かれらを軍に編入することは、西欧化の手段のひとつだった。カザークたち自身も、みずから帝国の歩哨をもって任じ、帝国を助けるかわりに自由を認められていた。*ところがここに、帝国が拡大し強大化するにつれて、安全保障の使命をみずから負うと主張するようになる。カザークたちは、独自の身分を失う危機に瀕し、反乱が準備される状態に入る。

＊　たとえばドン＝カザークは、十七世紀初めにツァーリに忠誠を誓い、クリミアやノガイのタタールと対立関係にあっ

て、かれらの動静を探ってはモスクワに報告したり、ときにはツァーリの要請で部隊を派遣したりし、これと引き換えに穀物や火薬などの支給を受けるとともに、一定の独自性を認められていた（『ロシア史 1』、三六九ページ）。

カザークは、ピョートル大帝以前のロシアに固有な神話――偽ツァーリのこと――を核として、舞台に登場してきた。これは、古きロシア、すなわちすでに消滅したモスクワ大公国が、近代ロシアに抵抗したことを象徴している。ピョートル大帝とエカテリーナがみずからその使命としたのは、この近代ロシアを勝利させることだった。ピョートル三世は、ある西ヨーロッパの国、つまりドイツの熱心な模倣者であり、自身の国ロシアをひどく嫌っていた。カザークたちが、このピョートル三世を核として結集したとしても、それはどうでもいいことなのだ。ところでエカテリーナは、フランス文明に傾倒し、この文明を模範として押しつけようと望んだ。肝心なのは、この女帝が統治しているあいだに、偽ツァーリが頻出したということなのだ。のちに、モンテネグロにまで、ひとり現れることになる![27] また、およそ半世紀後（一八三六年）にもう一度、真のツァーリか偽のツァーリかという問題が発生する。ここで同様に意義深いのは、このときは、問題が新しいかたちで提起されることである。つまり、民衆は、フョードル〔原文はイヴァン〕・クジミッチという人物のうちに、アレクサンドル一世を認めようと望んだ。このツァーリも、一八二五年に謎に包まれたまま死去している。だがクジミッチ自身は、君主の資格をけっして主張しなかったばかりか、むしろそれを否定しさえする。このときもたしかに、善きツァーリという民衆の夢がよみがえった。だが、この善きツァーリは存在することを拒否する。つまり、君主の正統性など、もはや問題にもならなくなっていたのだ。

蜂起の根底にある原因の分析が終わり、プガチョフが処刑されても、(28) エカテリーナはなお、その教訓をひき出さなければならなかった。ロシアの民衆が二度と反乱しないように、なにをすべきであり、またなにができるのだろうか？　さらには、ピョートル三世に対する民衆の愛着から、どんな結論をひき出せばいいのか？　じっさいここに、ひとつの確認事項が浮上する。つまり、ピョートル三世が首都では忌み嫌われたにしても、民衆のあいだでは、かれの人気は依然として大きく、しかもそれは、その死に続くなん年間かのあいだも持続していたのである。かれが決定した改革について、再考してみなければならないのだろうか？　すくなくとも、そのいくつかについて？　そしておそらく、それらを踏襲しなければならないのだろうか？

帝国は根底から動揺させられ、それは、正真正銘の内戦の様相を呈した。そしていたるところで、その痕跡が人々の意識のうちに残存していた。とくに、いくつかの社会階層と、いくつかの民族の意識のうちに。プガチョフが破れたのは、かれが十分な軍事的手段をもたず、帝国の軍事力に対抗できなかったからであり、社会がかれに抵抗したわけではなかった。そのことを、エカテリーナ二世は気づかずにはいられなかったし、現実的な対応が必要であることを理解せずにはいられなかった。「見かけだけの応急措置」によって、弾圧で不足な分を補うだけではすまないのだ。この点でいうと、かの女の書簡は、その透徹した理解のあかしとなっている。

第Ⅱ部　エカテリーナ二世の世界

第五章　愛する幸せ

一七七四年末、エカテリーナ二世には満足してもいい理由があった。オスマン＝トルコ帝国と和平が調印され、プガチョフの反乱は粉砕され、帝国に平穏が戻ってきたうえ、あらゆる戦線で、かの女は相手を圧倒していたからである。一二年たって、かの女は統治能力を証明し、しかも、まったくひとりで統治するのではないにしろ、すくなくとも決定の最終段階では責任者でありつづけた。四五歳になったが、かの女はいまだに美しかった。おそらく、肉体は太る傾向にあったろう。年齢と、入念に隠されはしたが、なん度かの出産のためである。だが、身体の敏捷さは損なわれていなかった。情熱の力もまたしかりである。かの女の私生活は、この時期に新しい様相を帯びることになる。

母としての苦悩

この私生活の章で、まずはじめに記しておかなければならないのは、なにがエカテリーナにとって、絶えざる不安と苛立ちの源だったのかである。それは、息子パーヴェルだった。たしかに、パーヴェルはかの女の唯一の息子ではなかった。だがかれは、唯一正統のものだった。疑惑がその正統性につきまとっているにしてもである。まず最初に、この息子はかの女の自尊心だけでなく、愛情そのものを満足させてくれなかった。かの女は、この息子に最上の教師たちを付けた。けれどもかの女はいつも、息子のうちに偏狭な精神をみいだすばかりだった。その精神は、かの女を熱狂させるものすべてに、なによりもまずフランス文化に眼を開こうとはしなかった。身体のうえでみても、この息子は、どうしようもないほど公式の父親、ピョートル三世を思いださせた。パーヴェルは、この父親の鈍重な外観、出目、輪郭の悪い顔立ちをもっていた。風評では、かれは「美男のセルゲイ」の息子だとされていたが、その身体的特徴で、それを確認させるものはなにもなかった。けれども、とくに精神が、ピョートル三世を思いださせた。それも、時がたつにつれて度を加えて。そしてそれは、パーヴェル自身が自分を父に似せようと努力していたからだった。その説明は簡単である。パーヴェルは、父の廃位と死をめぐる状況を知らないわけではなかったし、オルロフ兄弟がそこで果たした役割を知っていた。にもかかわらずかれは、グリゴリー・オルロフと日常的に接していた。グリゴリーが、母の愛人だったからである。となれば、かれがどうして、たえずあの悲劇を、父が命を落とした悲劇を思いださずにいられたろう?

そのうえ、パーヴェル自身気づいていたように、かれが帝位を与えられなかったのは、エカテリーナとオルロフ兄弟の一致した意思によってだった。かれに忘れることできなかったのは、かつての教育官パーニンが、摂政制をしいて、かれの権利を保持しようとしてくれたことだった。権力はエカテリーナに奪われ、しかもかの女は、存命中にそれをかれに譲る気などけっしてないだろう。だが、権力はかれに戻ってこなければならないはずだ。かれは、父を失っただけにますます、そう感じるのだった。その父が、存命中には、パーヴェルの父親であることに異議を唱え、ほとんど愛情を示さなかったというのにである。だが、長いあいだ帝位から遠ざけられていたため、パーヴェルは父の神話の思い出に逃避して、自分と父親を同一視——エカテリーナは、自分たち二人から帝位をかすめ取ったのではないのか、というわけだ——していた。かれは、宮廷で、つとめて亡き父の姿をみせつけようとし、それを母に対置した。父の姿こそ、母が感じるべき悔恨の象徴だったからである。

そのうえ一七六二年からは、パーヴェルは二つの不安のなかで生きてきた。エカテリーナがグリゴリー・オルロフと結婚するのではないかという不安と、かの女がオルロフとのあいだの息子を前面に立てるのではないかという不安である。この息子、アレクセイ・ボブリンスキーは、一七六二年四月生まれで、エカテリーナは、その教育を細心の注意で監督していた。パーヴェルの健康状態が長いあいだ不安定だったため、エカテリーナの継承問題は、きわめてはやくから取り沙汰されていた。自分とエカテリーナのあいだの息子が後継者として認められるのをみたい、この思いがたえずオルロフにはつきまとっていた。しかもパーヴェルは、それを知っていた。かれは、女帝にあまり愛されてはいないと確信していた。すくなくとも、父親違いの弟よりも愛されていないと確信していた。息子としての感情を裏切られ、母に帝位を奪われただけでなく、かれは母を脅威に感じていたのである。

パーヴェルのエカテリーナへの感情に対して、かの女のほうも息子に対して無関心で、その無関心をほとんど放棄することがなかったばかりか、息子に対して不信すらいだいていた。かの女が帝位を奪取したとき、息子は七歳にすぎなかったから、当然統治などすることができなかった。あるものたち、それもかず多くのものたちが、権力を簒奪したとして、かの女を非難していた。こういうものたちにとっては、かの女が戴冠したからといって、問題が片づいたわけではなかった。皇太子が成年に達したあかつきに、問題は再燃するはずだった。だから一七六二年以降、エカテリーナは息子を継承者としてのみならず、ライヴァルとしてみてもいた。しかも、かの女が自身の正統性に異議のあることを知っていただけに、ますます危険なライヴァルとみなしていた。そのうえ、年月がたつとともに、外交政策のかずかずの成功にもかかわらず、この問題に関するかの女の不安は増大していった。

この厄介な息子に対して、エカテリーナはときとして、かれを丸めこもうとしたこともあったが、なによりも、かれをできるだけ帝位から遠ざけておこうとした。この息子を結婚させることによって、かの女は一時、かれの注意を公の生活からそらし、もっぱら私的な領域に向けさせようと望んだ。結婚が挙行されたのは、対トルコ戦争がたけなわで、プガチョフの反乱がとりわけ気がかりなときだった。パーヴェルは、ヘッセン＝ダルムシュタット公女ヴィルヘルミーナ（改名して、ナタリア＝アレクセーヴナ）と、一七七三年九月に結婚し、式は、戦争が続行中で、ヤイクに火の手が上がっているにもかかわらず、壮麗な祝典として行なわれた。とはいえ、この結婚も、母と息子のあいだの関係を和らげたわけではない。過去においてすでに二度、陰謀が将校たちのあいだで企まれたが、手遅れにならぬうちに葬り去られていた。二度とも、そのスローガンは、正統な継承者への帝位回復だった。しかしながら、これらの陰謀が企まれていた時期――一七六八―七二年――には、パーヴェルはまだ若すぎて、企みをうち明けられていなかったため、母のエカテリーナも、かれに厳しく対処することができなかった。ところが一七七三―四七年には、状況は、かの女にとって、いっそう不安なものになっていた。プガチョフがピョートル三世を名のり、自分の息子にして継承者パーヴェルを将来は皇帝にする用意があると、声高にその意思を宣言したのである。全ロシアがこの危機に動揺しているとき、不満がいたるところで噴出しているときに、パーヴェルの名が注目を集めたのだ。この継承者は、権利を奪われて、なかば忘れられていたが、人々がその名を思いだしたのだ。そしてかれは人気者になる。

エカテリーナの不信は、この人気によって増大した。けれども、結婚の三年間は、はじめのうち幸福だったため、パーヴェルの関心をひき付け、かれは自分の置かれた立場を忘れていた。だが、この幸福は長くは続かない。若き皇太子妃は、急いでロシア語を覚える様子をほとんどみせず、皇太子の最良の友アンドレイ・ラズモフスキーに傾倒しすぎるようにみえた。一七七六年に、妃は身ごもったが死産し、自身も出産の際に死んでしまう。女帝は、これを二つの意味で喜ぶことになる。まず、死体解剖の結果分かったことだが、皇太子妃はそれ以上子どもを産めない身体だったからである。あるいは、五体満足な子どもを産めない身体だったからである。つぎに、公然たる噂では、死んで生まれた子どもは、法律上の父親のものではまったくなく、この父親の友人のものとされていたからである。ラズモフスキーはただちに遠ざけられた。エカテリーナは、この結婚と、死んだ義理の娘の浮気に失望して——かの女は、他人の眼には上手にとりすましてみせることができたが——いた。また、この皇太子妃が生きていたら、帝位継承問題が発生しただろうと気づいてもいた。そこでかの女は、礼節上要求される猶予もかえりみず、問題を片づけることにした。かの女は、息子のために新たな花嫁を探しはじめ、今度はヴュルテンベルク公女を選んだのである。公女は若く、きわめて健康で、パーヴェルの気に入った。結婚式は、一七七六年の九月に、きわめて豪奢にとり行なわれた。ナタリア゠アレクセーヴナの死と、ゾフィー゠ドロテアとの婚礼のあいだは、五ヵ月そこそこしか隔たっていない。ゾフィー゠ドロテアは、正教に入信してマリア゠フョードロヴナとなる。この結婚は、エカテリーナにとって政治的に好都合なものだった。というのも、花嫁はプロイセン王子ハインリヒの姪の娘で、*ハインリヒ自身、ペテルブルクとベルリンの絆が結びなおされることに好意的だったからである。パーヴェルは、その父と同様にフリードリヒ二世の崇拝者だったから、式のまえからこの結婚に好意的であり、数年間は、結婚生活もきわめて幸福だった。エカテリーナは、それを利用して、パーヴェルが私的生活に没頭するように仕向けた——事実そうなった。ただし、だからといって、母子相互の不信は、なにごとにおいても小さくなりはしなかった。

＊　ハインリヒの姉ゾフィー＝ドロテア＝マリア（一七一九―六五年）の娘フリーデリケ＝ゾフィー＝ドロテア（一七三六―一九八年）の娘。

一七七七年に帝位継承者アレクサンドルが生まれ、つづいて一七七九年にもうひとりの男の子コンスタンティンが生まれる（この二つの名を選んだのは、エカテリーナのたっての希望であるが、この選択は、かの女の野心を雄弁に物語っている）。＊このときエカテリーナは、息子と義理の娘に対して、エリザヴェータ女帝がかの女に対したのと同じやり方で対処した。つまり、かの女は二人からアレクサンドルをとり上げて、自分だけが継承者の皇子にふさわしい教育を保障することができるのだといいはった。なん年かまえ、パーヴェルがエリザヴェータ女帝に託されたとき、その決定によって、エカテリーナのなかに息子に対する無関心の感情が助長された。息子に会うことがなかったからである。今度は自分のほうが、かつて自分を傷つけたと同じ行動をとったために、かの女は、皇太子夫妻と心底から衝突する。夫妻は、こんなふうに長男と、ついでコンスタンティンと離れることをけっして認めなかった。仲のよい夫婦で、大家族の両親として、若き皇太子夫妻は、自分たちの子どもを育てる能力を完璧にもっていたからである。そして夫妻は、エカテリーナの所行を許しがたい暴力だと感じていた。そのうえパーヴェルは、自分の母が秘密の意図をもっており、いつか自分に代えて息子アレクサンドルを継承者にするのではないかと疑っていたふしもある。

＊　いうまでもなく、アレクサンドルは古代マケドニア王アレクサンドロス大王（位ＢＣ三三六―三二三年）から、コンスタンティンは、古代西ローマ皇帝コンスタンティヌス一世（大帝、位三〇六―三三七年）からとられたものである。

オルロフ――幸福な一〇年間

女帝の個人生活はまた、息子がかの女にいだいていた感情に重くのしかかっていた。その治世の最初の一〇年間、女帝はグリゴリー・オルロフに執心していた。もっともかの女は、かれと結婚することは頑強に拒んでいたが。かれは、アレクセイ・ボブリンスキーの父親だっただけでなく、おそらくは、ほかにも三ないし四人の子どもの父親だった。ただし、その証拠はいっさいもたらされてはいない。エカテリーナも知っていたことだが、かの女は、この愛人とその兄弟たちの変わることのない支持を当てにすることができた。かの女は、かれらに、感謝すべき多くのものを負っていたし、かれらを必要としていた。とくに次兄のアレクセイは、近衛部隊内のその地位によって、情報提供者の役割を演じ、あらゆる不満の波と、かの女に対して企まれた陰謀すべて――いたるところにあった――を通報していた。だがパーヴェルは、成人が近づくにつれてますます、だんだんとオルロフの存在に耐えられなくなっていった。けれども、その敵意にもかかわらず、かれは、この男に対してなにもすることができなかった。エカテリーナが、個人的な面でも、政治的利益の面でも、この人物なしではいられないと考えていたからである。たとえば一七七一年、モスクワにペストが発生し、この都市全体が蜂起したとき、まさにグリゴリー・オルロフこそが、事態をふたたび掌握するをえた。かれは民衆の集会を禁じ、暴動に対しては弾圧的措置を予告した。だがまた同時に、かれは患者たちの枕頭に赴き、死者のあった家にあらゆる衛生措置を施させて、病気の伝染を防いだ。医者たちに手伝わせながら、かれは、疫病の蔓延と民衆のパニックとに対する闘いの指導者だった。疫病が阻止されたとき、第一に功績を認められたのは、かれだった。エカテリーナは、かれを、古都の救世主としてペテルブルクに迎えた。

けれども、グリゴリー・オルロフはなるほど、あらゆる試練に耐えた支持者ではあったが、また気まぐれもの――エカテリーナは、それに耐えられなかった――でもあった。一七七二年、エカテリーナは、かれをフォクシャニに急遽派遣して、トルコとの和平交渉に当たらせた。当時少なからぬものたちが、この愛人、その家族、エカテリーナがかれらに報いた途方もない特別待遇、かれらの野心、その尊大さに苛立っていた。こうしたものたち――パーニンがその筆頭だった――すべてが、オルロフのいないあいだを絶好の機会と捉えて、その評判を落とそうとした。かれらは、女帝にオルロフの裏切りのすべてを報告した。それは、かの女にとって聞きしにまさるものだった。だがまた、おそらく、この長い関係に、かの女が飽きはじめていたのであろう。どちらにせよ、かの女はすでに、この愛人の果てしない要求にうんざりしていた。けれども、この関係を絶つには、エカテリーナがその意思をもつだけでは十分ではなかった。さらに、グリゴリー・オルロフに替わる人物をみつけなければならない。そうしなければ、孤独が女帝の心に重くのしかかっただろう。容姿の美しい若き将校ヴァシリチコフが、かの女の注意を引きつけた。「それは、ちょっと幸せな選択でした」と、かの女はのちに書く。新しい愛人は将官付き副官に任命され、月一万二〇〇〇ルーブリの年金と、それを補う一〇万ルーブリの財産を賜り、女帝の住居《アパルトマン》近くに落ち着く。だが、美貌を別にすれば、この愛人はエカテリーナの要求にほとんど応えていなかった。精彩のない人格と、好奇心の欠如は、この女帝を長きにわたって魅了することができなかった。ヴァシリチコフは、これほど教養があり、鋭い知性の女性のためにつくられたのではなかったのである。この関係が始まったときから、ほとんど疑う余地なく、ヴァシリチコフは、過渡期を埋め、オルロフをお払い箱にするためのものだった。だが、かれがどんなものであれ、オルロフの敵たちはほっとした。その筆頭はパーニンであって、かれは、一七六二年以来たえず、この愛人の結婚計画と要求とに悪戦苦闘してきたのだった。

オルロフは、しかしながら、いくぶんエカテリーナをないがしろにしてはいたものの、自分からすすんで追われるのを受けいれたわけではない。そしてかれは、二つのへまをしでかす。まずかれは、フォクシャニで交渉があまりにも長引くのに気づき、女帝がかれの後継者をえたときくと、突然交渉を中断し、和平会議を抜けだして、急いで宮廷に戻り、それまでの自分の地位をとり返そうとする。エカテリーナにとって、この行動は二つの意味で受けいれられないものだった。まず、交渉のテーブルでロシアの利益を放棄したことは、裏切りにも等しいことだった。つぎに、オルロフの思いがけないペテルブルクへの帰還は、女帝がかれに与えた指示に背いており、反逆に属する行為だった。エカテリーナはかれに会おうとしなかった。パーニンは、この愛人が不在のあいだに、女帝に対する影響力をとり戻しており、しきりに女帝の怒りをかき立てていたのである。

関係を絶つという意思では頑固だったが、エカテリーナはそれでも、追われた愛人に寛大だった。さらにそれは、このあとに続く愛人たちすべてに対しても、同じようなことになる。オルロフは、公爵の称号だけでなく、モスクワに館を建てるために巨額の金をもらい、年金と、国有地農民六〇〇〇人と、貴重品（銀器と高価な家具）をえた。ただし、ただひとつ、条件がこれらの特典につけ加えられていた。すなわち、グリゴリー・オルロフは丸一年間宮廷に出仕するのをさし控えるべし、というわけである。こうしてかれは、エカテリーナの生涯からその姿を消す。けれども、この数年後、かれが狂気に陥ったとき、かの女は、たえずその消息を尋ねている。また、一七八三年のかれの死に際して、かの女はグリムに書き送っている。「わたしは、ずいぶんまえから、この悲しいできごとを覚悟していました。それでも、このできごとによって、わたしは、存在の深奥から動揺せずにはいられず……、わたしの苦しみは、それは大きなものです」と。

ポチョムキン――もうひとつの大恋愛

オルロフの罷免に続く数年間は、動揺の年月だった。ヴァシリチコフは長くはもたなかった。かれはエカテリーナを退屈させ、エカテリーナはかれに軽蔑の眼差しで接し、すでに、まったく違ったタイプの別の男のことを考えていた。それがポチョムキンである。二人の関係は短かったが、この男こそ、かの女の騒然たる生涯で、正真正銘の二人目の愛人となる。

かなり昔、かの女が帝位に就こうとしていたころ、エカテリーナははじめて、この近衛連隊の若い将校を見知った。この将校は陰謀に参画しており、かの女が女帝になろうとした晩、かの女のそばについて騎乗していた。かれはまた、廃位された皇帝ピョートル三世をロプシャの修道院へ護衛していった。この若い男、グリゴリー・ポチョムキンはしかし、かの女の気に入るように生まれついたとは、あまりいえなかった。すくなくとも、体つきからいえばそうだった。エカテリーナは美男子が好きだった。ところがこの男は、たしかに大男だったが、ずんぐりして、不格好だった。その頭は奇妙なかたちで、額はでこぼこで、顎は大きすぎた。なによりも、一七七三年には、かれはもはや、一七六二年の歴史的な夜の颯爽とした若き将校ではなかった。おまけにかれは隻眼だった。殴り合いの最中に、アレクセイ・オルロフがかれの片目を潰してしまったのである。かれの手——エカテリーナは、以後もずっとこの細部に関心をもつ——は無骨で、醜くさえあったし、爪はいつも噛まれていた。この男はそのうえ、恐ろしく物欲が強く、周知の大食いで、とどまるところを知らない大酒飲みだった。一方エカテリーナは、たいへんな節制家で、アルコール類は一滴も飲まず、夕食に招待した連中が物足りない様子をみせると、それをなじった。かの女はまた、貞節に強く執着していた。したがって、すべてにおいて二人はあい反しているようにみえた。けれども、二人を結ぶ情熱はとどまるところを知らなくなる。

ポチョムキンはトルコで戦い、クチュク＝カイナルジの和議の交渉に当たったが、女帝の関心をかれに引きつけたのは、軍功ではなかった。それはなによりも、激しやすく、矛盾して、つかみどころのない性格と、さらには無限の好奇心だった。かれは、モスクワの神学生だったころ、学校のホープのひとりとして、エリザヴェータ女帝に紹介されたことがあった。だがそのすぐあとで、かれは学業を放棄して、正教会の業務や、その歴史、かずかずの教会分裂や分派に熱中しつづけることになる。

会話の際には、かれは、話題がなんであれ熱中し、聴き役エカテリーナの興味をかき立てた。かれはたえず壮大な計画を温めており、エカテリーナに夢をみさせた。かれとともにいると、すべてが桁外れとなり、現実から遠ざかった。だが、つねに動きまわるこの精神は、天才と紙一重だった。ポチョムキンはあけすけだったが、かの女はそれまで、これほどあけすけな人物にはまったく会ったことがなかった。宮殿の端から端まで、二人の喧嘩騒ぎが鳴り響くと思えば、ついで仰々しい和解が知れわたる。ポチョムキンといるとき、エカテリーナの行動には、すこしも女帝らしいところがなかった。それは、狂ったように恋する女の行動だった。グリムがかの女の移り気を嘆くと、かの女は書き送る。「あなたは、わたしになにをお咎めなのですか？　ひとりのブルジョワ男を、たしかに優れてはいましたが、とても退屈な男を、この鉄の世紀で最高に滑稽で愉快な変わりものと、とり替えたことをでしょうか？」と。かの女は、ポチョムキンの矛盾をはっきりと知っていた。たえずかれに送るメモのなかで、かれを奇妙な名で呼んでは、その矛盾を強調したほどである。いわく、「カザーク」、「野蛮人」、「タタール人」、あるいはさらに、「モスクワのプガチョフ」といった具合に。

ヨーロッパ人エカテリーナは、フランス的教養に満ちてはいたが、ポチョムキンを非常によく理解していた。かれは、かの女がそれまで出会ったうちで、もっともロシア的な人物だったのだ。かれの行き過ぎ、あらゆることでの度外れ、激しい信心の高まり、これみよがしの悔悛といったもののうちに、エカテリーナは、古きモスクワ公国と出会っていたのである。そしてかの女は、それに順応した。かの女はすべてを理解していた。二人を分かつものも、かの女の知らないロシアとの関係や絆から、ポチョムキンがかの女にもたらしてくれるものも。そしてまた、以前より狂気じみた生活との関係や絆から、もたらしてくれるものも。

女帝は、一七七四年二月二一日にポチョムキン宛てに手紙を書いて、かれに自分の生涯を語っている。かの女はその手紙を「純な心の告白」と題しているが、それは感動的なものである。かの女はそこで、自分の行き過ぎを認め、それを説明しながら、激動の過去についていっさい隠すまいとしている。「武勇の誉れ高き方よ、このような告白のあとで、わたしは、罪を許されることがあるのでしょうか？　あなたに分かってもらうことができましょうか？　そこに、知らずしらずの過ちや、あるいは絶望のあったことを。けれどもそれらを、軽はずみな精神や行き過ぎのせいにはできないことを」。

ポチョムキンはすべてを欲しがり、エカテリーナのすべてを要求した。寵愛のしるしだけでなく、また権力をも。寵愛のしるしを、かれは際限なく手に入れることになる。勲章や略章、金銭、一万四〇〇〇の農奴、所領地など、あらゆるものがかれに与えられる。かれはまた、実際の権力を欲しがり、エカテリーナと責を分担して、ロシアを統治することを熱望する。おそらくこの分野では、かれは権威を象徴するものは拝領したであろう。かれは閣議に参加し、陸軍参議会の副長官にして、事実上の長官となる。けれどもエカテリーナは、みずからの信念に忠実で、治世の初めに決めた決定にたえずこだわっていた。すなわち、かの女はひとりで統治するのである。なるほどかの女は、ポチョムキンの意見を採用はした。だが、権力を分けあうことはなかった。

エカテリーナとポチョムキンの秘密結婚が取り沙汰されてきた。それが行なわれたことはありうるし、本当らしくもある。エカテリーナ研究の歴史家のなかで、今日もっとも優れたもののひとりピョートル・スチェグニーは、躊躇することなく書いている。「一七七四年の初め、エカテリーナは、ペテルブルク郊外のサンクト＝サムソン教会で秘密裡にポチョムキンと結婚した」と。だが、それを確認する文書はない。だから「歴史」は、いまだ最終決定をしていない。

それがどうであったにせよ、エカテリーナは、その愛人――あるいは、夫？――を名誉の絶頂にひき上げた。一七七六年、かれは神聖ローマ帝国の公爵となる〔エカテリーナが、ヨーゼフ二世に頼みこんだのである――三七四ページ〕。こうして成功が拡大するうちに、ポチョムキンはパーヴェルの敵意に遭遇する。そしてその背後には、あの腐敗を知らないパーニンがいた。この二人はともに、エカテリーナの気前の良さに腹を立てていた。それが、際限のないもののようにみえたからである。かれらの感情が増幅されたのは、かずかずの行動によって、エカテリーナの心のなかで、愛人にくらべて息子がいかにとるに足りない存在なのかが強調されたからである。ひとつ例を挙げよう。一七七四年、エカテリーナが四五歳の誕生日を祝ったとき、かの女はポチョムキンに五万ルーブリ――この金額を、パーヴェルは拒否されたばかりだった。かれはそれで、妻の負債を清算しようとしたのである――を贈ったが、息子のほうは、貧弱な時計で満足しなければならなかった。一七八三年、最初の娘が誕生したときようやく、パーヴェルはガッチナの領地――一時、エカテリーナがオルロフに与えた所領だった――を、六〇〇〇の農奴とともに賜る。

パーヴェルとパーニンはまた、この愛人が女帝の対外政策に影響を及ぼすのではないかと心配していた。ポチョムキンは、プロイセンに対する敵意を隠そうとはしなかったが、プロイセンこそ、パーニンが築きあげた同盟体制の要であり、皇太子が心酔してやまない国だったのだ。フリードリヒ二世は、かれの手本だったのではないのか？　その父の手本だったのと同様に。

愛人たちの輪舞

このカップルの話の続きは、カップルそれ自体におとらず驚くべきものだった。ポチョムキンは、エカテリーナの心変わりと同時に、自分に対して奸計が数を増すことを恐れた。そこでかれは、一七七六年、二人の関係を断ち切ることなく、かれ流に女帝の生活を管理しながら、身を引く決心をする。かれは女帝に、自分の後継者を紹介する。それは、慎重に選ばれたピョートル・ザヴァドフスキーで、ポチョムキンより二〇歳年下だった。エカテリーナは、ザヴァドフスキーを一年間愛人としたのち、暇を出している。当然のことながら、恩賜で埋め尽くして。すなわち、年金、四〇〇〇の農奴、さまざまな貴重品などなどのことである。

愛人たちは、どれも美男子で、女帝が歳をとるにつれてますます若い男になりつつ、その輪舞は続く。勇敢な将校が、対トルコ戦争で頭角を現し、ザヴァドフスキーのあとがまに納まる。三二歳のシメオン・ゾリッチである。だがこの男には、エカテリーナの気にいるものとしては、その美貌と美しい体躯しかなかった。そのため、すぐにかの女を退屈させてしまう。一年後、今度はかれが遠ざけられて、美しい青年《アドニス＊》に席を譲る。エカテリーナは、この青年リムスキー＝コルサコフの素晴らしさをグリムに吹聴している。かれは、エカテリーナが五〇歳に近かったのに対して、二四歳になったばかりだった。かれはたしかに大変な美男だったが、エカテリーナを怒らせてしまった。そのため、寵愛は束の間のものとなる。あるとき本屋が、かれの図書室のために本をもってきて、どんなふうに並べるべきかと尋ねた。かれはこの本屋に、「大判のものをしたに、小判のものをうえに！」と返答した――要するに、図書室などほとんど使っていなかったのだ――のではなかったのか。女帝はあれほど教養深く、あれほど読書に執心していたから、いかに身体的に優れていようと、それだけでは、これほどの愚かさと無教養とを埋めあわせることはできない。ポチョムキンもまた、関係は十分続いたと判断し、男をとり替えるよう進言した。

＊　アドニスとは、女神アプロディテに愛されたギリシア神話の美少年。

その後継者ランスコイは、エカテリーナの生涯のうちで、それまでよりも穏やかな時期をつくり出した。このたびは、二人の恋人は三〇歳離れていたが、エカテリーナは、この若き将校のうちに、愛着にあたいする理由をみつけていた。かれは慎ましく、ほとんどものを欲しがらず、政治に関係したいなどといい出しもしなかった。女帝は、この若い愛人を息子のように遇して、かれを教育し、自分の趣味に近づけることができると考えた。もちろんかの女は、かれを愛人としても遇した。これは、穏やかな幸福の時期であった。かの女は知的活動に没頭したが、また同時に内政改革計画にも精を出して励んだ。この時期は、その続きぶりからして、二人の関係に尊敬すべき相貌を与えていたが、悲劇で幕を閉じる。突然、わずか二六歳で、六日間死の床にあっただけで、ランスコイがおそらくはジフテリアで死んでしまう。だが、風説では、ランスコイの最期は催淫剤の濫用だとされている。そここで囁かれていたところによると、年とった女の要求で濫用を強要され、精神に異常をきたしたというのである。エカテリーナは打ちのめされた。それまでかの女は、これほど眼にみえて激しく、絶望をあらわにしたことはけっしてなかった。かの女は、永遠の打ち明け相手グリムに書いている。「わたしは、かれの死がわたしに吹きこんだ苦しみで、死ぬかと思いました。わたしは、この若い男を教育してきたのです。かれは優しく、穏やかで、感謝に満ちていました。そしてわたしは、かれがわたしの老境の支えとなってくれるだろうと期待していたというのに……」と。

丸一年のあいだ、かの女は喪に服し、宮廷はそれをいぶかった。これは、あの女にとって行き過ぎの終わりだろうか、かの女はもはや、あのような乱交の歳ではないのだからと。だが、一時悲しみに暮れたあとで、幸福への好みがかの女に戻ってくる。なん人か別の若い男たちが、なおかの女の生涯に登場することになる。その最後の人物プラトン・ズーボフは、かの女の死に際に立ち会うという特権を手に入れることになる。

このかくも長き恋愛の生涯――あとのほうになると、つぎからつぎへと愛人が続き、しかもその年齢がきわめて若かったために、スキャンダルとなるが――が言及にあたいするとすれば、それは、その波瀾万丈振りに対する興味からではなく、むしろこの生涯が、エカテリーナの人格の重要な一面を明らかにするからである。あちらこちらで、しばしば説明されているところによれば、かの女の行き過ぎは放埒な気質のせいだという。だが、もっと近くから検討してみると、それは、人を愛したいという強い要求のせいなのだ。それはおそらく、さまざまな欲求不満によって育まれていた。これらの不満は、かの女の生涯の特徴となっている。あまりにも若くして、自分に冷淡な乱暴ものと結婚し、母であることに安らぎをみいだすことができたかもしれないときに、子どもをひき離され、エカテリーナは長いあいだ不幸だった。最初の愛人サルトゥイコフは、かの女が軽薄で放埒な気質だったなどと、ひとことも報告していない。かの女は、エリザヴェータ女帝によって、サルトゥイコフの腕のなかに押しやられたのである。女帝は、どんなことをしても後継者がほしかったのだが、この点ではピョートル三世に絶望していたからである。ロシアにきて最初の数年間の孤独と感情の砂漠とは、あまり愛されなかった子どもの悲しみを延長しただけだった。かの女の両親は、かの女が望んでいた男子でなかったことに、腹を立てていたのである。

　けれどもエカテリーナは、愛情を持続するすべを知っていた。グリゴリー・オルロフにも、かの女は長いあいだ貞節を守った。かれのあとでは、ポチョムキンだけが真実の愛の対象だった。その愛は、かれの死まで続くことになる。ポチョムキンは熟慮のすえにかの女から遠ざかったが、かの女の人生のなかに存在しつづけた。なん年かのあいだ、あまりにも若い副官たちがつぎからつぎへと続いたが、かれらは、かの女の関心にあまりにもあたいしないことが多かった。この時期のかの女を、人々はこのんでメッサリナ*になぞらえる。だが、忘れることができないのは、かの女が愛した男たちが、やり方は異なるにせよ、かの女を棄てたことである。サルトゥイコフの裏切り、オルロフの浮気のかずかず、ポチョムキンが身を引いたことは、かの女を絶望させた。そのようなとき、かの女は束の間の相手で我慢する。だが、これら束の間の相手に対して、かの女は愛人であるとともに母親でもあった。かの女はグリムに、自分の尽力をうち明けている。かの女は、これら一時生活を共有したものたちを教育し、その精神を開いてやろうとしたのである。この母を、パーヴェルは憎んでいた。またこの母は、ボブリンスキーや、そしておそらく他の子どもたちをも誇りにしていたのだが、その誇りを大っぴらにみせることができなかった。そのために、愛人たちの母親役を演じることに、いくばくかの代償をみたのである。

* ウァレリア・メッサリナ Valeria Messalina（二二一—四八年）は、第四代ローマ皇帝クラウディウス（位四一—五四年）の妻。淫蕩な性格で知られ、愛人を帝位に就けようと企んだが露見し、処刑された。

エカテリーナは、つぎつぎにとり替えた愛人たちと乱痴気騒ぎにふけったが、これら乱痴気騒ぎや、かの女の度外れた性的要求について、かず多く取り沙汰されてきた。ランスコイの死は、当時治療のすべのなかった病によるものだが、催淫剤のためだとされた。こういった注釈は、かの女の私生活をめぐって悪意のあったことを物語っている。たしかにかの女は、一時庇護した男たちに、気前よく年金を、そしてとくに農奴をばらまいた。この浪費癖もまた、批判を増すもとになっていた。これらの贈りものは、結果として農奴制をさらに深刻なものにしたため、嘆かわしいものではある。だが、愛人でなかったものたちのうちで、どれほど多くのものたちもまた、その恩恵にあずかったことだろう？エカテリーナの鷹揚ぶりは、その友人たちや、ディドロや、多くの男や女たちにまで及んでいた。かの女は、かれらの知性を尊敬し、その活動を励ましてやりたかったのである。

公の場では、エカテリーナは、寵愛を享受する男たちに、親しげな態度をとることをけっして許さなかった。かの女は、過度な親密さをひとつとして許さなかった。要するにかの女は、きわめて慎み深く、つねに節度を保つことと、尊敬されることにこだわっていた。さらに重要なことは、これら寵臣のうちの、あとにもさきにもたったひとりにしか、政務に介入することを許していない。なるほどポチョムキンは、かの女とともに計画を練り、二人はいっしょにひとつの政策を思い描いた。だがそれは、かの女自身がすでに同じ決定をしていたからであり、この愛人が決定の実現に有効な役割を果たすだろうとみなしていたからである。ロシア人たちは、ひとつのことばを発明して、かの女の生涯を横切っていった男たちを形容した。すなわち、「束の間の男たち《ヴレメンシチーキ》」というのである。事実、すべてのものたちは、自分たちの地位が束の間のものであることに、自分たちが女帝にとって気晴らしの対象にすぎず、伴侶ではないことに気づかなければならなかった。エカテリーナの宮廷には、けっしてビロンがいなかったのだ〔二七ページ参照〕。ただひとりの男が、かの女の選択に影響を及ぼしていた。すなわち、パーニンである。だがそれでも、かの女はこの男に歯止めをかけるすべを知っていた。かの女はパーニンの人となりを尊敬してはいたが、かれとの繋がりは、考え方と行動が共通だったことからきているにすぎない。たしかにポチョムキンは特別な待遇をえていた。それも、もはやかれが、女帝と生活をともにしていない時期にもである。だがもう一度いうが、かれのもっていた地位は、女帝がかれに認めていた才能ゆえだったのであり、二人の個人的な関係ゆえではなかった。

祖母となる幸せ

一七七七年以降、エカテリーナの世界は、もうひとつ別の次元によって豊かなものになる。その次元にいると、かの女の心は、きわめて居心地がいいのだった。すなわち、孫アレクサンドルに対する情熱である。この孫は、その後なん年ものあいだ、かの女の生活を支配することになる。エカテリーナは、なん人もの美青年に愛着を示し、ヨーロッパでスキャンダルになっていた。だが、これらの愛着にくらべて、アレクサンドルへの情熱は、どれほど真摯で永続的なものだったことか！ アレクサンドルというファースト・ネームは、女帝の古代ギリシアへの夢からきている〔二六九ページ、訳註参照〕。かれは誕生以来、エカテリーナの住居の近くに住まわせられ、かの女の判断にもとづく教育体制のもとに置かれた。かの女の判断によれば、この体制こそが、すでに継承者に擬している孫を育てるのにふさわしかったのだ。エカテリーナは、どんな小さなことにも気を配った。幼少からスパルタ式の生活条件を整え、それは、ベッドのマットレスを堅くすること――アレクサンドルは、終生この習慣を守ることになる――にまで及んだ。窓という窓はつねに開けられていたが、それは物音に、とりわけ武器の音に慣れるためだった（皇子の部屋は宮殿の砲座のそばにあり、そのためにかれは、後年軽い難聴になる！）。これ以上ないほどむつかしい身体鍛錬によって、かれは少年になり、ついで強壮で、体格のがっちりした、屈強の青年になった。なにもかもが、かの女の軽蔑していた息子パーヴェルの反対だった。

一二歳になると、皇子はスイス人ラ＝アルプに託された。ラ＝アルプは、他の家庭教師たちとともに、アレクサンドルに、二つのしるしのもとに置かれた教育を授ける。自由主義と、皇子の祖国の現実に対する関心とである。ルソーの思想も、この教育と縁がないわけではない。それが、皇子を啓蒙主義の人間にするためのものだったからである。人文諸学が科学よりも重視されたが、言語教育もまた大きな位置を占めていた。アレクサンドルは、なにごとにおいてもラ＝アルプの忠実な弟子であり、つねに師と手紙を遣り取りしていた。皇子は、やすやすと五ヵ国語を話したが、かれがもっとも親しんだのはフランス語であり、操るのがもっともむつかしかったのは、かれの人民の言語だった。そのように、エカテリーナが望んだからなのだが……。かの女の気配りによって、アレクサンドルは美術品と書物にとり巻かれていた。かの女が熱狂的に愛するものを、その孫は幼少から分かちあっていた。ガッチナに孤立してはいたが、パーヴェルは母親の意図に気づいていた。まったくのところ、女帝がこうしてかわいがっていたのは、まさに自身の継承者だったのだ。そしてかの女は、孫が一三歳に達すると、かれを宮廷でみせびらかした。

この時期のあいだじゅう、アレクサンドル少年は事実上両親と接触しておらず、エカテリーナがかれと両親のあいだに溝をつくっていたにもかかわらず、長期にわたってそれを知らないままだった。かれは父をほとんど知らず、エカテリーナはこの父について、ときさえあればくり返していた。「わたしにはいまから分かっています。わたしが用心しないと、わたしが死んだとき、どんなものの手に帝国が落ちることでしょう！」と。けれどもこの父は、この遠く離れた息子と親しく会話するに、ふさわしくなかったわけではない。たしかにガッチナは、驚くべき軍事化の地——正真正銘の兵営で、そこでは二四〇〇名の兵士が、常時プロイセン流で演習をくり返していた——だった。だが、パーヴェルはまた、自分の領地を文化と社会のモデルにすべく気を配ってもいた。この点では、パーヴェルは母に似ていた。母が、この息子とその野心を、完全に無視しようと望んだにもかかわらずにである。かれはガッチナに、いくつかの礼拝堂（とくに、ルター派のために）と学校、そして病院をひとつ建てさせた。農業の機械化も、かれの領地で実験されていた。かれは熱心な読書家で、図書館からもってきた書物に囲まれて暮らしていたが、この図書館の蔵書は五万冊をくだらなかった。なによりも歴史が、かれの関心を捕らえていた。なん世紀にもわたる権力闘争に熱中していたのである。だがかれの性格は、母への遺恨と、すべてのものたちに対する不信とに支配されていて、かれの資質を損なっていた。フランスの軍人政治家セギュール伯爵が、これについて、「廃位され暗殺されたツァーリたちの歴史、これが固定観念となって、かれの精神を曇らせている」と指摘している。どうしてかれが、もちまえの強迫観念のうちに、自身の息子がライヴァルだという考えを、つけ加えなかったことなどありえようか？　自分のほうが、不規則で厳しい継承の宿命によって厄介払いされるかもしれないという考えを？

その後、アレクサンドルが少年期を過ぎる時点で、エカテリーナは、かれが両親に会うことを許した。アレクサンドル自身が、父のいくつかの特徴から、父がどれほど統治能力に欠けているかを確認すると踏んでのことである。だが、かの女の目論見は失敗に終わる。アレクサンドルが、次第に父を尊敬することを覚えたからである。しかもそれは、父が軽蔑的なことばで語られるのしか聴いたことがなかったにもかかわらずにである。宮廷とガッチナ、この二つの環境はきわめて対称的だった。だから、なんの疑いもないことだが、それらのせいで、女帝お気に入りの孫に、矛盾した人格がかたちづくられてしまったのだ。たとえば、「強力な魂と、脆弱な性格」と、のちにフランスの詩人で政治家だったシャトーブリアンが記述することになる。また、もっと手厳しくは、オーストリアの政治家メッテルニヒが描写するように、「男の美質と女の弱さの奇妙なる混淆」ということになる。

この気質はたしかに、エカテリーナが孫のうちに認めたいと願っていたものではない。かの女は、自分のイメージどおりの相続人を欲していたにちがいない。アレクサンドルは以後ずっと、それからはきわめてかけ離れたものでありつづける。かの女が求めたのは、相続人の生活に関して、いかなる重要な決定も、その両親の裁量に委ねられてはならないということだった。すべてが、自分次第でなければならないのだ。かの女は、生まれてすぐに孫を自分の責任下に置き、自分の意のままに、自分の原則で、両親に相談することなく孫を教育してきた。同様に、かの女は孫を、自分の意思に従って結婚させせた。もう一度、パーヴェルとその妻には、自分の目論見をなにも知らせることなしにである。

このように息子の子どもを独占したのは、ドラマの再現だった。かの女は、パーヴェル誕生のときに、そのドラマを経験したのである。だがこの独占は、かの女の性格の一端を明らかにしている。しかもその一端は、他者との関係において、いつも簡単に現れるとはかぎらないものである。すなわち、ある種冷淡な心、ないしは、なによりも息子に対する異論の余地のない厳しさである。だが、これとは対称的に、かの女が継承者に選んだ人物に対しては、なんという優しさを、なんという心《こころ》配《くば》りをふり注いだことだろう！　しかも、かの女は、この人物の周囲に別の子どもたちを配したが、かれらに対しても同様だったのだ！　アレクサンドルが、かの女の奉ずる教育方針によって育てられるように、かの女自身、自分の意図にそって、文字をおぼえるための読本、小話《しょうわ》や寓話をつくった。かの女は、なん時間もかれに物語を読んだり、語ったりしてやった。それらは、かの女自身がつくったものであったり、豊かなロシアの民間伝承から拾ったものであったりした。あるいは、なん時間も、アレクサンドルの部屋で、床に座って遊んでやった。そんなとき、かの女は孫のまわりに別の子どもたちも集め、かれらにも時間を割き、愛情をみせるのだった。かの女がけっしてパーヴェルにはみせたことのない愛情を。

かの女は、この子に一身を捧げ、かれを教育するのに一役買い、自分にとって大事なもの——なによりも、知識とフランス的教養だった——を共有したいという意思をもっていた。それは、若い愛人たちに対するかの女の行動にもまた現れている。かの女はしばしば、かれらを大きな子どもとして扱ったが、自身の子どもたちは、けっしてそんなふうに扱いはしなかった。愛していなかったからである。かの女は、他者に対して夢中になり、温かい心をみせ、気前よくなる。だがそれは、相手が自分の心に位置を占めたときだけだったのだ。オルロフが狂気に陥った時期、かの女は長いあいだ同情と心《こころ》配《くば》りを示し、それを目撃したものたちに深い印象を与えている。かの女は、しばしば厳しくなったわけではない。けれどもパーヴェル夫妻に対しては、妻のほうはかの女自身が選んでやったにもかかわらず、情け容赦なかった。そしてそれは、七歳でとり戻したパーヴェルに対するのと同じだったのだ。謎が多く晦渋な女帝！　かの女は、私生活では二重人格のようだった。かの女は、均衡のとれた、注目すべき、また先見の明のある女性で、知的生活では好奇心と熱情を発揮していた。だが、これまで述べてきた人格は、知的生活におけるかの女と、どれほど違っていることだろう！

第六章　知的生活

ロシアの十八世紀は、西ヨーロッパを見習う世紀だった。それをメルクマールとなる時期に要約すると、まずピョートル大帝がロシアに西ヨーロッパの技術を移入し、ついでエリザヴェータ女帝がモードとマナーを移入し、そして最後にエカテリーナが、ロシアに西ヨーロッパ思想を普及し、かつ体現してみせたという栄誉を認められることになる。この見取り図はいささか荒っぽいが、すくなくとも、以下のことを想起させるという利点がある。すなわち、この世紀をつうじて、右の三つの治世の時期に、ロシアはヨーロッパに対して開かれ、そこから財産となるものを獲得したのである。こうして、大陸の東と西が出会ったわけだが、そこでエカテリーナは決定的な役割を果たし、文化の「渡し守」となる。そしてそれは、歴代の全ロシア君主のなかで、疑いもなく、かの女がもっとも教養に恵まれ、またもっとも貪欲に精神を豊かにしたいと願っていたからである。

読書への情熱

幼少のころ、エカテリーナはたいへん幸運だった。ドイツの公女として生まれたものの、フランス人女性家庭教師のおかげで、わがフランス語をみごとに習得したのである。フランス語は、かの女にとってたちまち、母国語と同様に親しみ深いものとなる。

ついで少女時代に、ハンブルクの祖母の家で、ひとりのスウェーデン人と出会う。それはイレンボリ伯爵といい、かれは、二人の会話がほんのいっときだったにもかかわらず、エカテリーナの知的成長に大きな影響を及ぼすことになる。(1) この人物は、独創的で理想主義だったが、悲しげな眼差しの少女の知性と早熟振りとに強い印象を受ける。少女の挙動すべてからみて、孤独で、いくぶんかうち捨てられた子ども時代を送ったことがうかがわれた。そして少女の母親を、厳しく非難している。「あなたは、あなたのお嬢さんの精神的資質をご存じないのです」と。また少女には、本を読み、かれがあれほど感銘を受けた精神を鍛えるよう、それも体系的に鍛えるようにと忠告した。

それからしばらくのち、エカテリーナは、ロシアでふたたび独りぼっちになり、無為の日々と向きあうことになる。結婚させられた皇太子に顧みられなかったからである。このとき、かの女の生活を満たしてくれたのは、かずかずの書物だった。はじめかの女は、手に入るものはすべて読んだ。とくに、フランスの小説に熱中した。かの女は本を、部屋ではいつもそばに置いていたし、外出するときはポケットに忍ばせた。だがかの女は、すぐにイレンボリ伯爵の忠告を思いだす。ある日、『ドイツ通史』*がフランスで出版され、ロシアの宮廷に届く。そこではだれも、この著書に注目するものはいなかった。あまりにも堅かったからである。ただエカテリーナだけが、この書物を独占して、むさぼり読んで、確認する。すなわち、自分には、この種の書物のほうが、それまで糧としてきた小説よりも好ましいと。「歴史」がかの女を魅了し、かの女は、偉大な人々の運命を知りたいと思うようになる。そして、それらが目のあたりになるように、以後著作を選ぶようになる。プルタルコスとタキトゥスが、お気に入りの著述家だった。そしてこのとき、自分の教育がいかに表面的だったのかを悟る。

* 当時の歴史家ジョゼフ・バール Joseph Barre（一六九二—一七六四年）の、*Histoire générale de l'Allemagne*, Paris, 1748。

ついで、かの女の文学的成熟の新しい段階が始まる。それは、アクセル・フォン・マルデフェルト男爵のおかげだったが、この人物は、ロシア宮廷で、プロイセンのフリードリヒ二世の大使を勤めていた。男爵は、かの女に、フランスの思想家ピエール・ベールの『歴史的批評的辞典』*を読むように勧める。エカテリーナは、その第一行から最終行まで注意深く読み、そこに懐疑の効力を発見する。この『辞典』を二年かけて深く読んだのち、モンテスキューに眼を向けて、その『法の精神』を二ヶ月間手放そうとはしなかった。かの女は同書で、絶対主義が根拠としている、〔君主の権力〕神授権を疑問に付すことを学ぶ。

* 原著は、Bayle, Pierre, *Dictionnaire historique et critique*, 3 vol, 1697。邦訳は、『歴史批評辞典 1—3』、野沢協訳、『ピエール・ベール著作集 3—5巻』、法政大学出版局、一九八二—八七年。

つぎの段階は、かの女をヴォルテールに導く。ヴォルテールとともに、かの女は、神を個人的に考察することができると確認する。それまでかの女は、迷うことなく、まずルター派教会の、ついでロシア正教会の教えを受けいれており、間違いないと教えられたものをもっと深く考えようとか、疑問に付そうとかしてはいなかった。だが、突然かの女は、教会もまた権力であること、しかも、それはしばしば多くの国よりも強力であること、さらには、教会の富はキリストの教えにほとんどそぐわないことを確認する。ヴォルテールの『風俗試論』は、かの女にとって、『法の精神』と同じくらいなじみ深いものとなる。またこの『試論』に、かの女のお気に入りの君主アンリ四世*の生涯を、どうして加えないでいられよう? さらには、十七世紀フランスの書簡作家セヴィニェ夫人の『書簡集』と、十六―十七世紀フランスの軍人＝文人ブラントームの『風流艶婦伝』を、つけ加えないでいられよう?

* 十七世紀フランスの歴史家アルドゥアン・ド・ペレフィクス Hardouin de Péréfixe de Beaumont（一六〇五―七一年）の『アンリ大王史 *Histoire du roy Henri le Grand*』, Amsterdam, 1661。アンリ四世（一五五三―一六一〇年、位一五八九―一六一〇年）は、フランス・ブルボン王朝初代の王。宗教戦争の困難な時期にあって、はじめ新教側の総帥として活躍したが、前王の死によって即位すると、カトリックに改宗して新旧両派の宥和をはかり、内戦を終結させた。また、ナントの勅令（一五九八年）を発して信教の自由を認め、フランス統一の強化をはかって、結果として絶対王政の基盤を築いた。

これらの読書の虜となることによって成長し、知性を発展させ、かの女をとり巻くものたちすべてからはるかに遠い地点に到達し、若き皇太子妃はその孤独を忘れた。過去だけでなく同時代の、もっとも偉大な精神の持ち主たちが、かの女の社会をかたちづくる。このときから、かの女はロシアに、そしてその宮廷に、それまでとは違った視線を向けるようになるが、その視線は、これら読書のたまものだった。このヨーロッパ文化という鏡に映して、かの女は、自分の生きている世界を評価した。かの女の周囲では、だれも気づいたものとていなかったが、こうして教養——とりわけフランスの、そしてまたドイツの——を獲得したことによって、いったいどれほど、かの女の世界観が変わったことだろう。けれども、一七六二年に帝位に就いたのちには、なん年かにわたって獲得した財産と、かの女の知的関心事が、かの女の行動の本質的な構成要素となっていく。エカテリーナを理解し、その治世を説明しようとするとき、同時代の人々がつねに強調したのは、かの女にあっては、まず最初に、その精神を検討しなければならないということだった。一部の人々は、かの女の並はずれた知性を記述するだけで満足してさえいる。大歴史家クリュチェフスキーは、この点ではこれよりはバランス感覚があり、かの女の「頭がよくできて」おり、精神が緻密で洞察力に優れ、すべてに通じていて、またかの女が自分を完璧に理解していたと主張している。

もしも、エカテリーナの文化における業績を評価するつもりなら、四つの領域を検討する必要がある。まず、西ヨーロッパ思想、なかんずく啓蒙主義哲学と、かの女との関係である。かの女は、啓蒙主義をロシアにもち込むつもりだった。つぎに、ロシアにおける文学の進歩のために、かの女がとった行動である。そのつぎは、作家としてのかの女の作品。そして最後に、教育に関する業績である。ピョートル大帝以来、教育は、ロシア歴代皇帝たちの変わることのない関心事だったのだ。

これはまさに小説のタイトルだと、考えることができるかもしれない。あるいは、ある意味では、かつて本当にあった一連の「小説」を、この総タイトルのもとに配列することができるかもしれない。

そこから始めなければならないのだろうか？　おそらく、そのとおりである。というのも、エカテリーナの関心が広がったのは、フランス哲学のせいだからであり、かの女の世界理解の仕方は、かの女をとり巻く思想家たちから、獲得されることになるからである。ダランベール、ディドロ、そしてとくにヴォルテールは、かの女の生涯のうちに、ほかとは比べものにならない位置を占めていた。十八世紀の中ごろ、哲学者の姿が全ヨーロッパを魅了していた。だからエカテリーナは、自分の支配する宮廷にも、宮廷付き哲学者がいなければならないと考えていた。そこで、帝位に就くやいなや、かの女はダランベールをロシアに招待し、後継者パーヴェルの教育に当たってくれと頼んだ。ダランベールはそれを断ったが、その際、ヴォルテールへの釈明の手紙のなかで、それとなくピョートル三世の死に触れている。「わたしは、かなり痔にかかりやすいのですが、あの国では、痔は相当深刻な病なのです」と。(2)* エカテリーナがこの拒絶に傷ついたことには、疑いをいれない。もっともかの女は、なお数年のあいだ、ダランベールと手紙の遣り取りをしていたが。本当のところ、かの女は、この提案への拒絶を、自分にとってもっと受けいれやすい動機のせいにしている。つまり、ダランベールはフリードリヒ二世に近く、大王はかれに年金を与えている。だから、そうした条件のもとでプロイセン宮廷を見限れば、それは、ダランベールにとって穏当を欠くことになろうというのである。

＊　公式発表では、ピョートル三世の死因は、痔の激痛だとされていた（二二七ページ参照）。

エカテリーナは、ルソーに関しては不安をもっていた。かれの考えの多くに、とくにその教育原則に賛成できなかったからである。だがルソーはグリゴリー・オルロフを魅了し、オルロフのほうは、これも奇妙な精神の持ち主だったが、一七六五年に、ペテルブルクに赴くようルソーに要請している。この招待もまた結果を生むことはなかった。だがそれは、哲学者たちの思想に対する強烈な好奇心のあかしであり、かの女の治世の初期には、こうした好奇心が、エカテリーナのみならず、その近臣たちの特徴だったのである。エカテリーナが西ヨーロッパ到来の思想に熱中していること、またかの女が気前のいいこと、そうしたことはただちに知られるところとなり、いく人もの来訪者たちが、ロシア宮廷へ馳せつけては、その知識や計画を提供するようになる。あるいは、ただたんに招待の恩恵にあずかろうとするものたちも出る。たとえば、エカテリーナが帝位に就くか就かぬかのうちに、フランスの作家ベルナルダン＝ド＝サン＝ピエールやイタリアの冒険家カザノヴァといった人物が、あいついでペテルブルクを訪れる。

ベルナルダン＝ド＝サン＝ピエールは、一七六二年にロシアにやってきて、新天地を切り開こうとした。(3) エカテリーナは、ちょうど女帝の称号を身にまとったところだったが、かれは女帝を説得して、自分の計画を支持してもらおうと試みた。かれは、「インド＝ロシア通商ルート探索会社」なるものを呈示した。かれの腹づもりは、この会社をカスピ海沿岸に設置して通商ルートの要衝とし、ロシアとアジアを結ぶことにあった。エカテリーナは、オルロフに説得されて、この計画を認可しないこととした。この計画が、外国人入植者に、帝国の辺境で独立した地位を与えることになるかもしれないからである。ベルナルダン＝ド＝サン＝ピエールは幻滅してロシアを去る。だがかれは、帰国に際して「ロシア女帝に仕える大尉」の称号をもち帰る。そしておそらく、挫折した計画の替わりのつもりだったのだろう、エカテリーナに、島をひとつ頂きたいと要求した。だが、この新しい要求も、エカテリーナの沈黙に遭っただけだった。(4)＊

＊ベルナルダン＝ド＝サン＝ピエールは、のちにロマン主義文学の先駆となるにふさわしく、幼少のころから冒険好きの夢想家で、立法者として異国の地に理想郷を建設するという計画を本気で考えていた。かれはそのため、なん度か外国に赴いている。本章でとり上げられている「会社」も、おそらくはこうした理想郷計画のひとつだったと思われる。

ベルナルダン＝ド＝サン＝ピエールにつづいて、カザノヴァがやってくる。その断言によれば、かれは、一七六四年にロシアにやってきて、この国に絹織物業を導入しようとしたという。かれも、エカテリーナを説得したものの自分の目論見を採用してもらうことができず、その滞在は、女たちとの出会いの数を増やしただけだった。

反対に、これとまったく異なるのが、シャルル＝レオポルド＝アンドルー・ド・ベリスタン男爵のロシア行である。この人物は、フランス東部ロレーヌの夢想家で、エカテリーナ二世に役に立つことを提案しにロシアにやってきて、一七六五—七五年の一〇年間滞在することになる。かれにいわせれば、「すべての国家は、すべての人間と同様、研究によって分かる違いをいくつか除けば、たがいに似かよっている」(5)のである。かれもまた、当然のことながら、提案すべき計画をもっていた。ヨーロッパの主要河川をたがいに結んで、大陸の経済的統一と通商の飛躍的発展とを保障しようというのだ。この人物はたしかに、いわゆるヨーロッパ人の先駆だったが、ロシアの特殊性にほとんど気づいていなかった。なるほど、かれのケースを尺度として、エカテリーナの気前のよさを測ることはできよう。だが、かの女は、外国人がやってきて門を叩き、なんらかの提案を携えていると、気前よく遇した。だが、この人物の長期滞在も、ロシアにとってほとんど意味のないことが明らかになる。

つぎの来訪者は、一七六七年で、ル＝メルシエ＝ド＝ラ＝リヴィエール――またしても夢想家である――だった。この人物は、帝国に法の一般原則を導入したいといった。それも、フランスとイギリスのモデルからひき出されたものをである。(6)かれはエカテリーナに提案して、その教育計画を練りあげるために、自分がかの女にその基本原則を呈示するまで待つようにいった。それも、法外な俸禄を要求してである。だが、エカテリーナは、自分の宮廷に無私無欲の哲学者を任命したと思っていたのだ。もっと悪いことに、ル＝メルシエ＝ド＝ラ＝リヴィエールは、自分のマルティニックでの成功を援用して、国を統治するといい出した。かれは、マルティニックで知事を務めていたというのである。かれがロシアで地位を失うには、わずか一冬で十分だった。

けれども、大哲学者たちはエカテリーナを魅了していたものの、急いでペテルブルクに参じようとはしなかった。ヴォルテールを筆頭にしてである。だから、エカテリーナは、一七六三年以来、この哲学者と手紙の遣り取りを始めて、それを、かれの死まで続けることになる。当時もっとも影響力のある著述家だったが、かれは、開明専制君主たちには好意的だった。たとえば、フリードリヒ二世が開明君主として評判をえたのも、その大きな部分がヴォルテールのおかげだった。だから、ヴォルテールとの文通が始まったとき、エカテリーナは、『百科全書』の出版が問題を抱えていることを知ると、ただちに援助を申しでて、リガに印刷所を設立しようと提案した。また、ディドロの財政的な苦労を知ったときには、かの女は、ディドロからその蔵書を言い値で買いとったうえ、終生自由に使わせた。そのうえ、司書の資格で結構な額の年金まで支給して……。

ヴォルテールとエカテリーナの関係は、手紙をつうじてのものでしかなかった。とはいえ双方からの手紙は、なん百通にもなる！　哲学者のほうは、なん度もくり返し女帝の完璧なフランス語を褒めそやす。二人の手紙の遣り取りは、エカテリーナの評判に大きく貢献した。たいへん興味深いことだが、遣り取りした手紙が示しているのは、エカテリーナが巧妙で、文通相手を真のプロパガンダの目的で利用していることである。たとえば、ヴォルテールははじめ、エカテリーナの眼からみて、大きな利点をもっていた。つまり、かの女のイメージを曇らせる事件、ピョートル三世の死から、かの女を免責してくれたのだ。ヴォルテールはこの事件を、「家族内でのできごと」と片づけている（八九ページ参照）。これはたしかに、ことばによるごまかしだが、これ以降哲学者には、エカテリーナの栄誉のために記念碑を建ててやることが可能になる。かれは、「北方のセミラミス*」、「北方の星」、さらには「シバの女王**」を称えているが、これは、対比の繰り返しにすぎない。かれはかつて、エリザヴェータ女帝に対して、これらの対比を使っている[7]のだが、それを忘れていたのだ。だがエカテリーナは、そんなことに腹を立てたりはしなかった。

＊　古代バビロンの伝説上の女王。女神の娘といわれ、夫であるバビロン王ニノスの死後長く同国を統治し、空中庭園をはじめ多くの建造物を造営したという。なお、ヴォルテールには、この女王をヒロインとした五幕の悲劇『セミラミス *Sémiramis*』（一七四八年）がある。

＊＊　シバとは、古代に南アラビアに住んでいた民族。『旧約聖書』・「列王記」によると、この女王は、イスラエル＝ユダヤ複合王国ソロモン王の名声を聞き、これを試すために同国を訪れたが、その繁栄に感服して、多くの贈りものを残して帰国したという（「列王記　上」一〇章・一―一〇節）。

エカテリーナのほうも、さまざまな行為によって、ヴォルテールの自分に対する感情を強化している。たとえば、かの女はカラス未亡人*に贈りものをしている。だがこれをもとに、哲学者は以下のように憶測することになる。「あなたもよくご存じのように、未亡人は、夫を殺させたわけではありませんし、ほかでもないわたしたち哲学者は、かの女がそんなふうに中傷されることを、けっして我慢できないのです**！」。また、女帝の他の文通相手とはちがって、ヴォルテールは、女帝から一度も年金をもらったことがない。たしかにヴォルテールは、かの女から贈りものをもらってはいるが、それらには、どちらかといえば象徴的な価値しかない[8]。かれ自身財産があり、そうした必要がなかったため、エカテリーナ得意の財政援助を期待しなくともよかったのだ。

＊　一七六二年三月、南仏トゥールーズで、プロテスタント青年が原因不明の死を遂げると、狂信的なカトリックの人々は、プロテスタントだった父親ジャン・カラスが、息子のカトリックへの改宗を認めがたく、これを殺したのだと決めつける。一家は糾弾され、父親は、確かな根拠もなしに死刑に処せられてしまう。未亡人をはじめ遺族から冤罪を晴らすことを依頼されて、ヴォルテールが立ちあがり、ダランベールら知識人を動員してキャンペーンを張り、およそ二年後の六四年四月、判決の無効を勝ちとった。宗教的不寛容からくる冤罪事件の典型とされる。なおヴォルテールには、同事件の関係文書を集めた文集『カラス事件 *L'Affaire Calas*』（一七六三年）がある（邦訳、『カラス事件』、中川信訳、冨山房百科文庫、

一九七八年)。

** もちろん、エカテリーナが夫ピョートル三世を殺させたという風評を根拠としての憶測。

エカテリーナにとって、ヴォルテールの支持とお墨付きは、ほかのなににもまして重要だった。だが、それらの支持とお墨付きは、おびただしい書簡によって他の文通相手にばらまかれ、ときとしてヴォルテールに対する厳しい批判にもなった。たとえば、ショワズール公爵夫人は、ヴォルテールを非難して、かれが「あの破廉恥女……あの怪物を称讃することで、筆を汚している」といっている。ヴォルテールに向けられた批判は、かれの盲目的かつ打算的な寛大さを非難しているが、以下の二つの点では鉾先を緩めなければならない。まず、かれの称讃の独演のなかに、この哲学者は、その明敏さを示す指摘を織りこんでいる。たとえば、文章のふとしたはずみで、かれは、エカテリーナが「地上に存在する、もっとも独裁的な権力である」ことを強調し、かの女がポーランドへ駆けつけたのは離教徒〔一六四ページ訳註参照〕救援のためだと素朴にも信じてしまったことを嘆いている。さらに、かれが「北方のセミラミス」のために建てた記念碑は、かれとその友人たちに具体的な利益をもたらさなかったわけではない。エカテリーナは、フランスにおいて哲学者たちが遭遇している困難をよく知っていた。たとえば、コメディー=フランセーズ*において、ディドロは、「祖国を堕落させた」といわれてはいなかったろうか？　舞台のうえで、ルソーらしき人物が四つん這いで歩くのをみなかったろうか？　哲学者の敵たちの結託をまえに、ヴォルテールは、ロシアでの哲学者の地位をみて心慰めることだけはできた。ロシアでは、女君主が哲学者に高い地位を与え、かれらの意見を聴いて改革政策を確立しようと気を配っていたのである。

＊　フランスの国立劇場。一六八〇年に、当時の国王ルイ十四世の命で創建され、世界最古の国立劇場とされる。

またロシアこそが、ヴォルテールに寛容の実例を提供した。エカテリーナは、カラス夫人に物的援助を提供しているし、僧侶階級の特権を制限する措置を採用したなどなどである。女帝の一書簡から、ヴォルテールは、「迫害者たちに禍あれ！」という文を抜粋して、すべての文通相手に広めている。またかの女に、ヴォルテールは、一七六五年の『歴史哲学』[*]だけでなく、『「百科全書」についての疑問』の項目の多くを捧げ、そのうちの「教会」の項目でもまた、エカテリーナのロシアに言及している。かれはエカテリーナを華々しく称讃し、かの女の政策は哲学者たちの思想にヒントをえているとくり返す。だがそれは、かれにとって格好の手段だった。それによって、フランスでも哲学者たちが国家と、国家を治めるものたちを導くべきだと、同国人たちに聴かせたかったのだ。エカテリーナとヴォルテールの関係は、結局のところ、共通の利益の意識だけでなく相互の讃美にもとづいていた。だから、哲学者の死に際して、女帝が、多数の実際上の困難にもかかわらず、かれの蔵書を買いとりたがったことは簡単に理解することができる。

＊　邦訳、『歴史哲学』、安斎和雄訳、法政大学出版局、一九八九年。

治世の当初以来、エカテリーナはピョートル大帝を模倣した。大帝は、多くの人物をロシアに呼び寄せて、その知識と技術を提供させた。当時ロシアではまだ、そうした知識や技術が知られていなかったからである。ピョートル大帝と同じく、エカテリーナも、ヨーロッパに国を変革する手助けを求めた。ただしかの女のほうは、まず精神と芸術の世界のことを考えた。かの女にとって貴重な哲学者たちが、このかの女の意図に役立つことになる。かれらの仲介によって、かの女は、思想家、作家、芸術家たちをロシアに招聘した。と同時に、かの女は、これら哲学者たちに、若いロシア人たちを受けいれて、かれらが自己陶冶するのを援助するよう求めてもいる。こうした特別駐在員の筆頭に、ディドロと、そしてとくにグリムがいた。

フリードリヒ＝メルヒオル・グリムは、エカテリーナの「ネットワーク」のなかでも特別な地位を占めている。二人は、四三〇通ほどの手紙を遣り取りしている。女帝のために芸術作品や美術品を購入したのは、グリムだった。ヴォルテールの蔵書買い取りに困難が生じたときも、かの女が助けを求めて眼を向けたのは、かれのほうにであった。グリムは、定期刊行誌『文芸通信』の編集者であり、同誌は、限られた部数が王侯に配本されていたが、エカテリーナは、帝位に就いたときからその購読者だった。二人が出会うのは、ようやく一七七三年――一方、二人の手紙の遣り取りが始まったのは、一七六四年にさかのぼる――になってのことだった。こうしてエカテリーナのまえに現れると、かれは、一七七六年の第二回ペテルブルク訪問以降、年二〇〇〇ルーブリの年金を賜ることになる。また「同時に、大佐の位と称号」も手にするが、それはフリードリヒ二世をいたく面白がらせた。(9)グリムは、仲介人としてエカテリーナに仕えて、フランス美術品収集政策に資するだけでは満足せず、ヴォルテールと同様、かの女の熱烈な宣伝家だった。一七六八年、フランスがポーランドにのしかかる脅威に動揺しているとき、かれは、つぎのように書いたのではなかったのか？　すなわち、「ポーランドは今日、あの危険で抑えの効かない熱病（狂信的教皇礼賛のこと）にうかされている。ドイツとフランスも、二世紀まえにはこれにひどく冒されていた。望むべきは、ロシアの医師たちが、この病の発症期間を縮めてくれることである」[10]と。現代フランスの文学史家マルク・フュマロリのいうように、グリムは、フランスにエカテリーナの影響を広めるうえで、正真正銘のエージェントだったと考えることができる。だから、この点ではヴォルテールを非難することはできない。ときとして行き過ぎた礼賛者ではあったが、ヴォルテールはけっして、金で雇われたエージェントではなかった。

哲学者たちと文通するのは、かれらをロシアに定住させるよりも簡単なことだった。エカテリーナはグリムに、自分のかたわらに安定した地位を用意したが無駄だった。かれは、一七七三―七四年の滞在が終わるとき、それを辞退する。自分の庇護者を再訪するという約束に忠実に、かれは一七七六年にふたたび現れるが、あい変わらず、けっして居残るまいと決心していた。エカテリーナは、ダランベールやヴォルテールとの関係においても、これ以上に幸運だったわけではなく、そのことをひどく嘆いていた。けれども、一七七三年から七四年にかけて、ディドロがかの女の宮廷に現れ、かの女といく度も長時間対話する。それはかの女にとって、特筆すべき埋め合わせだった。この哲学者がペテルブルクにやってくるはるか以前から、女帝には、ディドロの思想と、自分の関心をもっている問題に対するかれの立場について、聴きあわせる習慣があった。そのうえ一七六五年以来、ディドロは、女帝の依頼に応じて芸術家や教師を募集する仕事をひき受けていた。かの女は、かれらにロシアにきてもらうつもりだったのである。ディドロは、さんざん逡巡したあげくロシアにやってくると、五カ月間（一七七三年一〇月から七四年二月まで）そこにとどまり、その間女帝と規則正しく――すくなくとも、三日に一度――会見し、それらの会見は三時間近くに及んだ。ディドロ自身が、それを妻に、以下のようなことばで明らかにしている。「わたしは毎日、三時から五時ないし六時までのあいだに、かの女の勉強部屋に入る。ただし、この時間いっぱいかかるのは、三日に一度なのだ」。これらの会話はたいへん異例のことだったけれども、それを律していた方法は、いくつかの証言によって知られている。とくに、同じ百科全書派の哲学者ジャック゠アンドレ・ネジョンの証言が、哲学者の死後二年目に書かれた『回想録』*に記されている。ネジョンがそこで指摘しているところでは、ディドロは、女帝のこれ以上ないほど多様な質問に自由に答えていたという。回答がより複雑で、より念の入ったものになりそうだと、かれはそれを、紙に書いて展開したが、その文書はエカテリーナが保存していた。(11) ディドロの『哲学論集』は、これらエカテリーナのために書かれた文書を集めており、**哲学者の意思の証言として重要な作品となっている。それによると、ディドロは、女帝の好奇心に応えるだけではなく、かの女のものの見方、さらには計画に影響を及ぼそうと考えている。たしかにディドロは、ロシアについてなにも知らず、エカテリーナに助言者として仕える準備もほとんどなかった。けれども、かれはそのことを久しい以前から熟考していた。

＊『ドゥニ・ディドロの生涯と作品に関する歴史的゠哲学的回想録 *Mémoires historiques et philosophiques sur la vie et les ouvrages de Denis Diderot*』, Paris, Brière, 1811, 432 p. なお、ネジョンは、ディドロの最初の『全集 *Œuvres, publiées sur les manuscrits de l'auteur par Jacques-André Naigeon*』, Paris, Desray, Deterville, 1798, 15 vol）を編纂している。

＊＊ もともとディドロは、エカテリーナとの対話の準備のため、事前に覚え書きを作成しており（『エカテリーナ二世の

ための覚え書き *Mémoires pour Catherine II*』、一七七三年執筆）、それは長くエカテリーナの書庫に保存されていた（一時紛失したらしい）。それがのちにフランスのディドロ研究家によって筆写され、その著書『ディドロとエカテリーナ二世 *Diderot et Catherine II*』のなかで、『哲学、歴史その他の論集 *Mélanges philosophiques, historiques, etc.*』というタイトルで編集・刊行された（小場瀬卓三・平岡昇監修、『ディドロ著作集 第3巻』。巻末の解説三九二―九四ページ）。その後ディドロの手稿にもとづいて、より完全なテクストが公刊され、現在は『エカテリーナ二世のための哲学論集 *Mélanges philosophiques pour Catherine II*』のタイトルで刊行されているようである。なお、前掲『ディドロ著作集 第3巻』には、『エカテリーナ二世との対談』（野沢協訳）のタイトルで九編が紹介されている（二一五―三三五ページ）。

エカテリーナのところに赴くまえ、ディドロは、グリム編集の『文芸通信』に政治論一編を掲載し、当時ロシアで優勢だった近代化の方法を厳しく批判した。そのタイトル自体が、かれの論調を予告している。すなわち、「始まりから始めなければならない」というのである。論証は以下のようにつづく。「あなたは、諸民族を文明化したがっています。けれどもあなたは、あなたの建物をてっぺんから造りはじめているのです。あなたのそばに、才能ある人々をあらゆる国々から呼び寄せることによって。これら希有な異国の植物は、なにをつくり出すのでしょうか？ いっさいなにも！……まずは、大地を耕し、革を加工し、毛糸を撚り、靴をつくることを覚えなさい。そうすれば、時がたつとともに、あなたが手出しをしなくとも、人々は、あなたの国で、絵画や彫像をつくるようになるでしょう。というのも、こうした下層身分から、裕福な家々や子だくさんの家族が育ってくるものだからです」。この自然の法則を尊重しないと、とディドロは警告する。「あなたは、ほとんど同じ程度の野蛮さにとどまってしまうでしょう。あなたが、そこから脱出したがってきたというのに」[12]。

エカテリーナは、『文芸通信』を定期購読していたから、当然のことながら、自分の文明化努力に対するこの非難を知っていた。にもかかわらず、かの女は、それに腹を立てるどころか、この非難に答えて、自分の政策の弱点を認めつつ、教育の主要な領域で自分が成し遂げた努力を強調している。そこでは、かの女も注目すべき行動を自慢することができたからである。また、ディドロの厳しい非難があったからといって、かの女は、かれを自分のそばに呼び寄せ、際限なくかれと対話することをやめはしなかった。ディドロのかの女に対する提案が、かの女にはしばしば受けいれがたいものだったにもかかわらずにである。

哲学者の最初の提案は、例の大委員会を、それが解体されてしまっていたにもかかわらず、常設機関に変えることだった。この提案によって、ディドロはじっさい、ロシアにおける代議制の確立を主張したのである。同じくかれが提案したのは、政府と行政における貴族の地位を制限するため、試験制度を創設して、トップにいたるまであらゆる職務に人材を供給することだった。おそらくこの提案は、ディドロの政治観《ヴィジョン》には一致していた。けれどもそれは、帝国における貴族の重要性と、エカテリーナが貴族に配慮せざるをえない必要性とを見誤っていた。エカテリーナは、急激すぎる改革によって貴族が自分に反抗するのを、恐れていたのである。女帝は貴族に依拠しており、かれらの支持を失うべきときではないと考えていた。

哲学者のもうひとつの提案もまた、女帝にとって好ましからざるものだった。というのも、その提案は、首都といううきわめて微妙な問題に関するものだったからである。ディドロは、首都をモスクワに移すよう進言した。だが、ペテルブルクは、ロシア西欧化計画の象徴だった。またエカテリーナは、ピョートル大帝の業績を受け継ぐことに執心していた。だから、どうしてかの女に、首都をモスクワに戻すことなど受けいれられよう？　モスクワは、ピョートル大帝が拒否した古きロシアの象徴だったのだ。

哲学者の提案がエカテリーナの賛同をえられなかったのは、それらが、一七七三年のロシアの現状を考慮していなかったからなのだ。そこでは、すべてがただちに可能になるわけではなく、一方では貴族の要求が、そして他方では国の後進性が、慎重さを要求していたのである。さらに、ディドロは具体的な政策を提案したがったが、エカテリーナのほうは、なによりも、かれから説明を受けたいと望んでいた。フランスの諸制度について、その誕生と拡大のありさまについて、また、モープーによる高等法院の危機と廃止*をはじめ、これら諸制度の経験した困難について。それによってかの女は、時とともに、それも長いタイムスパンでみて、どんなふうにしたらロシアが、フランスと同じ道を踏襲することができるのか理解したかったのである。かの女は、フランスに発想の源を求めてはいたが、ディドロがかの女に呈示するモデルを、盲目的にコピーするつもりはなかった。また、ロシアの進化の道を不用意に早めるつもりもなかった。

* 一七七一―七四年にフランスでは、ときの大法官モープーが、王権に批判的な各地の高等法院の権限を縮小する改革を実施したが、多くの反対に遭い七四年に挫折した。ただしかれは、高等法院の廃止までは考えていなかったようである。

その統治のはじめに、短いあいだではあったが、エカテリーナは、農奴制を廃止するとはいわないまでも、これに制限を設けたいと夢みたことがある。だがこの制度には、かの女にとって利点が――

たとえば、自分に尽くしてくれたものたちに農奴を分配するのは、かれらの忠誠を確たるものにするうえで、便利なものだった——あった。また、この種のあらゆる措置には貴族の反対があり、それは、大委員会の集会の際に表明されていた。そのためかの女は、こうした計画は忘れたほうがいいとすぐに納得した。このきわめて重要な問題に関しては、ディドロとの対話も変化をもたらすことができなかった。聡明な哲学者が、それを正面からとり上げないよう十分に配慮したのだ。ただかれは、ロシアのために、農民の土地所有を促進する必要性を指摘した。それが、繁栄した責任ある農民世界を創出するうえで、欠くことのできない条件だったからである。たとえば、フランスに存在する農民世界のように。

　このように根本的な食い違いがあり、ある種の沈黙によって、それが和らげられていただけだったにもかかわらず、エカテリーナはディドロとの対話をやめようとせず、その他あらゆる問題について、かれの意見を求めつづけた。二人は、一七七四年三月に大変な友情をいだきあったまま別れた。そして女帝は、哲学者に物的支援を与えつづけた。ディドロのほうは、帰国したとき、そのロシアに関する考えを展開することになる。それは、一種の対話として、パリとペテルブルクとのあいだで続けられたのだ。すなわちディドロは、『「訓令《ナカース》」に関する見解』を、フランス帰国後二通の手紙にしたためて女帝に送る。この『見解』は、右のような関係を例証するものなのだ。だが、このたびは関係は二つの面をもつ。というのも、ここでは批判が、ディドロが面と向かって述べたときよりも、はるかに厳しくなっているからである。かの女は、このような遠隔地での考察をすすんで受けいれようとはせず、ほとんど一顧だにしなかった。だが、だからといって、かの女は哲学者と仲違いしたわけではない。その証拠に、かの女は、ディドロに、フランスに帰ったら、ロシアのために教育制度の原案を作成するよう頼んでいる。

他の君主たちも——フリードリヒ二世を筆頭に——、同時代の偉大な哲学者たちと会話しようと望んでいた。エカテリーナとディドロの関係において、他に例をみないのは、それが一対一であったこと、規則正しくなされたこと、対話の習慣が長く続いたこと、そして、女帝が多くの時間を費やしたことである。調子と話題が率直だったこともあげられるが、それは、ディドロのメモをみれば分かる。最後に、女君主が、こうした関係を続けようと執着していたこともあげられよう。それは、これまでに先例のないことだったし、他のどんな宮廷においても似た例すらなかったのにである。グリムは——かれひとりではないが——、かれの友人ディドロの馴れ馴れしさと、対話相手の感受性に対する配慮のないこととを憤慨している。グリムの考えによれば、かれ自身が女帝に示した献身——ときには、おもねりといわれた——こそが、こうした関係にふさわしい調子なのだ。だがエカテリーナのほうは、そんなことに腹を立てたりしていない。もっとあとになってやっと——ディドロが、帰国後に二人の関係にもっと直接的なスタイルと、ときには乱暴な話題を選ぶようになるとだが——、かの女は、ディドロの注釈や提案を「無駄なおしゃべり」と形容するようになる。

エカテリーナは、その大切な哲学者たちのために、会話という形態であれ、そしてとくに手紙という形態であれ、じつに多くの時間と根気強い関心を捧げた。だが、その理由を推しはかろうとするなら、避けなければならないのは、おそらく、あまりにも単純化した仮説を採用して、純粋に宣伝上の企てだったとすることである。たしかにかの女は、ヴォルテールに称讃されるのは有利なことだとみていた。かれが、かの女の人となりや、そのなしたことを称讃してくれたからである。あるいは、自分が哲学者たちの友で、かれら哲学者の理念に、自分の文明化の事業のなかでも一目置いているといってくれたからである。これにはほとんど異論の余地がない。けれども、この見解にこだわると、女帝の精神的な好奇心と、喜びを看過してしまうことになる。かの女は終生——それも少女時代から——、他者の考えと対決するのを喜びとしていたのだ。かの女の長期にわたるヴォルテールとの手紙の遣り取り、その手紙の特質や、その根底にある省察の特質、これらすべてが、かの女がこうした対話に付与していた重要性を証言している。この対話は、現実の利害とともに、精神の幸福に属するものだったのだ。かの女はディドロに物的な援助を与えたが、それは、「哲学者たちの友」という、かの女の評判を保障するに十分なものだった。またかの女は、毎週数時間はディドロとともに過ごした。そして、かの女をそうさせたのは、以下のこと以外にはありえない。まずかの女は、ディドロに、自分のさまざまな好奇心に応えてくれることを求めていた。つぎに、フランス語で、フランス文化の世界を自在に動きまわることを喜びとしていた。さらに、遅れたロシアを、フランスというモデルにもとづいて、発展——到来するのが、きわめて長い先のことだったにせよ——の展望と突きあわせることを喜びとしていた。こうすることによって、エカテリーナはすでに、自国を文明化されたヨーロッパに参入させているのだという印象をもった。そしてフランス文化は、この時代にあって、ヨーロッパを統合する要素だったのである。

ロシア文学の擁護者

エカテリーナは、フランス文化に情熱を傾けていたからといって、ロシア文学に、そしてそれを普及する手段に、したがって文学界を勇気づける手段に無関心だったということはけっしてない。文学界は、かの女に多くを負っている。この領域では、かの女の役割が同胞たちによって称えられている。その嚆矢となるのが、かの女の治世の大詩人ガヴリラ・デルジャヴィンである。かれは疑いもなく、ロシアにおいて、かの女の栄光をつくり上げたものたちのひとりだった。かの女が他界したとき、デルジャヴィンはつぎのように書きはしなかっただろうか？

ああいまでは、かの君はもういない
甘美な美しさの輝きも翳っている
すべてがまた闇に覆われ、すべてが空しい
すべてが塵埃に帰し、すべてがこわばっている
激しい恐れで血も凍り、
親を亡くした愛だけが泣いている……

この詩人の困惑が描きだすロシアは、悲嘆にくれて、偉大な時代が終わったと考えている。そしてこの困惑は、まさに、デルジャヴィンがエカテリーナに献じたものを想い起こさせる。すなわち、「偉大なる」という形容詞で、それがかの女の名に結びつけられることになる。* それは、かの女の業績を彩り、また、ロシア内部から湧きおこる声として、かの女の貢献を画して、文明化した女帝という神話をつくり上げる。

＊　いうまでもなく、エカテリーナ二世は、「大帝」と呼ばれている。

十八世紀のあいだ、もっとも長きにわたって、詩がロシア文学を支配していた。けれども、かの女の治世とともに、そこでは、散文が次第に大きな地位を占めるようになる。そしてそれは、女帝の庇護《メセナ》と無縁ではない。エカテリーナの「公式詩人」デルジャヴィンのほか、かの女の治世でもっとも名高い二人の作家は、おそらくフォンヴィジンとカラムジンである。たしかにカラムジンは、エカテリーナの時代よりもむしろ十九世紀に属している。だが、治世の初期には、デニス・フォンヴィジンが、「ロシアのモリエール」と綽名され、ロシア最初の劇作家として長き栄光を獲得する。そのもっともよく知られた劇『親がかり《ネドロスルブ》』は、ロシアの田舎貴族の生活と風俗を正確に描いている。けれどもかれは、すでに一七六九年、処女戯曲『旅団長』によって、二五歳の若き劇作家として名声をえていた。* かれは、この作品で、母国の若い世代の「フランスかぶれ」を揶揄し、同胞たちの欠点を嘲笑している。フォンヴィジンによって、ロシア演劇は、その言語とジャンルとしての地位とを同時に獲得した。かれが観客に呈示してみせたのは、ロシア人やモスクワっ子といった同時代人たちだったのである。

この戯曲はまた、その作者に公的な前途を保障することになる。すなわちニキータ・パーニンが、フォンヴィジンの才能に好印象をもち、自分のかたわらに秘書として呼び寄せたのである。フォンヴィジンは、一七八二年のパーニンの死まで、この職にとどまることになる。またフォンヴィジンの業績は、演劇という単一のジャンルを越えている。かれは、同時にジャーナリスト、論争家、社会思想家であり、その一身だけで、当時ロシアに出現しつつあったジャンルすべてを体現していた。

＊ フォンヴィジンは、これに先だつ一七六四年に第一作『コリオン』を上演しているが、同劇はあるフランス喜劇の翻案改作であり、六九年上演の『旅団長』が実質的な処女作となる（川端香男里編、『ロシア文学史』、東京大学出版会、一九八六年、八〇ページ）。

エカテリーナ二世はまた、自身がフランスとイギリスのうちにみていたものにヒントをえて、諷刺雑誌——ロシアの文化水準をひき上げるのに最適だと、かの女は考えていた——の創刊を促進したいと望んだ。かの女は、みずからそうした雑誌の先鞭をとって『一切合財』を発行させ、また同様な出版物の輩出をあと押しした。『フォー＝ブルドン』、『ほら吹き』、『画家』といった雑誌が、このモデルに属している。これらの雑誌で公にされた記事のきわめて多数が、フォンヴィジンの筆になるものである。またそれらの記事は、フォンヴィジンが社会思想家であると同時に、論争家でもあることを明らかにしている。かれが第一に関心をもったのは、なによりも、ロシアのあの社会問題だった。すなわち、貴族と農民との関係、別の言い方をすれば農奴制であり、かれはそれを力強く告発し、この制度が奴隷制《ラブストゥヴォ》に転化していると論じた。かれ以前には、いかなる作家も、こうして農民たちの不幸を告発したり、土地所有者たちの傲慢さや残酷さを舞台にのせてはいない。一七七三年には、フォンヴィジンの前途が転換し、かれの「社会観」が消えるかもしれないことがあった。つまりパーニンが、フォンヴィジンの労に報いるため、二〇〇人近い農奴をこの劇作家に贈ったではないか。同じころ、フォンヴィジンはフランスを訪問して「偽の美徳」を発見し、「フランスという蜃気楼」が存在してロシアを堕落させているのではないかと疑問をもった。そして、こうした考え方は、かれの業績にスラヴ贔屓の調子を帯びさせることになる。だが結局のところ、社会批判が勝利を収め、劇作家はその使命に忠実に、進化を義務づけられた社会を描く画家でありつづける。実際のところ、かれは、エカテリーナの二面性のある考え方を強く反映していた。かの女と同様、「ロシア病」を、つまり母国の後進性と、自然的かつ精神的な障害を認識していたのである。フランス語に堪能だったため、かれはフランス文化と同化し、これをとり入れた。だが、だからといって、母国の実情を嘆きつつも、自分をそこから切り離すことはできなかった。かれによる言語の革新、思想と劇の調子とにみられる自由さ、またかれの論説の自由さは、異論の余地なく、その時代の文学の進歩に貢献している。

女帝は、外国の著作の翻訳を推奨したが、これら翻訳もまた、ロシアの文化的進化に特筆すべき役割を果たした。「貴族陸軍幼年学校翻訳サークル」が一七六二年に創設され、驚くべき仕事をやり遂げた。このサークルの主導によって、数十の書物が翻訳され、きわめて迅速に市場に供された。あらゆるジャンル、あらゆる文化がそこにはみられる。こうして、アベ・プレヴォー、ルサージュ、フィールディング*、スウィフト、妖精物語、神話など、多数の著者や作品がロシアの国民文学を培うのに貢献した。ロシア文学の発展はこのとき、模倣と着想の借用によってなされたが、同時に、ロシア文化に注目すべき充実をもたらした。ただし、その当初には、ある種の混乱が右の過程の特徴となってはいたが。かずかずの翻訳によって、西ヨーロッパの散文が手に入るようになると、ロシアの著述家たちは、テーマ、ジャンル、語りのテクニックを借用し、それらを自分たちの言語や、自分たち固有の文化的環境に適応させた。こうしてロシア文学のなかに、「皮肉な語り」というジャンルが登場する。これは、十七世紀フランスの作家スカロンから借用したものを、俚諺《りげん》のちりばめられた話し言葉にもち込んだものである。こうした傾向をもっともよく示しているのは、ミハイル・チュルコフであり、かれは、当時の正真正銘の「ベストセラー」、『皮肉屋』の著者として有名だった。かれは、エカテリーナが望んだとおり、ジャーナリズムのためにもその才能を発揮し、みずから週刊誌『これとあれと』を創刊し、その唯一のではないにしろ、もっとも重要な寄稿者となった。ついで一七六九年には、チュルコフは『これとあれと』にかえて、あらたに月刊誌『良心的な詩人《パルナシアン》』を創刊する。『これとあれと』が、もっぱら娯楽的な物語を公にしていたのに対して、『良心的な詩人《パルナシアン》』のほうは、文学的な散文のみならず、より深化した省察のための素材を含んでいた。けれども、その成功は予期したほどではなかった。分厚い雑誌は、十九世紀ロシアの一大特徴となっているが、その時代はまだ到来していなかった。だが意義深いことに、その企画はすでに一七七〇年に描かれていたのだ。

＊ アベ・プレヴォー（代表作『マノン・レスコー』、一七三一年――邦訳は、河盛好蔵訳、『マノン・レスコー』、岩波文庫、一九二九年）、ルサージュ（同『ジル・ブラース物語』、一七一五―三五年――邦訳は、杉捷夫訳、『ジル・ブラース

物語（一—四）』、岩波文庫、一九五三—五四年）は、十八世紀に活躍したフランスの小説家。フィールディング（代表作『トム・ジョーンズ』——一七四九年）は、同じくイギリスの作家。

エカテリーナ二世は、その治世の初めの二〇年間知的自由主義《リベラリズム》を掲げていたため、合理主義思想の出現を促すことになった。そしてこの思想は、その着想をフランスの哲学者たちからえていた。『ナカース』が発表されたのち、モスクワ大学の教授たちと、国家の高級官僚たちは、ロシアの未来に関して自分たちの見解を大胆に発表し、ヴォルテール主義を標榜する。たとえば、法学者のデスニツキーは、その『ロシアにおける立法権の確立に関する覚え書き』のなかで政治改革の提案を表明するが、それは、イギリスの体制にヒントをえたものだった。同様の主旨で、「自由経済協会*」——同協会の創設は、女帝に促されてのことである——も懸賞論文コンクールを組織する。このコンクールでは、討論すべきテーマとして「農奴たちの土地所有にいたる権利」が与えられ、当選論文はその権利を熱烈に擁護した。注目すべきことに、このきわめて自由な論争は一七六六年に、つまり、この同じ問題が、「立法大委員会」を劇的に分裂させるほんのすこしまえに行なわれている。同じ世論動向のなかに、シチェルバトフ公爵のユートピア小説『オフィル国旅行記』を加えておいたほうがいい。同書は一七八八年に編まれ、部分的には、十七—十八世紀フランスの思想家フェヌロンの『テレマックの冒険**』に着想をえている。著者は同書に、一方では、黄金時代へのノスタルジックな視点をもち込んでいる。この時代には、貴族といえば上流貴族に限られており、社会は階層分化して秩序立ち、全体の繁栄は、この神話的な社会組織の所産だったのだ。けれども他方では、急進的なまでに近代的な政治的提案をもち込んでいる。選挙制の原則と立憲君主制の確立とである。このように同書は、どちらかといえばちぐはぐなのだが、そこには、さまざまな観念の急速な展開が反映している。この展開は、多数の文学や哲学のモデルが突然ロシア思想界にもち込まれたことと、連動していたのである。

＊　自由主義の貴族たちが、一七六五年ペテルブルクに設立した協会。「論叢」を発行したり、懸賞論文を募集したりしたが、その初期には農奴制をテーマとした募集もあった（『ロシア史 2』、一〇六ページ・註（3））。

＊＊『テレマックの冒険』（一六九九年）は、一種の長編冒険小説で、当時の国王ルイ十四世の孫の教育のために書かれた。だが、絶対王政や国王自身への批判を含んでいたため、ルイ十四世の逆鱗に触れて、フェヌロン失脚の重要な一因となった（邦訳は、朝倉剛訳、『テレマックの冒険』、現代思潮社、一九六九年）。

ピョートル大帝は、一七〇二年以来ジャーナリズムの創設を望んでいた。けれどもジャーナリズムは、十八世紀中葉までずっと国家の統制下にあった。ここでも、女帝の自由主義の影響が決定的な役割を果たして、ジャーナリズムの開花をもたらす。最初の独立雑誌は、一七五八年に登場する。それは、『働き者のミツバチ』誌といい、詩人アレクサンドル・スマロコフによって創刊された。かれはまた、同誌のもっとも多産な寄稿者でもあった。同誌では、世間一般の「フランスかぶれ」がはじめて批判され、また、ロシア語を純化して、氾濫する外国起源の語、とくにフランス語起源の語を排除する意思が表明された。このときから、ジャーナリズムは首都ペテルブルクで発展することになる。ただし、そのまえに短期間、モスクワにもこれを植えつけようとする試みがなされた。これまでいわれてきたように、動きを始動させ、一七六九年以降に諷刺文芸誌八誌を誕生させたのは、女帝の肝いりによる『一切合財』だった。すでに名を挙げたものに、以下の雑誌をつけ加えておいたほうがいい。

まず『役に立つものと心地よいもの』であるが、同誌には、フランス語から翻訳した文献が、きわめて多数掲載されていた。つぎに『地獄通信』《アドスカイア・ポチタ》は、作家フョードル・エミーンの発行になり、モンテスキューの『ペルシア人の手紙』*と、ルサージュの小説『びっこの悪魔』から同時にヒントをえている。一七七四年から同七八年までのあいだ、定期刊行物は数年の困難な時期を経験したが、またこれと同じ時期に、『サンクト゠ペテルブルクよりの使者』が登場している。同誌は、エカテリーナ二世治下で、もっとも興味深く、もっとも豊かな雑誌のひとつであるが、さまざまな情報と文字どおりの文学的テクストとを、あわせて掲載していた。最後に、『ロシア語の友の対話者』をどうして無視できよう？　同誌は、ダシュコフ公爵夫人編集で、女帝に援助されていた。『対話者』は、なによりもまず文芸誌で、当時のもっとも優れた作家たちの作品を掲載した。およそ一八〇ページの厚さで、同誌は、次世紀の分厚い雑誌に道を開くことになる。

＊　邦訳は、大岩誠訳、『ペルシア人の手紙（上・下）』、岩波文庫、一九五〇―五一年。

最後に、かの女の治世の最後の数年間に、カラムジンがヨーロッパから帰国して、ロシアおよび外国の文学を対象に月刊誌『モスコフスキー・ジュルナール』を発刊する。かれの野心は、この雑誌を手段として、人間主義文化を広めることだった。それは、当時ロシアで流行していた神秘゠神智学的な風潮とは異質なもので、フリーメーソンがもっぱら推奨していた。カラムジンはまた、言語の簡素化を推奨した。かれは、ロシア語をもっと真正に文学的で、公文書臭のないものにしようと考えていた。その文学生活の初期には、カラムジンはフリーメーソンに惹かれて、その影響のもとで、さまざまなモデルを外国文学のうちに求めた。けれども、フリーメーソンと訣別したのち、かれはロシア文化に眼を向け、ロシア語を軽快なものにしようと努力する。ロシア語はそれまで、のちにプーシキンが記すように、「なかばスラヴ風、なかばラテン風の荘厳さ」を特徴としていた。プーシキンが認めているところでは、カラムジンには「ロシア語を外国のくびきから解放し」、「民衆のことばという生き生きとした源泉に」導いた功績があるという。

ジャーナリズムは、十八世紀ロシア文学において右のような地位を占めている。だがそれは、エカテリーナが、さまざまなやり方でこれを奨励したからである。刊行物の誕生を援助しただけでなく、具体的な措置によって、書物や雑誌の印刷を優遇したからである。印刷所の開設を望むものはすべて、一七八三年の勅令によって、警察に登録するという条件で認可された。たしかに、一定の検閲は存在した。すなわち形式的には、宗教と権力を批判すること、さらには良俗に反することは禁じられていた。けれども、この検閲は通常、印刷業者自身によってなされていた。かれらは注意深く、自分たちが発禁処分を喰らいそうなテーマあるいは作家を避けていた。またときとして、地方の警察当局が、上部からの明確な指示というより、自分たち自身の見解にしたがって、検閲者を演ずることもあった。検閲が制度として創設されるのは、ようやく一七九六年、パーヴェル一世によってのことである。

エカテリーナは、すすんで文化庇護《メセナ》を実施しただけでなく、職業としての文学の誕生を促進した。かの女は、作家たちに補助金をばらまき、かれらが作品を刊行できるようにした。あるいは、作家たちを公務員に任命して、かれらに俸給を保障した。たとえば詩人たちはモスクワ大学に所属したり、女帝官房で翻訳官のポストを割りふられたり、さらには司書の職を務めたりした。エカテリーナのメセナは、個々の作家だけでなく、「翻訳者協会」のような集団や、ノヴィコフの『画家』といった雑誌をも潤した。全体としていえば、ロシアの文学者たちの多くが、エカテリーナのおかげで、文学活動に専心しても、よくある経済的束縛に苦しめられずにいた。[13] その作品の成功によって、作家たちが完全に独立して意見を表明できるようになるのは、十九世紀初頭になってのことにすぎない。このころになってようやく、かれらは、権力のメセナに依存せずに、つまりある程度までは権力に気を使わずにすむようになる。女帝と作家たち――すくなくとも、作家たちの一部――のあいだに亀裂が生じるのは、かの女の治世晩期のことでしかない。たとえば、ラディシチェフ事件であるが、これについてはのちに触れることとする〔六二三―三〇ページ〕。エカテリーナはきわめて熱心に、ロシア文学を発展させようとし、それを奨励して、刊行物や作家たちを支援した。だがそれは、かの女自身が、文学界に個人として地位を占めるという栄誉を求めていたからである。かの女ほど書き、翻訳し、あまつさえ劇作を上演させたと自負できる君主は、歴史上ほとんどみあたらない。たしかに、かの女の業績の質に関しては論議の余地がある。けれども、だれにも異論を唱えることのできないのは、作家として認められたいという、かの女の野心には根拠があったことである。

女文筆家

ロシア女帝の業績の特徴は、驚くほど多岐にわたるジャンルが採用されていることである。すなわち、政治的テーマ、教育、演劇、ジャーナリズム、翻訳であり、かの女の文筆活動の領域は、これ以上ないほど広がっている。

第一のグループは政治に関するものであり、三つの重要な作品からなる。『大訓令《ナカース》』、『解毒剤』、『回想録』である。エカテリーナが『ナカース』執筆の源泉とした著作に関しては、すでに本書で指摘した〔二二〇―二二一ページ〕。とはいえこの著作は、ここでもう一度触れるにあたいする。それが、ロシアの現状をまえにした女君主の不満を物語っているからである。また同訓令は、かの女が自国の三大問題を明解に理解し、設定するすべを知っていたことを示している。かの女はまず、ロシアの地理的定義に強い関心を寄せる。そして、その解答はすでに、かの女の内政および外政における行動の基盤となった考え方を予告している。すなわち、「ロシアはヨーロッパの強国である」と、かの女は、第一章・第六パラグラフで断言している。かの女の確信は、当時としてはきわめて思いきったもので、かの女の近臣でさえ、意見を同じくするにはほど遠かった。シチェルバトフ公は、ロシアの傑出した歴史家でもあるが、こうした観点に異論を唱え[14]、アジアへの拡大こそがロシアの定義の本質的な与件だと強調している。これはたしかに、歴史的確認事項ではあるが、ヨーロッパかアジアかという二者択一の地政学的ヴィジョンがあったればこそ、二十世紀になって、ユーラシア規模の考え方が出現するのである。ともかく、右の点に関しては、かの女はけっして妥協しない。かの女はドイツ生まれだったから、そのかの女にとって、ロシアはヨーロッパにあり、ヨーロッパへ属するのである。この見解が、かの女の政治方針すべてを決定することになる。

第二の問題は、ロシア権力の本性それ自体に関わっている。女帝がこれにもたらした解答は、地政学的現実を組みこんでいる。すなわち、「君主は独裁者《オートクラト》*である。というのも、唯一の人格に結集された権力以外、いかなる権力といえども、このかくも巨大な国の広さという条件のもとでは作用しえないからである」（第九パラグラフ）というのだ。この定義はモンテスキューにヒントをえているが、ただしそれを翻案している。哲学者のほうは、この権力を「専制」と規定しているが、エカテリーナはそれを、独裁という概念に替えているからである。

＊　「オートクラト」とは、ロシア皇帝の別称のようである。

最後に、第三の問題は、もっとも苦渋に満ちたもので、農民問題である。女帝は農民問題を分析しているが、その分析は、かの女が啓蒙哲学者たちの弟子であったことを想い起こさせる。「農業は、だれもなにも所有していないところでは、繁栄しえない」というわけだ。また、準備のための覚え書きで、かの女はすでに、「人間を奴隷に変えるのは、キリストの信仰に反している」と書いていた。そしてさらに、「自由よ、あらゆるものの魂よ、おまえなしには、すべてが死んでいる」とも書いている。*

＊　これらエカテリーナのことばを、クリュチェフスキーが、『ロシア史講話　5』（八重樫喬任訳、恒文社、一九八三年）の、それぞれ九二、九三、一六四ページで引用している。

これらの文章と政治的現実とを突きあわせてみると、エカテリーナの考えがどれほど矛盾していたのかが容易に確認できる。ヒューマニズムの発想は、たしかに事実である。クリュチェフスキーが指摘しているように、「それは、三五歳の女の若気の熱狂にすぎない(15)」としてもである。けれども、現実の重みと、土地と農民を所有するものたちの反対とが、エカテリーナにのしかかり、かの女は幻想を背後に追いやらざるをえなくなる。かの女は、統治形態における空間《ひろさ》の重要性を主張した。だがかの女はまた、劇的な社会問題を解決するには、時間《とき》が必要なことも理解していた。その問題は、かの女の時代、ロシアを蝕むレプラであり、その解決には一世紀が……。しかしながら、かの女が『ナカース』で披瀝した考えは広まり、立法委員会内できわめて激しい論争をひき起こし、すべての人々の考察のもととなった。十九世紀にはインテリゲンツィアが誕生し、帝国を揺るがすことになるが、このインテリゲンツィアも、その存在を『ナカース』に負っている。(16)

『解毒剤』もまた、フランス語で書かれた作品である。この作品は、一七七〇年に匿名で公刊されたが、シャップ゠ドートロッシュ神父の『シベリア旅行記』*に対する回答のかたちをとっていた。この旅行記はロシアに対する辛辣な批判で、一七六八年にフランスで出版された。神父は、天文学者で、科学アカデミーの会員でもあり、国王ルイ十五世のためにロシアでの探検旅行を成し遂げていた。かれの旅行は、このいまだよく知られていない国では、それまでになされた旅行のなかで、もっとも完璧なもののひとつだった。そして、ロシアの実情、政治、住民、風俗に関して、まるで寛大なところのない報告の源となっている。シャップ゠ドートロッシュは、いかなる制度も、都市も、身分も容赦しない。かれには、すべてが野蛮状態を特徴としているようにみえた。なるほど、シャップ゠ドートロッシュがロシアを訪れたのは、エリザヴェータ女帝存命中のことであり、エカテリーナの統治下ではなかった。だが、エカテリーナのほうが、この旅行記に腹を立てた。かの女の眼からみて、神父はフランスの代表であったが、このフランスは、思いあがり、悪意に満ちて、他のあらゆる国に対する自国の優越を信じきっていた。かの女はだから、『解毒剤』のなかで、神父に逐一答えようと企てたのである。[17]そうすることによって、かの女はフランスの傲慢さを告発し、これにロシアの特性を、その成功のかずかずを、知的・精神的進歩のかずかずを対置した。ロシア的美徳を証明しようとするあまり、いささか重苦しくなっているため、この著作はこれまで、文学の傑作に数えられたことはない。だがそれでも、この著作は、論争家としての真の才能を証明している。

＊　この旅行記 *Voyage en Sibérie, fait par ordre du Roi en 1761 ; contenant les Mœurs, les Usages des Russe, et l'État actuel de cette Puissance*, Paris, 1768 には邦訳がある。永見文雄訳、『シベリア旅行記』（十七・十八世紀大旅行記叢書9）、岩波書店、一九九一年。

『回想録』においても、エカテリーナはいま一度、フランス語への忠誠を示しているが、この著作はいくつもの時期わたってに執筆されている。これは、まとまって、連続した著作ではなく、バラバラな覚え書きからなり、女帝の行動を説明して、正当化するために書かれている。この書は、長いあいだ知られていなかった。亡命ロシア人ヘルゼンがその出版を開始したのが、ようやく一八五九年のことだったからである。だがこの書は、エカテリーナの政治的な考え方と、自分をとり巻く世界の見方とを理解するうえで、貴重な手段となっている。

教育も、もうひとつの分野として、女帝を惹きつけ、その見解を披瀝するよう誘った。※これはおそらく驚くにあたいしないことだが、かの女は教育問題に多くの時間を割いた。フランスの哲学者たちの弟子として、かの女ははじめから、以下のような考えをもっていた。すなわち、人々の教育は、かれらを統治するものの神聖な義務だというわけである。ヨーロッパのすべての社会に対して、啓蒙哲学は、とるべき道を指し示し、蒙昧から脱して、大陸の文化的統一を達成すべしとしていた。この目的を達成するために、教育以外にいかなる方法があろうか？　そのうえ、エカテリーナの統治する国は、知識の進歩に関しては、先行き明るいイメージを呈示してはいなかった。ピョートル大帝はたしかに、道筋を指し示し、科学アカデミーを創立し、科学＝技術の教育を主張した。大帝ののち、いくつもの学校が創設され、一七五五年にはモスクワ大学が開校した。けれども、エカテリーナが帝位に就いたとき、これら政策の成果は周縁的なものにとどまっていた。社会の大部分はいまだ、無知にどっぷりと浸かっていた。フォンヴィジンの戯曲のいくつかが、そのありさまを諷刺している。だが、現実はまさに以下のとおりだった。つまり、かれの戯曲『旅団長』では、フランス人の御者が家庭教師の役を務めるが、これがまさに、よくある状況だったのである。

※　かの女の治世の教育政策については、下巻、第九章を参照のこと。

エカテリーナはまずこの問題に没頭したが、その事前の読書はおびただしい数にのぼる。ルソー、ロック、モンテスキュー、そしてとくにモンテーニュである。モンテーニュは、教育に関する考え方において、もっとも深くその痕跡を残している。エカテリーナは、かれの『エセー』のフランス語版を一冊もっており、それは、かの女がもっともよく読み、また読みかえした書のひとつだった。モンテーニュと同様――かの女は、その教義を孫アレクサンドルに適用することになる――、かの女が考えていたのは、知識の獲得こそ教育の目的ではあるが、これには、身体に対する絶えざる配慮が伴っていなければならないということである。「身体の諸力を回復させてこそ、精神の活発さが成長する」と、かの女が書いているが、これは、その考え方の師の「健全な精神は健康な肉体に宿る《メンス・サナ・イン・コルポーレ・サノ》」*に呼応している。モンテーニュが、身体を寒気と風と日光に慣らすよう奨めているのにならって、かの女は、孫の生活条件を、このフランス哲学者の教えに呼応したものとする。いかなる柔弱も、いかなる安楽も、未来の皇帝たる若ものを包んではならない。強制ではなく、優しさと説得が、知識の獲得には必要なのだ。この原則をもまた、かの女はモンテーニュから借用している。同様に、かの女は、子どもの教育における遊びの役割を強調している。間違いや過ちに対しては、体罰をではなく、いつも穏やかな説明をもってあたる。女帝にとっても、『エセー』の著者にとっても、子どもとその自由への敬意が、もっとも重要だった。目的が、最終的には、子どもの判断力を養成することだったからである。「よくできた」頭――「いっぱい詰まった」頭よりも――は、ラブレーにとってあれほど馴染み深いものだが、ペテルブルクにもあり、エカテリーナは、モンテーニュの書くものすべてにヒントを与えていた。「よくできた」頭に達するために、エカテリーナは、モンテーニュとまったく同様に、教えるものの資質――教育上の資質だけでなく、道徳的な資質、それになによりも精神の自由――が、教師と生徒の関係を決定すると考えていた。この特別な関係の目的は、知識と、存在全体の養育であり、そのなかでこそ、師も弟子もともに豊かになるのである。

＊「健全な精神は健康な肉体に宿る mens sana in corpore sano」は、古代ローマの詩人ユウェナリス Demicus Junius Juvenalis（五〇年ころ―一三〇年ころ）の詩句であるが、『エセー』の引用作家索引には、ユウェナリスの名がみあたらない。した

がって、モンテーニュ自身がこの詩句を引用しているわけではないようである。ただし、『エセー』にはたとえば、「彼〔精神〕は肉体とあまりにも密接に結びついているので、肉体が困ると、ことごとに私をふり捨てて、肉体のあとを追ってゆく。……彼の相手が結石を病むと彼までが一緒に病気になるらしい。そうなると彼に特有の働きまでが立ち上がれなくなり、明らかに鼻風邪にかかってしまうのである。肉体も一緒に元気でないと、彼の働きにもさっぱり元気がない」(『エセー（五）』、原二郎訳、岩波文庫、一九六七年、一〇七—〇八ページ）とあり、モンテーニュもそうした考えをもっていたことが分かる。

教育の内容も、もうひとつの出会いの場だったが、ここにはまたときとして、エカテリーナとモンテーニュとのあいだに相違がみられる。ただし、基礎的な科目については、両者の一致は完全なものである。古典語、それも第一にギリシア語は、子どもにとって母語と同じくらい馴染みのあるものでなければならない。そうなるために、二人が推奨する方法は一致している。これら古典語は死語であってはならず、なんであれ使用言語として、つまり会話をつうじて教えられなければならない。これら古典語は、他の科目を教える際に、ドイツ語やフランス語と同時に使われなければならないと、エカテリーナはいっている。なぜ、植物学をモンテーニュの言語で、算数をギリシア語で教えてはいけないのか？　これらの知識にくわえて当然必要なのは、かの女が書いているところによれば、英語とイタリア語、また哲学と歴史である。けれども二つの点では、われらが二人の著述家たち——というのも、エカテリーナが、正真正銘の教育概論を制作しているからだが——は、袂を分かつ。まず宗教に関して、モンテーニュが懐疑主義者であって、厳密な中立に固執しているのに対して、エカテリーナのほうは、ロシアにおけるフリーメーソンの伸張を恐れて、宗教教育を推奨していた。同様に道徳に関しても、モンテーニュは単純で柔軟なアプローチを支持し、徳への生まれつきの共感を強調して、したがって努力も恐れも前提とはしていない。だがエカテリーナはこれとは違い、反対にキリスト教道徳に近く、善に対する人間的緊張と感情の統御をよしとしている。この女性は、私生活においてはあれほど情熱的だったにもかかわらず、その教育論においては、禁欲主義者たちに近い。

こうした考え方は、首尾一貫した教育計画に堅く結びついているが、エカテリーナはそれを、『サルトゥイコフ公への訓令』に書き記した。かの女が、公を孫である大公たちの教育官に任命したときのことである。(18) たしかに、かの女は、孫たちの教育のために、明確な方針を与えなければならなかった。だが、そうした目的を越えて、この訓令は、全人民の教育のための一般プログラムとなっている。

この訓令の全般的テーマを補足し、例証するために、エカテリーナはまた一連の文書を作成したが、それらはそのまま、同じ数だけの教科書ともなっている。すなわち一冊の初級読本、いくつかの小話《しょうわ》や対話や格言、そして最後に『ロシア史に関する覚え書き』である。これらは、人々に、帝国の過去、その特殊性のかずかず、そして、その骨格をなす法律を理解させるためのものだった。かの女が推奨するところでは、またこのような文書をとおしてこそ、子どもは、市民感覚と、政治的＝社会的現象を解読する能力とを獲得する。この教育プログラムには、いくつかの小話――『皇太子フロールの小話』と『皇太子フェヴェイの小話』――がみられるが、それらはおそらく、ロシア語で書かれた最初の子ども向け物語に数えられる。それまでは、口承がこうしたタイプの小話を語り伝えていたのである。したがって、エカテリーナによって、ロシアに、正真正銘の文学ジャンルがひとつ誕生し、それは後代に注目すべき成果をもたらすことになる。(19)

ところで、女帝はまた演劇にも惹かれていたが、当時ロシアでは、フォンヴィジンが、これに特別な輝きを与えていた。この領域では、かの女は、いくつかのカテゴリーの劇作を試み、成功をおさめている。まず風俗喜劇と諷刺喜劇であるが、後者は、イデオロギー的標的に向けられており、とくにフリーメーソンを対象としていた。[20] かの女はまた、シェイクスピアに題材をとった戯曲と、最後にオペラ＝コミックにも手を染めた。かの女の風俗喜劇としては、『不平屋《ヴォルチェルキナ》夫人の宴』、『シベリアのシャーマン』、さらには『破壊された家族』などがある。それらは、偉大な観察のセンスを示しており、それによってかの女は、同時代の人々を笑いものにすることができたのである。と同時に、それらはまた真の台詞作者の才能をも示している。こうした戯曲において、かの女は、社会の笑うべき事象を批判し、ためらうことなく、とくに貴族と、これをとり巻く連中を嘲笑している。諷刺というものは、かの女の考えによれば、いかなる階級をも見逃してはならないのである。この点では、発想の源として、モリエールとさほど離れてはいない！ シェイクスピアについても、同様のことがいいうる。エカテリーナは、かれの『ウィンザーの陽気な女房たち』を翻案したものを書いているし、とくにかれを模範として、ロシア史に題材をとった戯曲を書いているからである。そのなかで、『リューリク』はついぞ上演されることはなかったが、『シェイクスピア風オレーグ』は、たびたび上演されて大きな成功をおさめた。* フリーメーソンは、かの女に、いくつかの戯曲を思いつかせた。そのうち、『ペテン師』と『騙された男』は、ドイツ語とフランス語に翻訳されてドイツで上演された。かの女はまた、十八世紀イギリスの劇作家シェリダンと十七世紀スペインの劇作家カルデロン＝デ＝ラ＝バルカを翻訳・翻案し、それによってこれらの作家をロシアに紹介した。二人は当時、ロシアでは、だれもその名を聴いたことがなかったのである。最後に、かの女はオペラにも魅せられていた。かの女はいくつか台本を執筆しているが、それらはしばしば、かの女がすでに刊行した小話や、ロシアの民間伝承に取材したお話を題材としている。

＊　リューリク（？―八七九年）、オレーグ（？―九一二または九二二年）は、ともにロシア建国期の英雄。

みてのとおり、エカテリーナは饒舌な劇作家であった。そのうえかの女は、作品はロシア語で書いたが、その準備と註釈はフランス語だでだった。おそらく、かの女の演劇は、その国で真の演劇的伝統を生みだしはしなかった。フォンヴィジンがすでに、ロシア演劇にその痕跡を刻印しており、女帝はかれに比肩すべくもなかった。けれども、かの女の戯曲を読んで、どうして以下のように確認しないでいられよう？　すなわち、その人物たちはしばしば巧みに描写され、しかも生き生きとして力強い言語を話し、そこには当意即妙の受け答えさえないわけではないのだ。また、これら戯曲で展開されている主題は、既存の考えを覆す性質のものである。というのも、それらの主題は一般に、社会の一部を動揺させはじめた問題を提起しているからである。世代間の対立、蒙昧主義、狂信、ロシア・エリートたちのフランスかぶれ、フランス・エリートのロシアに対する軽蔑などである。十七世紀フランス演劇でと同様、これらの戯曲では、召使い役が貧民の暗黙の反抗の代弁者であると同時に、主人の傲慢さの批判者であり、理性の声でもある。モリエールやマリヴォーの召使いと小間使いたちから、エカテリーナの演劇の奉公人たちへと、その系譜は明白なのだ。女帝はここでは、かの女の読んだフランス書にすっかり影響されていることが分かる。

エカテリーナはまた、ジャーナリストでもあった。イギリスの定期刊行物――とくに、『スペクテイター』誌――のファンとして、かの女は諷刺雑誌をおおいに好み、いったいどれほどの雑誌に無署名の記事を掲載したことだろう！　だが、その執筆者を確定するのは簡単なことだった。

最後に、この女性は、話すときであれ、書くときであれ、いとも簡単にひとつの言語から他の言語へと移ることができた。だから、翻訳という仕事に、かの女は多大な価値を認めていた。かの女が最大の自負を誇っていた翻訳は、マルモンテルの『ベリゼール』*の翻訳だった。これは名高い翻訳で、それだけに注釈を加える値打ちがある。それにかの女自身が、この翻訳という冒険的な作業を記述している。

＊『ベリゼール *Bélisaire*』（一七六七年）とは、十八世紀フランスの百科全書派作家マルモンテルによる、東ローマ帝国の名将ベリサリオス（フランス語読み「ベリゼール」）を主人公とした哲学小説。宗教的寛容を扱った章があり、神学論争をまき起こした。

『ベリゼール』がロシアに送られてきたとき、一二人の人物が、トヴェーリの都市《まち》からシムビルスクの都市《まち》まで、ヴォルガ河を下ることを思いつきました。……かれらは、『ベリゼール』を、この国のことばに翻訳する決心をしたのです。一一人が抽選で各章を分担し、一二人目の人物は、遅れてきたため、トヴェーリの主教への献辞を執筆することになりました。一同は、この主教こそ、『ベリゼール』の巻頭にその名を掲げるにふさわしいと考えたからです。……わたしたちの翻訳は、刷りあがったところです[21]」と。

　このくだりはじっさい、エカテリーナが、マルモンテル宛の書簡に書いたものである。かの女はいく度も、この作品に対する熱中振りを披瀝しているが、その熱中振りはまず、この作品の登場をめぐる事情からきている。『ベリゼール』の原稿は、危険なものと判断されたため、なかなか出版許可がえられなかった。けれども、一七六七年に出版されるや、その成功は途方もないものだった。カトリック教会はこの作品を断罪したが、ヴォルテールがこれを擁護する。ペテルブルク在住のかれの弟子にとって、これ以上の推薦があるだろうか！　かつてカラス未亡人に救いの手を差しのべることを望んだと同様に、かの女は、『ベリゼール』を自分の大義とした。マルモンテルは、この作品をヨーロッパの王侯たちに送った。かの女が著者に書き送っているように、かの女は、集団による翻訳にとりかかるべく決した。そして、一七六七年五月には、意気揚々とヴォルテールに予告することができた。すなわち、その企ては完成して印刷中であり、その成果は、王室図書室の所蔵対象になるだろうと[22]。だが実際には、印刷された文書が出版されたのは一五ヵ月後だったし、フランス王の図書室に所蔵されることはなかった……。

　エカテリーナは、この翻訳が実現した状況を物語っているが、その物語は奇抜な思いつきの色合いを帯びている。いわゆるヴォルガ下りは、実際には、二〇〇〇の人員を動員した遠征であり、三艘のガレー船と、これに従う多数の小舟に分乗していた。エカテリーナが、そのマルモンテル宛書簡で主張しているところでは、この翻訳には不完全な点や、さらには不統一な点がかずかずあり、それは、善意のアマチュアによる共同作業のせいなのだ。けれども、仔細に検討してみると確認できるのだが、女帝の集めたチームには公認の作家や翻訳家がおり、かの女自身が、テクスト全体を読み返し、書きなおしている。おそらくは、あの自発的な調子を、わざとらしい好事家趣味《ディレッタンティズム》の調子を、テクストに与えようと留意してのことである。それが、この世紀のきわだった特徴だったからである(23)。

マルモンテルは、エカテリーナ二世の翻訳のきわめて特殊な性格に気づいていた。かれが女帝に書き送ったところによれば、かれはロシア語を解さないので、ロシア語テクストをフランス語に再翻訳させたという。「わたしは、この美しい翻訳を一字一句説明してもらいました」というわけである。この翻訳に対する当惑をいくつかちらつかせながらも、マルモンテルは、翻訳者である女帝の評判を高めるのに貢献している。すなわち、「女帝陛下は哲学に対する愛をお示しですが、それは、陛下の徳すべてのなかで、もっとも確たるものです(24)」というのだ。このマルモンテルの著作は、ヴォルガの舟人たちによって翻訳されたというよりも、むしろ翻案されているといったほうがいい。けれども、それは広く流布して、熱狂的に読まれ、ロシアにおいて完璧に理解された。そして、そのことをつうじて、女帝の発案は、西欧思想を浸透させることに貢献した。それも、かの女の国を支配する政治秩序とは反対の思想を。すなわち、法にもとづいて統治すべきこと、権力の恣意は必然的に暴政に行きつくと理解すべきことをである。ベリゼール〔ギリシア語読みでは「ベリサリオス」〕は作中で、ユスティニアヌス帝に右のように警告しているが、このメッセージは広く反響を呼んだ。それはエリートたちの発想の源となり、やがてかれらはいつか知識階級《インテリゲンツィア》になっていく。また、ラディシチェフが『ベリゼール』に多くを負っていることには、本人が認めていないにもかかわらず、異論の余地がない。*

＊ 文筆家にして革命家のラディシチェフは、一七九〇年、『ペテルブルクからモスクワへの旅』において、農村の実態を明らかにし、革命的手段による専制政廃止を唱えたため、女帝の逆鱗に触れて同書は発禁となり、著者も逮捕されてシベリア送りとなった（六二二―三〇ページ参照）。

エカテリーナは、作家にして歴史家として書物に情熱をいだき、絶えざる注意を払ってかの女個人の蔵書を構成しようとした。かの女が書物を収集しはじめたのは、一七四五年、まさにロシアにやってきたときからだった。そして三〇年間、かの女の書物は、その書斎か、または手の届く範囲に置かれていたが、その後蔵書全体は、それまでよりも伝統的なやり方で整理しなおされて、冬宮の楕円の間に移された。一七六二年以降は、司書がひとり帝室図書室（ずっと女帝専用だった）に付けられた。一七九〇年には、蔵書数四万を数えた。この蔵書は、ロシア内外での買収によって、たえず増加しつづけた。とくにグリムは、パリで売りに出るものすべてに関して、専属の買い付け係だった。ディドロの蔵書（二九〇〇冊）、ヴォルテール、それにガリアーニ侯爵の蔵書が買い付けられ、ロシアでは、シチェルバトフ公爵の蔵書と古文書（ロシア語のもの一二九〇点、諸外国語のもの七三四〇点）が、未亡人から買い付けられた。これら大量の収集によって、この蔵書には百科全書的性格が備わることになる。

最後に、膨大な量の書簡を、どうして挙げないでいられよう。女帝はそれらを、同時代の人々と交わしていたのである。フランスの哲学者たち、フリードリヒ二世、それにロシアの歴史家シチェルバトフ、およびその他多くのロシアの人々である。[25] とはいえ、グリムとのあいだでこそ、遣り取りはもっとも自由で、そしておそらくはもっとも率直なものだった。そこには、個人としての幸福と苦悩が、うち明けられている。そしておそらく、権力の座にあったひとりの女性の、多様で、燃えあがるような性質が、透けてみえている。かの女は、精神という領域でもまた、女帝でありたかったのだ。

第七章　「信仰と祖国との救済を目指して」

エカテリーナ二世の即位を祝ってメダルが発行され、そこには「信仰と祖国との救済を目指して」と打刻された。最初から、若き女帝は信仰の擁護者をもって任じ、自分の選択肢のなかに信仰の占める位置を告知したのである。この刻文で、信仰と祖国とが結びつけられているのは偶然ではない。この世紀初頭以来、ロシア社会は、宗教に関して、歴代君主のあい矛盾する決定によって混乱させられてきた。ロマノフ王朝の出現このかた、正教会と国家の絆は密接なものになっていた。この王朝最初の君主、皇帝《ツァーリ》ミハイルの父親は正教会人であり、総主教※として「大君」の称号をもち、国家の公式文書すべてにツァーリと対等に署名したのではなかったのか＊？　けれどもピョートル大帝は、その諸改革によって、ロシア人たちが慣れ親しんでいたにもかかわらず、この結合を粉砕した。すなわち、一七二一年に総主教座を廃止し、一官僚組織にすぎない宗務院をこれに代えた。そして、国家と正教会との関係の近代的な概念を優先させた。すなわち、宗教権力の世俗権力への従属を前提とした。大帝以後、ロシアにおける正教信仰は、社会的地位の不安定な新たな時期を経験する。女帝アンナのドイツ人の取り巻きと、ついでピョートル三世は、ルター派の信仰を優遇し、国家宗教に対してあからさまな軽蔑を示した。つまり、遣り方こそ違え、ピョートル一世〔大帝〕の政策を踏襲したのである。ピョートル一世は、一七二一年に正教会と国家とを断絶させたが、かれがそれを思いついたのは、宗教改革におけるルター派の例にならったのと、もうひとつには、かれ自身の意思によるものだった。つまり大帝は、正教色の強いモスクワ公国の伝統とビザンティン式の規範と、すなわち、なんであれロシアの特殊性と訣別したかったのだ。これに対して、ピョートル三世のほうはといえば、ロシアに関するすべてを憎悪していたため、国民の大半を結集した宗教でさえなければ、他のあらゆる宗教を優遇するつもりだったのである。

※　ロシア総主教座は一五八九年に創設された〔正確には、モスクワ府主教座が総主教座に昇格された〕。つまり、ロシア正教会の長は、総主教に格上げされたのである。

＊　ミハイル・ロマノフの父フィラレート（一五五四ころ―一六三三年）は、病弱の息子に替わって事実上ロシアの支配者となり、帝位継承の混乱で荒廃した国土の復興と教会改革に力を尽くした。

エカテリーナはドイツの一公女であり、ルター派の信仰のなかで育った。けれども、そのかの女がロシアにやってきて、帝位に就くと、二つの領域で革命がひき起こされることになる。女君主の個人的行動と、正教会と国家との関係においてである。

エカテリーナの信仰

いったいだれが、エカテリーナ二世の信仰に関して、はっきりとした立場をとることができるのだろうか？ 同時代のものたちのあいだでも、歴史家たちのあいだでも、その評価はあい矛盾してきた。だが、ほかにどのようにすることができたというのだろう？ かの女はヴォルテールの弟子であり、哲学者たちの友だった。そして、これら哲学者たちは無信心で、ときには戦闘的な無神論者ですらあった。これこそが、真のエカテリーナなのであろうか？ それともかの女は、自身そう表明することを好んだとおり、なにをおいても「正教会の長」だったのだろうか？

まず、かの女のロシア到着と改宗にたち戻ってみなければならない。それこそが、かの女がどんなふうに正教に入信したかを理解する試みなのだ。一五歳のドイツ公女は、そのとき家族と別れたばかりだったが、ルター派の信者であり、しかも確実に、自分の信仰について完璧に知っていた。だが、それだけでなく、自分が選ぶことになる正教についても、完璧に知っていた。かの女の宗教教育は、アンハルト＝ツェルプスト宮廷の説教師でカトリックの司教座聖堂参事会員ペラール(1)と、そしてとくにルター派の牧師ドーヴェと従軍牧師ヴァグナーとに委ねられていた。この幅広い教育――全キリスト教的な、といってもよかろう――は、かの女の父アンハルト＝ツェルプスト公クリスティアン＝アウグスト――開明的で公正な精神の持ち主だったと、娘が書いている(2)――の意思によるものだった。つまりかれは、この若い娘に、信仰というものを理解する手段だけでなく、自分にあった信仰を選ぶ手段すらも与えようとしたのである。ドーヴェ牧師——エカテリーナはこの人物を、ルター派の人物のつねとして、あまりに杓子定規だとみていた——は、しかしながら、かの女に対して、正教信仰への展望を切り開いてくれた。「わたしはある日、どれがもっとも古い信仰かと、かれに尋ねました。かれはわたしに答えて、それはギリシア正教であり、しかもそれは、使徒たちの信仰にもっとも近いのだといいました(3)」というわけである。かの女がはっきり書いているが、このときから、正教会に対して関心と敬意が生まれ、やがてこの教会が、かの女自身の教会となる。

またかの女は、ヴァグナー牧師の教えのおかげで、もうひとつの確信をもつにいたった。すなわち、自身の信仰を選ぶ自由のことである。じっさい、この牧師がかの女に教えこんだのは、陪餐までは、だれであれ自由に自分の信仰を決めることができ、その信仰こそが、その人物にもっとも合ったものになるだろうということだった。このように、この若い女には、改宗の準備がすっかり整っていた。そしてそれは、かの女の近親者たちが、そしてフリードリヒ二世すらが恐れていたのとは、まったく逆のことだった。二世は、かの女と未来のピョートル三世との結婚の、押しも押されぬ立て役者だったのである。

かの女に対する最初の正教教育は、ドイツで神学を学んだ高位聖職者に委ねられた。修道院長シモン・トドルスキーであるが、この人物は、いかなる信仰に対してもほとんど偏見をもっていなかった。そしてそのことは、この若い女にとってきわめて都合のいいことだった。かの女の独立精神が、すでに確認ずみだったからである。かの女がうち明けているところでは、その改宗は心の迷いなく行なわれた。それは、一七四四年七月二八日、ウスペンスキー寺院でのことだった。このとき、かの女の印象に残ったことがあったとすれば、それは、正教儀式の荘重な輝きであり、きわめて質素なルター派の礼拝とは対極をなしていた。ただし、音楽の才にはほとんど恵まれていなかったため、おそらくかの女は、聖歌の美しさにはさほど敏感ではなかったと思われる。聖歌が、すべての正教儀式と切っても切れないものであるにもかかわらずにである。そのかわりに、その雰囲気に高い精神性のあること、典礼がきわめて秩序だっていながら、きわめて多様で、たいへん古い伝統からきていることに、かの女は魅了されずにいられなかった。かの女は、人生の時期すべてが演じられるのに、終始惹きつけられていたのである。

かの女は、改宗しても後悔することはなかった。それは、このできごとに立ち会ったものたちが確認しているだけではない。かの女の書簡のひとつ、一七七六年*八月一八日にグリムに宛てたものに、その痕跡をみることができる。このとき、かの女の息子・皇太子パーヴェルは、ヴュルテンベルク公女と結婚することになっていたが、この公女の改宗に触れながら、かの女は指摘している。「その娘がわたしたちの手許に来たら、改宗の手続きをとらなければならないでしょう。たっぷり二週間はかかることでしょう……。パストゥホフがメルに赴いて、ロシア語の初歩と、ロシア語での告解を教えています。確信が生まれるのは、そのあとになるでしょう……」(4)と。それでは、エカテリーナにとって、改宗とは純粋な形式的行為だったことを意味しているのだろうか？　いかなる回答といえども、かの女自身のことばによらないかぎり、慎重さを欠いているといえよう。だが、確認しておかなければばならないが、改宗するやいなや、かの女は敬虔な態度を、つまり、自分の新しい信仰に対する執心を示した。他方、夫のピョートルのほうは、正教信仰に対して、礼を失した、さらには容赦のないといっていい言辞を弄していた。それだけに、かの女の態度は注目すべきことだったのである。

＊ 原文は一七六六年となっているが、パーヴェルが最初の妻と死別し、二度目の妻を迎えたのは七六年。著者の思い違いか？

確信しているにしろ、そうでないにしろ、一七五七年以降、当時の若き皇太子妃エカテリーナは、ノヴゴロド大主教ドミトリーにきわめて接近し、大主教は、以後一〇年にわたって、かの女の指導司祭となり、宗教政策に関して偉大な助言者を務めた。強調しておかなければならないが、大主教――かれはやがて一七六二年に、首都大主教となる――は、当時の正教会でもっとも興味ある人物たちのひとりだった。かれは、よき神学者であり、明晰さと勇気とに満ちた精神の持ち主で、けっして恐れることなく、女帝にも歯に衣を着せずにものをいい、権力とその行き過ぎに対して正義と愛徳とを擁護した。エカテリーナは、こうした人物を信仰の導き手として、また助言者として選んだ。そしてそのことは、すくなくとも、かの女がたいへん利口だったことを示している。また大主教のほうでも、はじめから若き皇太子妃を支持していた。ピョートル三世が、その即位以後さまざまな反＝正教の決定を下すことになるが、この大主教は、その証人であるとともに、さらには執行を強要された人物ともなる。じっさい、まさにこのドミトリーこそが、ツァーリ・ピョートル三世に召喚されて命令を受けとり、すべての教会からただちに聖人たちの図像を撤去させなければならなかったのである。(5) 大主教は憤慨しはしたものの、抵抗することはできなかった。正教の伝統とは無縁な、それどころか根本的に反正教的な行動に対して、どうしてかれは、エカテリーナの意思を対置しないでいられたろう？

かの女は、正教会の擁護者をもって自認していたのである。また、一七六二年のクーデターの際、この高位聖職者は、まえもって知らされていたものたちのひとりだった。だが、どうしてそんなことに驚くことがあろう？ エカテリーナが即位したとき、かれはカザン寺院へかの女を迎える準備をし、ただちにかの女に忠誠を誓ったのである。かくして正教会は、暴力による君主の交替を支持した。エカテリーナが帝位に就いたとき、かの女の態度はすべて、かの女のそれまでの宗教的行動を確認させるものであり、それで、正教会組織がかの女を支持したことにも説明がつくのである。

信仰の擁護

帝位に就くにともない、六月二八日に声明が出され、そこでは正教信仰を擁護するむね明記されていた。また、戴冠の際の声明は、さらに強く正教擁護をうち出している。さらには、前述のメダル〔三三七ページ〕は、エカテリーナの負うべき役割を、つまり信仰を擁護するものという役割を強調している。この信仰は、すこしまえまで、ピョートル三世に手ひどい扱いを受けていたからである。けれども、治世の始まった瞬間から、エカテリーナは、敬虔な態度を示しているだけではいられなくなる。かの女は、一連の懸案に対して態度を明らかにしなければならなかった。教会財産、正教以外の宗教――多民族帝国ロシアにはあまたの信仰があって、キリスト教もあれば、そうでないものもあり、さらにはさまざまな分派もあった——との関係、最後に国家と正教会との関係といった問題のことである。

正教会財産の国有化に関して、エカテリーナがどのように動こうとしたのかは、すでにみたとおりである〔一〇六―一一二ページ〕。しかもそれは、立法という冒険に乗りだす以前のことですらあった。修道院財産を国有化する——一七六四年二月二六日の勅令——にあたって、かの女は、先帝たちの業績を受け継いだだけではない。かの女は、自分の決定がひき起こした危機を利用して、聖職者独立の意思表明だけでなく、そうしたかすかな希望すら挫折させた。かの女は、もっとも頑強な反対者・府主教アルセニーを断罪し、その地位を剥奪した。そしてこれによって、正教会の高位聖職者たちすべてに、危険を招くことなく女帝と衝突することなどありえないことを示した。そのうえかの女は、正教会内部に支持者たち——首都大主教ドミトリーを筆頭に——をえており、そのことは、かの女がけっして孤立などしていなかったことを示している。ピョートル大帝と同様、エカテリーナは、はじめからみせつけるすべを心得ていた。すなわちかの女にとって、権力とは分かちあうものではなく、またなによりも世俗のものであり、正教会は権力を支持しなければならないのである。権力は「信仰と祖国のために」ある。これこそが、メダルの刻文の完全な意味だったのだ。

正教会を服従させるとすぐに、エカテリーナは、さまざまな計画を作成する際に、教会にも役割を認めた。かの女が立法大委員会を招集したとき、首都大主教ドミトリーが召喚されて、同委員会で宗務院を代表した。かれは、エカテリーナと代議員たちとの会見に際して演説したが、その演説は、女帝の構想に対する賛同の意を物語っていた。かれが断言するところによれば、法典に秩序をもたらそうとする意思によって、エカテリーナは、東ローマ帝国皇帝ユスティニアヌスの系譜に位置するという。この皇帝の法典は、五二九年に作成され、法律に、社会正義というキリスト教的配慮を導入しようとした。ユスティニアヌスへの言及は、たしかに行き過ぎであろうが、以下のような事実によって正当化されてもいた。すなわち、エカテリーナはまさに、法制改革にとりかかり、正教会の教えに忠実に、法律に個人への配慮を組みいれようとしたのである。

首都大主教ドミトリーが一七六七年に他界したとき、トヴェーリの主教ガヴリール(6)が、立法委員会でその跡を継ぎ、宗務院で最高位の聖職者となる。なおガヴリールは、一七八三年に首都大主教となる。エカテリーナはガヴリールにも敬意を示し、ドミトリーに対してもそうだったように、自分の宗教政策に関して定期的に意見を求めることになる。暗黙の相互理解があったしるしとして、かの女はまさにこの主教に、マルモンテルの『ベリゼール』の翻訳を捧げている。また、ガヴリールのほかにも、もうひとりの高位聖職者が、エカテリーナのそばで重要な役割を果たした。首席司祭イヴァン・パンフィロフ(7)である。この人物もまた宗務院のメンバーであり、ドミトリー亡きあと女帝の指導司祭になった。パンフィロフはつねに女帝に接見することができたため、かれの助言は、かの女治下の宗教政策の方針に決定的な重みをもった。しかもかれは、密接な関係でガヴリールと結ばれていたため、それはなおさらのことであった。

この信仰という領域では、エカテリーナの個人的行動は、つねに信仰への敬意を特徴としていた。またかの女は、反宗教的な言辞や、無神論の宣言を耳にしないようにしていた。かの女が哲学者たちと友誼をもっていたにもかかわらずにである。哲学者たちは、この宗教というテーマに関して、無遠慮に、ときとしては敵対的にすら語っていたのである。たとえばディドロに対して、かの女は、これ以上ないほどの誠意をもって接していたが、そのかれですら、いく度か言動を注意されている。かれの不信心が、あまりにも開けっぴろげに唱えられたときのことである。かの女は、この哲学者と、のちのモスクワ府主教プラトーンとの会見を画策して、哲学者に信仰への興味をいだかせようとしたのではなかったのか？　もっと一般的にいうと、かの女は、ロシアにおいて、百科全書派の著作の普及を統制した。これらの著作が、無神論の刻印を帯びるようになったからである。かの女は、ディドロに、大学の計画案を呈示するよう求めさえした。その大学では、宗教がしかるべき地位を占めるのである。ディドロは女帝に従いはしたが、あまりにも宗教を無視したため、その計画は、女君主の賛意をうるにいたらなかったようである。

この女性はなんにでも興味を示したが、かの女がまた、その知識欲を宗教にも向けたことを、どうして看過できよう？　かの女は、いく人もの正教会高位聖職者と会談したが、かれらは注目すべき知的資質の持ち主——そのなかには、のちのモスクワ府主教プラトーンを数えなければならない。かの女は、息子の宗教教育をプラトーンに委ねており、かれを教育計画の助言者とみなしていた——だった。こうした会談とその読書とによって、かの女は、正教会の教父たちに親近感をもつようになった。かの女はそれまでも、啓蒙派の哲学者たちに対して親近感を育んできた。そして教父たちに対する親近感は、哲学者たちへの親近感とほとんど同じものだった。驚くべきエカテリーナ！　グリムやディドロといるときと同様、公明な神学者たちともくつろいでいることができるとは！ かの女は、その晩年になって、啓蒙主義の思想と距離を置くようになる。だが、おそらくそれは、これら神学者たちのせいだと考えるべきである。これまであまりにもしばしば、かの女のこうした精神的変化は、フランス革命がかの女に否定的な影響を及ぼしたからだと説明されてきた。けれども、エカテリーナにおいては、深い宗教的省察の足跡が、一七八九年〔もちろん、フランス革命勃発の年〕のはるか以前からみられるのである。ヴォルテールの死んだ年〔一七七八年〕、かの女は、ラドネジの聖セルギーの伝記にとりかかる決心をしている。この聖人は、中世の東方キリスト教会でもっとも高い地位にある人物である。この聖人は、謙譲と信仰心とをきわめて高い段階で結びつけていたが、こうした人物を著書のテーマに選んだのは偶然ではない。それは、宗教が女帝を魅了していたからである。それも、もっとも世俗的でない、もっとも位階にとらわれないかたちで。なるほどエカテリーナは、正教会に対して、自分に等しい政治的権威をもつことに異議を唱えた。けれども、かの女以前に、かの敬虔なツァーリ・ミハイルと、「いと穏和なる」アレクセイをのぞけば、いかなる君主が、これほどの配慮をみせてまで、宗教生活に中心的地位を与えただろうか？ だが、政治体制の女主人として、かの女はまた、ロシアに存在する多様な宗教に対しても、寛容と、このうえない巧妙さとを特徴する行動を展開した。

イスラムとの和解

十七世紀中ごろに領土拡大を始めるやただちに、ロシアという多民族帝国は、複数の宗教という問題に直面した。ロシアは、これら宗教と出会い、それらを国土内に吸収することになったからである。イスラム教徒、ユダヤ教徒、カトリック教徒、さまざまな「聖典の民たち」は、征服のたびごとに、たえず国内でその数を増していった。エカテリーナは、全体に調和のとれた政策をつくり上げることができなかった。かの女以前に、すでに先帝たちが、時間においても、それぞれの信仰との関係においても、きわめて多様な解決策を採用していたからである。そこで、かの女ははじめ寛容政策を選んだ。この選択は、『大訓令《ナカース》』に表明されている。かの女は、治世の初期から、熱意を傾けてこの訓令にとり組んでいたのだ。この行動指針をかの女が思いついたのは、かの女の教育のされ方と、すべての信仰に興味をもつ性質によってだったが、またそれは、政治的現実主義によってでもあった。

イスラム教は、一五五二年以来、ロシアの歴代君主にとって恒常的な問題となっていた。カザン＝ハン国とアストラハン＝ハン国との陥落（それぞれ、一五五二年と同五六年）によって、キリスト教国ロシアに、タタールとバシキールという大民族だけでなく、さまざまなイスラム教徒の小グループが編入された。かれらは、ヴォルガ河沿いに居を定めていたのである。シベリアの征服と、ウクライナとの連合は、タタール人口をさらに強大なものにした。エカテリーナは、ピョートル大帝の未完の事業を心にとめており、つぎのように考えていた。すなわち、黒海沿岸にはさらに多数のイスラム教徒が暮らしており、自分が黒海沿岸に到達し、そこを維持することになれば、帝国はかれらを組みこまなければならないだろうと。

カザン征服はかつて、新規入信者獲得において大きな飛躍をもたらした。勝利の翌日、イヴァン四世（雷帝）は詔勅を発し、巨大な寺院をモスクのあった場所に建て、「十字架」の「三日月＊」に対する優越をはなばなしく示すこととした。組織的な改宗政策がこれに続き、カザンは、イスラム政界征服と正教信仰拡大の拠点の役割を果たすべしとされた[8]。ロシア正教会は、多大な努力を注ぎこんで、このキリスト教化を加速しようと、宣教師たちを送りこみ、すべての教区と修道院に資金をカザンに送るよう命令し、カザンでは一種の「キリスト教化税」を制定した。

＊　イスラム教徒、とくにトルコのイスラム教徒は三日月を旗印としていた。

イスラム教を征服地から撲滅しようという意思は、長く続いた。ただし、その手段だけはいく度も変化した。その手段は、十七世紀にはより柔軟で、イスラム教徒たちを説得して改宗させようとし、改宗を強要しようとはしなかった。しかしながらピョートル大帝は、つねにことを早く進めようと望む性質《たち》だったので、ひとつの機関を創設して、非＝キリスト教徒改宗の責務をこれに与えた。それは「新規入信者事務所《ノヴォクレシチェンスカイア・コントーラ》[9]」と呼ばれ、その活動は、さまざまな暴力的措置の増加で注目をひいていた。強制改宗、洗礼を受けさせるための子どもの誘拐、モスクの破壊などである。このために、カザン県では、こうした宗教施設の八〇パーセントが破壊された。これらイスラム教に対する暴力のかずかず、この宗教を征服地から根絶しようとする意思は、なんらかの宗教的発想から生じたのではなく、ピョートル大帝の近代化計画の一部をなしていた。自分の国境内に、これら異質な文明をもつ民族が存続するとすれば、あの古きモスクワ公国を粉砕したことが、自分にとってなんの役に立ったというのか、というわけである。だが、こうした反宗教の熱狂は、ほとんど割に合わないことが明らかになる。強制改宗も、人々のイスラム教に対する深い執着を葬り去るにはいたらず、騒動の波が、不寛容で強制的な政策にしばしば呼応したのである。

これらイスラム教徒たちに、エカテリーナはまず、その寛容の原則を適用しようと企てた。かの女は、強制改宗政策の失敗と、それが不満をひき起こしたことに気づいていた。そのうえ、帝位についてのち数年間、かの女には猶予があったため、先帝たちの行動の結果を評価し、ヴォルガ流域とウラルのイスラム教徒たちがプガチョフの反乱を支持したことを確認した。(10) 反乱を支持することによって、これらの民衆は、この世紀初頭以来進められてきた反＝イスラム政策を拒否したのである。エカテリーナは一七六四年以降さまざまな措置をとったが、それらはこれら民衆を納得させるに十分ではなく、かれらは、ロシア権力を信頼するにはいたらなかった。とはいえ、かの女はこのとき、ピョートル大帝創設の「新規入信者事務所」を廃止し、勅令を出して、納税規則と徴兵を司る規則とが、イスラム教徒にもロシア人にも差別なく適用されるとした。最後に、かの女は、被征服地の人民の代議員を立法委員会に招集した。イスラム教徒の代議員たちは、同委員会で、それまで受けてきた差別のかずかずを糾弾し、自分たちの信仰を公言する権利を要求した。かれらには礼拝施設が必要だった。エカテリーナの先帝たちが、鋭意それらを破壊してしまっていたからである。かの女はまず、カザンにモスクを建設することを許可し、ついで一七七三年には、すべての被征服地域にモスクの建設を認めた。かの女は、強制改宗も禁止した。正教の宣教師たちのほうも、もっと控え目に振る舞うよう求められた。一七七三年四月一七日の勅令は、帝国のイスラム教徒すべてに信仰の自由を与え、学校とモスクを建設する権利を認めたのである。このなん年かまえ、イスラム教徒の代議員たちは、立法委員会でさまざまな権利要求を表明したが、この勅令は、これらの要求に応えるものであった。

最後に、エカテリーナは、イスラム教に独自の行政上の地位を与える――それは、迫害の時期ののち、イスラム教を帝国の合法的な信仰と位置づけることを意味していた――ことに決した。一七八二年、かの女はムフティー庁をオレンブルクに創設し、イスラム教徒の宗教会議も創った。[11] ムフティー*は、ロシア政府の政令によって任命され、給与を支給された。こうしてムフティーは、宗務院のメンバーと同様、高級官僚とされたのである。ムフティーは、宗教会議を主宰し、信仰に関してのみならず、民事に関しても、タタール人とバシキール人たちに対して権威を振るった。というのも、これら地域では、イスラム法が認められていた――刑事をのぞく――からである。

＊　イスラム法の解釈や適用に精通し、それに関して意見を述べる資格をもった法学の権威。国事も含めて多くの決定が、その意見書にもとづいてなされた。

エカテリーナの寛容政策は、宗教生活だけにとどまらなかった。それはまた、経済にも適用され、イスラム教地域の商人や企業家たちは、いちじるしい特権を与えられた。ただし、ここでは、自由主義は戦略的理由からきていた。女帝は、その領土から、強力な経済的ライヴァルを、すなわち中央アジアの独立イスラム首長たちを排除しようとしたのである。同時に、みずからのイスラム臣下たちを優遇することによって、かの女は、これら首長たちの市場を奪いとるつもりだった。この政策は現実に成功をおさめ、かの女は、経済的に台頭してきた「階級」からの支持を保障された。この階級は、とりわけ商人たちからなり、かの女はその活動を奨励した。

宗教的自由主義は、この地域の人民たちに平穏をもたらしたという意味においても、また良好な結果を生みだした。けれども、そこにはまた、それほど望まれていなかったとはいえ、ひとつの影響が予見されていた。イスラム化が、帝国の全イスラム教地域で、ふたたび公然と始まったのである。このイスラム教への回帰は、コーランにもとづく学校や大学の開設に促進されて、ロシアのイスラム教地域において、その伝統的・宗教的性格を強めることになった。だからこれらの地域では、イスラム保守主義が、十九世紀半ばまで優位を保つことになる。とはいえ、こうした変化を失敗とみなしてはならない。ロシアは、これら地域で、臣下の忠誠と、辺境地における国内的平穏と、最後に、将来のクリミア征服や、もっとのちのトルキスタン征服に対する支持とを手に入れたからである。

ユダヤ人共同体をとり込む？

ユダヤ人問題は、まったく違った性質のものであり、またはるかに複雑だった。おそらく、ピョートル大帝からエリザヴェータ女帝まで、矛盾した措置がしばしば採用されてきていた。たとえば、あるときは、ユダヤ人たちはロシア国外に追放された（一七二七年にエカテリーナ一世によって、ついで同四二年にエリザヴェータ女帝によってとられた措置）。「わが帝国ではすべて、ユダヤ人は禁制である」というわけだ。だがまた、あるときには、暗黙の承認によって、あるいはまた、はっきりと表明された意思によって、ユダヤ人たちは、ロシアにやって来て定住することを認められた。「商業に有用であるがゆえに」である。ただしそれは、ピョートル二世の短い治世のあいだのことである。もっと具体的に確認しておくと、帝国のユダヤ人たちは、むしろウクライナと小ロシア※に定住していたし、モスクワに到達することは、かれらにとってつねに困難だった。ロシア権力とユダヤ人たちのこうした関係を理解するには、以下のようにつけ加えておいたほうがいい。つまり、ロシアにおけるユダヤ人概念は、厳密に宗教的なものだったのである。だから、あるユダヤ人がキリスト教に改宗すれば、もはやユダヤ人とはみなされなかった。そして、このことは、いくつかの例外的な出世の例を説明している。たとえば、ピョートル゠ペトロヴィチ・シャフィーロフ男爵は、「ピョートル大帝のユダヤ人」と呼ばれ、大帝の全治世にわたって外交の長を務めた。かれはイザイア・サフィールという名の商人の息子であり、この人物はキリスト教に改宗しており、シャフィーロフ自身の説明によれば、「ツァーリの恩寵によって、キリスト教徒として、モスクワの紳士として死んだ」という。

※　帝国の県名。ドニエプル河とドン河のあいだに位置し、一六五四年にロシアに編入されたときは、まだ〔ドニエプル河の〕「左岸ウクライナ」と呼ばれていた。

帝位に就くやいなや、エカテリーナは、機をみてユダヤ人たちのロシア入国を認める立場を明らかにしなければならなかった。問題は元老院に提起され、そこでは、一定これに積極的に応えようとする傾向がみられた。エカテリーナはこのとき、ふたたび微妙な立場に陥るのではないかと恐れていた。というのも、クーデターがいまだ、すべての人々の記憶のうちにあったし、その脆弱な正統性を確たるものにするため、かの女は、妥協なき正教徒として振る舞わなければならなかったからである。しかしながら同時に、かの女は、個人的には、ユダヤ人たちに帝国の門戸を開く気になっていた。そうした決定が社会に理解されうると、確信していたからである。二者択一の両項のあいだで逡巡したあげく、かの女は結局第三の解決策を選んだ。日和見主義である。法案の検討は先送りされ、ふたたび俎上にのぼったときには、かの女は、規制含みの解答をこの問題に与えた。一七六二年一二月、ロシアへの外国人定住法に関する声明で、ユダヤ人たちはこの法から除外されたのである。とはいえ、この決定は見かけほど徹底したものではなかった。なぜなら、現実には、エカテリーナは、ユダヤ人たちの新ロシア※入植を許可したからである。この地は、植民に開放されていた。そしてエカテリーナは、新たに入植したものたちを、「新ロシアの商人[12]」と呼びさえすればいいと主張した。

※　新ロシア県は、一七六四年に、小ロシアに属する地域をもとに設置され、のちにノヴォロシイスク県となる。

だが、第一次ポーランド分割が、この問題の条件を一変させることになる。なぜなら、ベロルシアのロシア領土への併合によって、一〇万近いユダヤ人がロシアに属することになったからである。かれらはポーランドでは、かれら独自の組織体制のなかで暮らしていた。そして、その体制によって、かれらには、カトリックへの執着がきわめて強い社会で、そのアイデンティティと生活様式とを保持することができていた。そこでは、ユダヤ人共同体は、祭司《ラビ》たちによって指導され、信徒会《ケハリム》（単数では、「カハル kahal」）という枠組をもっており、この会が、ポーランド国家との関係を保障していた。この共同体はさらに、独自の法制度と税制をもっていた。この組織形態は、ロシア権力によっても維持された。ロシア権力が、個々のユダヤ人たちの要求について、大したことを知らなかったからである。だが、一定数のユダヤ人たちは、おそらく、普通法に従うことのほうを望んでいたにちがいない。
一七七二年以降、エカテリーナは、寛容の原則の名のもとに、新たに征服した地域（ポロツクとモギリョフ）の住民たちに、信仰の自由だけでなく、帝国の他の臣民たちと同様の権利と自由を享受できることを保障した。ユダヤ人たちもこの措置の対象に含まれ、かれらは、キリスト教徒と対等の地位をえた。けれども、特別条項によって、各共同体は、それまで享受していた各種自由、つまりポーランドで享受していた自由を保持してもいた。したがって、その結果として、ユダヤ人固有の組織体制、すなわちケハリム体制が維持されることとなった。これによって、ユダヤ人たちは、一七七二年以前にそうだったように、共同体生活に閉じこめられたままとなり、だれもそれを拒もうとはしなかった。[13]おそらくこの解決策では、帝国の新しい市民たちは、現実にこの帝国に同化することができなかった。もっとも教育のあるユダヤ人たちは、それを嘆いていたが、エカテリーナの考えるところでは、ユダヤ人たちに対する寛容とは、かれらの独自性すべてを認め、維持することを含んでいたのだ。

とはいえ、一七七〇年代の大改革のかずかず——とくに、一七七五年の声明[14]——は、なによりも各種ギルドを組織化したが、これによって権力側は、もっとも積極的なユダヤ人たちを、孤立からひき離すことができた。つまり一七七八年には、ベロルシアに住むこれらユダヤ人たちは、声明に列記された条件を満たして各種ギルドに加入する権利をえる。こうして、かれらは普通法の範疇に復帰し、商人を名のるものすべてと同様に一パーセントの税を支払い、税の面では信徒会《カハル》に所属しなくなっていく。さらには、徐々に、都市に住むユダヤ人たちすべてがこの途をとり、その収入にしたがって、みずからブルジョワあるいは商人を名のるようになる。これらのユダヤ人たちは、社会一般の組織体制に組みこまれて、もはやカハルには税を納めなくなり、カハルの権威はたちまち失墜する。これらの措置は、ユダヤ人たちのロシア社会への一定の同化を進める性質のものであり、同化したユダヤ人たちは、もはや自身をユダヤ人と規定しないようになる。

都市の改革が、一七八五年に採用されると(都市への恵与状――三九二―九四ページ)、それがさらにこうした変化を促す。都市に住む住民たちは、もっぱらその所属する階級《クラス》(ないしは階層《カテゴリー》)によってのみ、身分を規定されるようになり、民族性――ここでは、宗教的意味での――の原則は消滅する。すべてのブルジョワと商人は、地方行政に参画し、そこでなんらかの職務を果たす資格をえる。そして、これらの権利が、地方当局の恣意や、改革措置の狭量な解釈によって妨げられると、女帝みずからが責任当局に介入して、条文の尊重を命ずることもまれではなかった。こうして、旧ポーランド地域のユダヤ人たちは、エカテリーナのロシアにおいて、ロシア人たちと同等の市民的権利を享受する。そのうえ、ロシア人たちの多くよりも恵まれていることさえ、しばしばだった。かれらユダヤ人は、個人的自由を享受していたが、ロシア人の農奴たちにそれが認められるのは、やっと一八六一年になってからのことだからである……。

ユダヤ人と非=ユダヤ人とのあいだには、経済的動機によって、たびたび対立が起こり、これがすこしずつ、両者の身分規定を変動させることになる。対立の第一の源は、ユダヤ人たちが、農村での酒類生産を不当にもほとんど独占し、各県当局の措置に違反していたことにあった。各県当局は、なんとしても飲酒癖にブレーキをかけようとしていた。それが、農民のあいだにはびこって、ますます拡大していたからである。公権力は、この飲酒癖という、未経験で統制のしにくい行動に不安をいだいていた。またロシア人たちは、苦々しい眼で、ユダヤ人たちがこのとくに実入りのいい活動を独占するのをながめていた。こうした公権力の反応と、ロシア人たちの不満のあいだで、ほかにも危機の条件が山積していた。ロシア人の土地所有者と商人たちは、公当局へ訴えでて、かれらにとって顰蹙の種となっていることをやめさせようとした。都市のユダヤ人たちが、商人であるとブルジョワであるとを問わず、農村へやってきて、活動にいそしんでいたからである。不満をもつものたちの代表が首都に赴いて、その不満をぶちまけ、ユダヤ人たちが農村を去るか、そこでのアルコール飲料販売をやめることを求めた。この要求は聞き入れられた。一七八三年の命令で、これら不満の対象となるものたちすべてに厳命がくだる。すなわち、一般規則に従わなければならないと。いいかえれば、身分によって規定された枠内――ここでは、都市のこと――でのみ、活動を行なうべしと。この措置はすぐさま、宗教的差別とみなされた。ユダヤ人たちはこの禁令の対象となったため、かれらの不穏な動きが、各信徒会《ケハリム》の代表によって首都にもち込まれた。一七八六年、元老院は八三年の勅令を撤回する。(15)

対立の第二の源は、ユダヤ人たちのモスクワ移住からきていた。そこでは、これらユダヤ人たちの経済活動が次第に重要な位置を占め、ロシア人商人たちの関心の的となっていた。かれらは、競争の起こっていることを確認して、不安になっていたのである。このなかで、モスクワの商業者協会が女帝に助けを求め、帝室会議は、かれらの苦情を考慮することに決する。すなわち、一七九一年の命令の定めるところによって、ユダヤ人たちが商人として登録できるのは、ベロルシアにおいてのみとなり、かれらは、長期にわたってモスクワに滞在してはならないとされた。たしかに、こうした制限的措置の代替として、エカテリーナは、かれらユダヤ人たちに、新しく征服したタヴリダの地に定住し、商業を営むことを奨めた。この地が、黒海と中央アジアに開かれていて、豊かな商業的潜在性をもっていたからである。だが、こうした誘導措置も、ユダヤ人たちを納得させるに十分ではなく、かれらは依然としてモスクワに滞在することを望みつづけ、儲け仕事に出かけようとはしなかった。

ここにひとつの論争が始まるが、それは、エカテリーナ二世の治世に限定されるものではなく、来るべき二世紀にも関わっている。したがってここで、それを看過することはできない。右の措置によって、権力側は、定住区の創設に向けて一歩踏みだしたのだろうか？　のちにユダヤ人たちは、この定住区に住むよう指定されるからである。もし、エカテリーナ二世の意図を忖度してみようとするなら、答えは、たいへん確実なことに、否定的なものとなろう。一七八五—八六年の措置は、ユダヤ人たちに市民という身分規定を認めており、当時のヨーロッパではこれに並ぶものはない。そしてこのことは、ユダヤ人たちを最大限同化しようという、女帝の意思を物語っている。けれども、一方でロシア人商人たちは、自分たちの活動領域を死守しようと躍起になっていたし、他方ではユダヤ人商人たちが、ロシア各都市に居住し、仕事をしようと望んで、圧力をかけていた。女帝は、これらロシア人商人の要求や不満と、ユダヤ人商人の圧力とのあいだでひき裂かれていた。エカテリーナは、非＝キリスト教徒すべてに対して差別を避けたいと望み、また、多様な民族共同体をできるかぎり同化したいと願っていた。そしてこの二つの意思は、きわめて強いものだった。一七九〇年代初め、ロシアがイスラム教圏とカトリックのポーランドにまで拡大し、イスラム教徒とカトリック教徒がともに、急速にその数を増したからである。女帝はあるとき、ディドロに自分の意図をうち明けている。かの女は、すべての「少数民族」を利するよう、平等化の措置をとるつもりだったのである。ただし、それをもっとも時宜をえたときに実行することによって、その余波を回避しようとしていた。これら余波によって、それらの措置のいくつかが、あらためて問題となる恐れがあったからである。プガチョフの反乱の記憶が、あい変わらずかの女につきまとっていた。そしてかの女は、この反乱以来確信をもちつづけていた。すなわち、多様な共同体間に均衡を確立すること以上に、重要なことはないと。

エカテリーナはこのような配慮を示し、また、宗教問題や民族問題に寛容の精神をもって当たりたいと、つねに望んでいた。こうしたかの女の配慮と意思は、異論の余地のない結果をもたらしたはずである。ユダヤ人たちもイスラム教徒たちも、その身分規定によって、それぞれのアイデンティティを守る権利と同時に、完全に帝国市民である権利をも認められたのである。

最後に、一七九四年に、エカテリーナは、ユダヤ人住民に、キリスト教徒が納めていたのに比して二倍の税を課すことに決した。けれどもこの措置は、新ロシアに定住しているものたちには適用されなかった。そしてそこでは反対に、ユダヤ人たちは大きな税制上の特権を享受していた。たしかに右の措置は、差別的性格をもってはいた。だが、その影響を厳密に検討するに際しては、二つの補完的な指標を指摘しておいたほうがいい。まず、この二倍課税は例外ではなかった。古儀式派のものたちは、久しい以前からこれを課されていたのである。つぎに、エカテリーナが望んでいたのは、この措置によって、一定数のユダヤ人臣民が新しく植民に開かれた地域に定着するのを、なおいっそう促すことだった。この税の倍加も、これらの地域でユダヤ人に認められていた免税措置と比較すれば、十分魅力ある説得材料となったはずなのだ。だが、けっしてそうはならなかった。税制の革新は、ほとんど適用されなかったのである。そして不満感だけが残り、それは十九世紀にいちじるしい広がりをみせることになる。このとき、差別的な措置が、エカテリーナの後継皇帝たちによって、現実に採用かつ適用されたからである。

カトリック教徒と古儀式派たち――妥協

カトリック教徒たちは、エカテリーナに、これまで検討してきた問題とは、まったく異なった性質の問題を提起していた。というのも、かれらは、ロシア外部の権威と、つまりヴァティカンの権威と繋がっていたからである。正教会は、自治独立の教会だった。つまりロシアでは、国家と正教会が密接に繋がってはいたが、歴代のロシア君主は、どんなにわずかであれ、教会権力の介入を容認しはしなかった。ロマノフ王朝は、その統治下で領土を拡大し、そこにはしばしばカトリック教徒の居住地域も含まれていた。だがそうなってからも、伝統の求めるところにしたがって、教会が分裂していることよりも、ひとつのキリスト教共同体があることのほうが強調されてきた。かくして、王朝二代目ツァーリ・アレクセイは、ウクライナのカトリック教徒を容認したし、ピョートル大帝も、正教徒とカトリック教徒の共生を容認する考えを明確に示した。カトリック教徒が正教徒に対して、いかなる改宗の勧誘もしないと了解していたからである。控え目な態度を守ってさえいれば、カトリック教徒も、正教徒のあいだで自由に生きていけたし、正教徒と結婚することすらできた。ただしこの場合、生まれた子どもは、ロシア国教で洗礼を受けなければならなかったが。

治世の最初の数年間、エカテリーナは、先帝たちの中立的な姿勢に甘んじていた。たしかに一七六九年には、かの女は措置を講じて、カトリックの聖職者の任免権と、教会財産の管理権をみずからのものとした。だがそれは、カトリック共同体を分裂させた内部抗争のおかげでだった。うち続くポーランド分割によって、膨大な大きさのカトリック共同体が、ロシア国土に編入されることになる。(16)第一次分割に際しては、エカテリーナは、ベロルシアで宗教的自由を保障した。だがかの女は、カトリック教徒に対して、正教徒に対するより柔軟な体制を適用することができたのだろうか？　正教徒たちにとっては、国家が、宗務院を媒介として、正教会の体制を組織していた。だからカトリックに対しても、同一の規則ではないにしろ、同一の原則が徐々に適用されることになる。

また、ひとつの付随的問題が起こって、エカテリーナとカトリックとの関係を混乱させた。すなわち、かの女のイエズス会に対する態度のことである。イエズス会は、一七六四年にフランスから追放された。このとき女帝は、イエズス会士たちをロシアに招き、かれらはそこで、たちまちにして神学校を開設し、ロシア貴族は、かれらの子弟をそこに送るのに熱中した。一七七三年に、教皇クレメンス十四世がイエズス会の解散を決定すると、そのことが、エカテリーナに厄介な問題をもたらすことになる。かの女はすでに、教皇の権限を無視して、ロシアに、つまりモギリョフに司教区を設置し、ロシアのカトリック教徒すべてをその所属としていた。しかもそれは、ローマの決定を仰いだわけでもなければ、ヴァティカンと協議する素振りすらみせずにであった。教皇が、すべてのイエズス修道会に解散を命じたとき、かの女には、さらに踏みこんで、すでに教皇に投げつけた挑戦を押し進めることができたのだろうか？　このときは、暗黙の取り引きも考えられた。たとえば、エカテリーナが、ロシアにおけるイエズス会の活動すべてを停止することを認める。そうなれば教皇も、モギリョフ司教区に眼をつぶることができようというわけだ。この司教区が、カトリック教会の視点からみて非合法であってもである。このように、状況はきわめて複雑で、抗争と妥協とがセットになっていた。だがそのなかで、エカテリーナのほうが、力関係に関する透徹した判断によって勝負に勝つ。かの女は、イエズス会解散を命ずる教皇教書にいっさい答えようとはしなかった。ということはつまり、かの女は、イエズス会と袂を分かつことを拒否したのである。第一次ポーランド分割によって、ロシアには、きわめて多数のカトリック教徒が編入されていた。イエズス会は、そのなかに、かず多くの新しい信者と神学生をみいだしていた。これら神学生は、ローマが断罪したばかりだったにもかかわらず、この教団に加わりたいと望んだのである。そのうえイエズス会は、神学校で若ものたちを教育していただけではない。かれらはしばしば、巧妙な仲介者として、ロシア権力とポーランド人たちのあいだをとりもったのである。

この最初の実力行使——エカテリーナは、寛容の名において、この廃止された教団の擁護者をもって任じていた――にくわえて、かの女はただちに第二弾を放った。すなわち、かの女は独自にモギリョフ司教を選任したのである。[17] かの女がこれによって示そうとしたのは、ロシアにおいては、世俗権力が教会の問題をとり仕切っているということである。ただし、教義と典礼の問題には干渉せずにである。じっさいかの女は、イエズス会問題とモギリョフ司教の任命とを、いずれも行政上の事由として扱った。一七八三年、ヴァティカンは、ロシアにおける重要なカトリック教団のかずかずに対して、その権威すべてを失わないために、妥協を受けいれざるをえなくなる。モギリョフ大司教――ヴァティカンの同意をえられなかったので、エカテリーナは、かの女自身の権限で事実上大司教に昇格させた――は、「鉄腕」外交のすえようやくにではあるが、教皇特使によって叙階される。教皇は、あきらめて叙階を受けいれただけではない。この新しい高位聖職者による宣誓の文言を変更することも、認可せざるをえなかった。通常の宣誓では、高位聖職者は「異端者、離教者、われらが主に反抗するものども」に対して闘う旨言及されていた。だが、これに代えて、もっと穏やかな表現をとらなければならなくなる。ロシアの政策は寛容の精神を旨としていたし、帝国は多宗教的性格を帯びていたから、もともとの宣誓文句ではこれにそぐわなかった。そのことを口実に、エカテリーナが変更を主張したのである。ロシアの女君主はまさに、教皇に対して全宗教の旗をうち振り、それらすべてに同等の敬意を払うと宣言したのだ。かの女の友人である哲学者たちの眼からみて、かの女は、かれらの教えの名に恥じない弟子と映った。そのうえかの女は、かれらの意図を満足させて、ローマ＝カトリック教会の権威に一撃を与えた。どうしてかれらが、この独立精神の顕現に喝采しないでいられたろう?

ロシア国家は、ピョートル大帝によって正教会に対する優越を確立した。そしてエカテリーナとともに、さまざまな教会にとって――それは、キリスト教であろうと、非＝キリスト教であろうと、すべての宗教にとってのことである――、その組織と財務の基準となる権威となったのである。

最後に、エカテリーナの治世は、とくに「古儀式派」に対して好意的な時代だった。古儀式派のものたちはもはや、異端として糾弾されることもなかったし、信仰を示す服装のしるしを付ける義務もなかった。一七八五年には、公職に就くことすら認められた。かれらに対する女帝の寛容な姿勢は、さまざまな宗教に共通するかの女の接し方と同時に、すでに指摘した古儀式派の経済的役割からきていた。かの女が古儀式派の活動を奨励したため、その治世は、結果として、「古き信仰」の生活の場が注目にあたいするほど増加したことを特徴としている。それもとくにモスクワで。またポチョムキンは、古儀式派の進取の精神と勇気に魅せられて、みずからすすんでかれらを説き、南部の所領地に定住して、その手腕とエネルギーを当地にもたらすよう仕向けた。多くのものたちが、ポチョムキンの呼びかけに応えた。そうしたものたちのなかで、どうしてカザークを挙げずにいられよう？　かれらは、きわめて多くの場合「古き信仰」の信者だったし、ポチョムキンは、かれらを自分の周囲に結集して、未来の王国の軍隊を構成しようと夢みていたのである。

＊ 該当箇所不明。筆者の思い違いか？

自分たちの信仰を認知してもらう代償として、古儀式派は、宗務院の監視権をひととおり受けいれなければならなかった。とはいえ宗務院は、かれらの典礼や、さらには聖職者に対する姿勢にすら干渉することはなかった。おそらくロシア権力は、古儀式派の共同体が司祭の権威を認めることを望んでいた。いっさい司祭を認めない集団が、とくに農村で、それももっとも貧しいものたちのあいだで、相当の数にのぼり、権力側には、これらのものたちがはなはだ統制しにくいものと思われていた。しかしながら、古儀式派すべてが、差別的措置から解放されたことにかわりはない。それも、その組織原則がいかなるものであってもである。

結局のところ、エカテリーナ二世の宗教政策には、信仰と歴史的状況との多様性から、いくつかの格差が認められる。だが、それにもかかわらず、この政策の高い整合性を、どうして認めないでいられよう？　二つの点がその特徴となっている。まず、女帝の意思によって、差別的な身分規定すべてに終止符が打たれたことである。いくつかの信仰の信者たちは、それまでこうした規定に苦しめられてきていた。ユダヤ人やイスラム教徒だけでなく、古儀式派のものたちもである。つぎに、エカテリーナがつねに、あらゆる信仰に敬意と好奇心とを示していたことである。たとえばかの女は、首都における『コーラン』の出版を許可したが、かの女は、まったく正当にも、そのことを誇りとすることができる。またかの女は、いかなるかたちであれ国教への改宗政策に反対し、その臣民たちを市民的平等の基盤のうえに位置づけようと腐心した。かれらの信仰のいかんによらずにである。かの女にとって大事なことは、宗教心とさまざまな宗教とが、ロシアにおいて尊ばれることだった。また、自身の帝国の臣民が信心深いことだった。かの女は同時に、各宗教の実践生活をあらゆる側面で組織化したが、その教義と典礼とには干渉していない。それらが、自分の権限外にあると考えていたからである。ロシアでは、いくつかの原則が、聖＝俗両権力の関係を律していたが、右の姿勢は、これらの原則に則ってのことであり、対正教会との関係がそのモデルだった。

かの女の秘書官フラポヴィツキーが、ひとつの対話をその日記に書き残しているが、それは、かの女の複雑な考え方をよく示している。そこには、寛容の精神と、国家の権威を守るために配慮とだけでなく、正教とロシアの絆を維持したいという意思が混在している。この遣り取りをするのは、トルベツコイ公の農奴と、国有地農民である。「なぜ、あんたの御主人は追放されたのかね？」と、農民が農奴に尋ねる。「御主人さまが、別の神さまをお求めなすったからだよ」と、農奴が答える。「あんたの御主人は間違ったんだね。いったい、ロシアの神さまより善い神さまなぞ、みつけられるもんかね？」[18]というわけである。指摘しておかなければならないだろうか？　トルベツコイ公がその領地に「追放」された（居住地拘束処分を受けた）のは、「ノヴィコフとともに陰謀を企てて、皇太子をフリーメーソンの列に加えようとしたからだ」ということを。このノヴィコフ事件に関しては、のちに再度触れることとなろう〔六一七―一九ページ〕。ここでは、以下のことを強調しておけば十分である。すなわち、「別の神さま」とは、フリーメーソンたちが求めていた――すくなくともかれらは、それで糾弾されていた――神にほかならないのである。

さまざまな宗教と、あらゆる信仰の信者たちとに対する処遇に関していえば、エカテリーナの治世は、結局のところ、なによりもまず、公正と寛容とへの意思を特徴としている。そしてこの意思は、ヨーロッパの他の地域では、つねにこれほど明白にみられたわけではない。治世が進行すればするほど、この傾向は強まっていく。神を信ずるものたちにとって、キリスト教徒であろうと、非＝キリスト教徒であろうと、ヴォルテールの弟子の治世は、祝福された時期だったのだ！

著者紹介

エレーヌ・カレール＝ダンコース
(Hélène CARRÈRE D'ENCAUSSE)

ロシアおよび中央アジアを専門とする歴史学者・国際政治学者。アカデミー・フランセーズ終身幹事、欧州議会議員。パリの政治学院卒、ソルボンヌ大学で歴史学博士号、さらに同校で文学・人文科学国家博士号を取得、母校で教鞭を執った。ソ連崩壊の10数年前にその崩壊を実証的に予言した『崩壊したソ連帝国』(1978)は世界的なベストセラーとなり、以降もソ連・ロシアに関する話題作をコンスタントに出版、ロシア研究の世界的第一人者としての地位を確立する。主な著書に、『民族の栄光』(1990)、『甦るニコライ二世』(1996)(邦訳は何れも藤原書店)、『レーニン』(1998)『未完のロシア』(2000)(共に邦訳・藤原書店近刊) など多数。

訳者紹介

志賀亮一（しが・りょういち）

1947年生まれ。東京都立大学大学院人文研究科仏文専攻博士課程中退。京都橘女子大学教授。フランス現代文学・女性史専攻。主要訳書、G・デュビィ＋M・ペロー監修『女の歴史』全5巻10分冊、M・ペロー編『女性史は可能か』、H・ヒラータ他編『読む事典・女性学』(以上、監訳、藤原書店)、G・デュビィ編『女のイマージュ』(共訳、藤原書店)、H・カレール＝ダンコース『ソ連邦の歴史Ⅱ』(新評論) など。

エカテリーナ二世　上
——十八世紀、近代《きんだい》ロシアの大成者《たいせいしゃ》——

2004年7月30日　初版第1刷発行©

訳者　志賀亮一
発行者　藤原良雄
発行所　株式会社　藤原書店

〒162-0041　東京都新宿区早稲田鶴巻町523
TEL　03 (5272) 0301
FAX　03 (5272) 0450
振替　00160-4-17013

印刷・製本　中央精版

落丁本・乱丁本はお取り替えします
定価はカバーに表示してあります

Printed in Japan
ISBN4-89434-402-5

今世紀最高の歴史家、不朽の名著の決定版

地中海〈普及版〉

LA MÉDITERRANÉE ET LE MONDE MÉDITERRANÉEN À L'ÉPOQUE DE PHILIPPE II
Fernand BRAUDEL

フェルナン・ブローデル　浜名優美訳

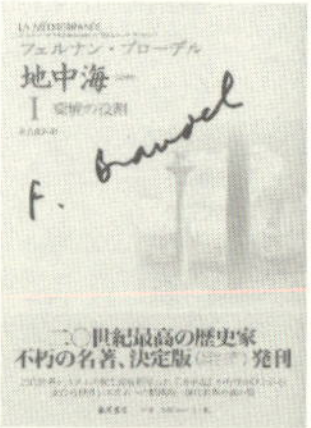

新しい歴史学「アナール」派の総帥が、ヨーロッパ、アジア、アフリカを包括する文明の総体としての「地中海世界」を、自然環境、社会現象、変転極まりない政治という三層を複合させ、微視的かつ巨視的に描ききる社会史の古典。国民国家概念にとらわれる一国史的発想と西洋中心史観を無効にし、世界史と地域研究のパラダイムを転換した、人文社会科学の金字塔。

●第 32 回日本翻訳文化賞、第 31 回日本翻訳出版文化賞、初の同時受賞作品

全五分冊　菊並製　**各巻 3, 800 円**

大活字で読みやすい決定版。各巻末に、第一線の社会科学者たちによる「『地中海』と私」、訳者による「気になる言葉――翻訳ノート」を付し、〈藤原セレクション〉版では割愛された索引、原資料などの付録も完全収録。

I　環境の役割　656 頁

・付　気になる言葉――翻訳ノート　1・2・3　浜名優美
『地中海』と私　1　のびゆく本――『地中海』　L・フェーヴル
2　変動局面の人間、ブローデル／『地中海』と日本　I・ウォーラーステイン
3　文明の衝突と借用　山内昌之
4　東南アジア史と『地中海』　石井米雄

II　集団の運命と全体の動き　1　520 頁（2004 年 2 月刊）◇4-89434-377-0

・付　気になる言葉――翻訳ノート　4・5　浜名優美
『地中海』と私　5　豊饒の海、地中海――中東・イスラームの視点から　黒田壽郎
6　地中海世界とアフリカ　川田順造

III　集団の運命と全体の動き　2　448 頁

・付　気になる言葉――翻訳ノート　6・7　浜名優美
『地中海』と私　7　新しい人類史へと誘う書　網野善彦
8　市場・資本主義・歴史　榊原英資

IV　出来事、政治、人間　1　504 頁

・付　気になる言葉――翻訳ノート　8・9　浜名優美
『地中海』と私　9　事件史と『地中海』――国際関係史の視点から　中西輝政
10　地球史（グローバル・ヒストリー）へのプレリュード　川勝平太

V　出来事、政治、人間　2　488 頁

・付　原資料（手稿資料／地図資料／印刷された資料／図版一覧／写真版一覧）
索引（人名・地名／事項）
気になる言葉――翻訳ノート 10　浜名優美
『地中海』と私 11　想像力の歴史家、フェルナン・ブローデル　P・ブローデル

表示価格は本体価格

20世紀最高の歴史家が遺した全テクストの一大集成

LES ÉCRITS DE FERNAND BRAUDEL

ブローデル歴史集成（全三巻）

浜名優美監訳

2004年1月発刊　Ａ５上製　各巻750頁平均　予 **9500円**平均

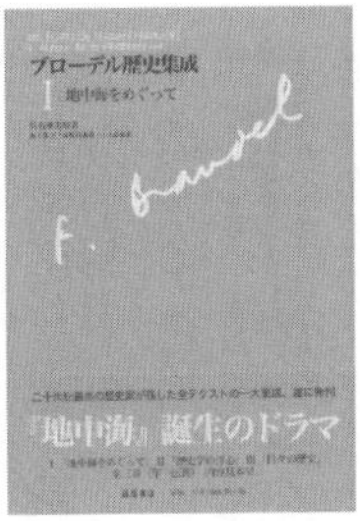

第Ⅰ巻　地中海をめぐって *Autour de la Méditerranée*

初期の論文・書評などで構成。北アフリカ、スペイン、そしてイタリアと地中海をめぐる諸篇。（坂本桂子・高塚浩由樹・山下浩嗣訳）

736頁　**9500円**（2004年1月刊）◇4-89434-372-X

第Ⅱ巻　歴史学の野心 *Les Ambitions de l'Histoire*

第二次大戦中から晩年にいたるまでの理論的著作で構成。『地中海』『物質文明・経済・資本主義』『フランスのアイデンティティ』へと連なる流れをなす論考群。（2005年1月刊予定）

第Ⅲ巻　日々の歴史 *L'Histoire au quotidien*

ブラジル体験、学問世界との関係、編集長としての『アナール』とのかかわり、コレージュ・ド・フランスにおける講義などの体験が生み出した多様なテクスト群。（2006年1月刊予定）

史上最高の歴史家、初の本格的伝記

ブローデル伝

P・デックス

浜名優美訳

歴史学を革命し人文社会科学の総合をなしとげた史上初の著作『地中海』の著者の、知られざる人生の全貌を初めて活写する待望の決定版伝記。

付／決定版ブローデル年表、ブローデル夫人の寄稿、著作一覧、人名・書名索引

Ａ５上製　七二〇頁　**八八〇〇円**

（二〇〇三年二月刊）

◇4-89434-322-3

BRAUDEL　Pierre DAIX

ブローデル史学のエッセンス

入門・ブローデル

I・ウォーラーステイン　P・ブローデル他

浜名優美監修　尾河直哉訳

長期持続と全体史、『地中海』誕生の秘密、ブローデルとマルクス、ブローデルと資本主義、人文社会科学の総合化、その人生……。不世出の全体史家の問題系のエッセンスをコンパクトに呈示する待望の入門書！

付／ブローデル小伝（浜名優美）

四六変上製　二五六頁　**二四〇〇円**

（二〇〇三年三月刊）

◇4-89434-328-2

PRIMERAS JORNADAS BRAUDELIANAS

表示価格は本体価格

五〇人の識者による多面的読解

『地中海』を読む

I・ウォーラーステイン、網野善彦、川勝平太、榊原英資、山内昌之ほか

各分野の第一線でいま活躍する五〇人の多彩な執筆陣が、今世紀最高の歴史書『地中海』の魅力を余すところなく浮き彫りにする。アカデミズムにとどまらず、各界の「現場」で新時代を切り開くための知恵に満ちた、『地中海』の全体像が見渡せる待望の一書。

A5並製　二四〇頁　**二八〇〇円**
（一九九九年一二月刊）
◇4-89434-159-X

世界初の『地中海』案内

ブローデル『地中海』入門

浜名優美

現実を見ぬく確かな眼を与えてくれる最高の書『地中海』をやさしく解説。大著の引用を随所に示し解説を加え、大著の読解を道案内。全巻完訳を果した訳者でこそ書きえた『地中海』入門書の決定版。付録――『地中海』関連書誌、初版・第二版目次対照表ほか多数。

四六上製　三〇四頁　**二八〇〇円**
（二〇〇〇年一月刊）
◇4-89434-162-X

陸中心史観を覆す歴史観革命

海から見た歴史

（ブローデル『地中海』を読む）

川勝平太編

陸中心史観に基づく従来の世界史を根底的に塗り替え、国家をこえる海洋ネットワークが形成した世界史の真のダイナミズムに迫る、第一級の論客の熱論。**網野善彦／石井米雄／ウォーラーステイン／川勝平太／鈴木董／二宮宏之／浜下武志／家島彦一／山内昌之**

四六上製　二八〇頁　**二八〇〇円**
（一九九六年三月刊）
◇4-89434-033-X

ブローデルの“三つの時間”とは？

ブローデル帝国

F・ドス編
浜名優美監訳

構造／変動局面／出来事というブローデル的「三つの時間」の問題性の核心に迫る本格作。**フェロー、ル＝ゴフ、アグリエッタ、ウォーラーステイン、リピエッツ他**、歴史、経済、地理学者がブローデル理論の全貌を明かす。

A5上製　二九六頁　**三八〇〇円**
（二〇〇〇年五月刊）
◇4-89434-176-X

BRAUDEL DANS TOUS SES ÉTATS
EspaceTemps 34/35

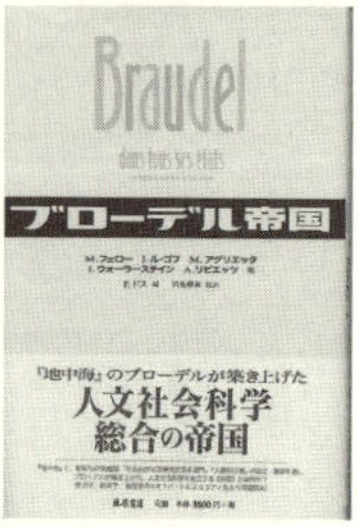

表示価格は本体価格

アナール派が達成した“女と男の関係”を問う初の女性史

女の歴史

HISTOIRE DES FEMMES
sous la direction de
Georges DUBY et Michelle PERROT

（全五巻 10 分冊・別巻二）

ジョルジュ・デュビィ、ミシェル・ペロー監修
杉村和子・志賀亮一監訳　　Ａ５上製

アナール派の中心人物、Ｇ・デュビィと女性史研究の第一人者、Ｍ・ペローのもとに、世界一級の女性史家 70 名余が総結集して編んだ、「女と男の関係の歴史」をラディカルに問う“新しい女性史”の誕生。広大な西欧世界をカバーし、古代から現代までの通史としてなる画期的業績。伊、仏、英、西語版ほか全世界数十か国で刊行中の名著の完訳。

Ⅰ　**古代 ①②**　　**Ｐ・シュミット=パンテル編**
Ａ５上製　各 480 頁平均　**各 6800 円**（①2000 年 3 月刊、②2001 年 3 月刊）
①◇4-89434-172-7　②◇4-89434-225-1
（執筆者）ロロー、シッサ、トマ、リサラッグ、ルデュック、ルセール、ブリュイ=ゼドマン、シェイド、アレクサンドル、ジョルグディ、シュミット=パンテル

Ⅱ　**中世 ①②**　　**Ｃ・クラピシュ=ズュベール編**
Ａ５上製　各 450 頁平均　**各 4854 円**（1994 年 4 月刊）
①◇4-938661-89-6　②◇4-938661-90-X
（執筆者）ダララン、トマセ、カサグランデ、ヴェッキオ、ヒューズ、ウェンプル、レルミット=ルクレルク、デュビィ、オピッツ、ピポニエ、フルゴーニ、レニエ=ボレール

Ⅲ　**16 ～ 18 世紀 ①②**　　**Ｎ・ゼモン=デイヴィス、Ａ・ファルジュ編**
Ａ５上製　各 440 頁平均　**各 4854 円**（1995 年 1 月刊）
①◇4-89434-007-0　②◇4-89434-008-9
（執筆者）ハフトン、マシューズ=グリーコ、ナウム=グラップ、ソネ、シュルテ=ファン=ケッセル、ゼモン=デイヴィス、ボラン、ドゥゼーヴ、ニコルソン、クランプ=カナベ、ベリオ=サルヴァドール、デュロン、ラトナー=ゲルバート、サルマン、カスタン、ファルジュ

Ⅳ　**19 世紀 ①②**　　**Ｇ・フレス、Ｍ・ペロー編**
Ａ５上製　各 500 頁平均　**各 5800 円**（1996 年①4 月刊、②10 月刊）
①◇4-89434-037-2　②◇4-89434-049-6
（執筆者）ゴディノー、スレジエフスキ、フレス、アルノー=デュック、ミショー、ホック=ドゥマルル、ジョルジオ、ボベロ、グリーン、マイユール、ヒゴネット、クニビレール、ウォルコウィッツ、スコット、ドーファン、ペロー、ケッペーリ、モーグ、フレス

Ⅴ　**20 世紀 ①②**　　**Ｆ・テボー編**
Ａ５上製　各 520 頁平均　**各 6800 円**（1998 年①2 月刊、②11 月刊）
①◇4-89434-093-3　②◇4-89434-095-X
（執筆者）テボー、コット、ソーン、グラツィア、ボック、ビュシー=ジュヌヴォワ、エック、ナヴァイユ、コラン、マリーニ、パッセリーニ、ヒゴネット、ルフォシュール、ラグラーヴ、シノー、エルガス、コーエン、コスタ=ラクー

表示価格は本体価格

現代ロシア理解の鍵

甦るニコライ二世

（中断されたロシア近代化への道）

H・カレール＝ダンコース

谷口侑訳

革命政権が中断させたニコライ二世の近代化事業を、いまプーチンのロシアが再開する！　ソ連崩壊を予言した第一人者が、革命政権崩壊により公開された新資料を駆使し、精緻な分析と大胆な分析からロシア史を塗り替える。

四六上製　五二八頁　**三八〇〇円**

（二〇〇一年五月刊）

◇4-89434-233-2

NICOLAS II

Hélène CARRÈRE D'ENCAUSSE

アナール派、古典中の古典

〈FS版〉新しい歴史

（歴史人類学への道）

E・ル＝ロワ＝ラデュリ

樺山紘一・木下賢一・相良匡俊・中原嘉子・福井憲彦訳

［新版特別解説］黒田日出男

『新しい歴史』を左手にもち、右脇にかの講談社版『日本の歴史』を積み上げているわたしは、両者を読み比べてみて、たった一冊の『新しい歴史』に軍配をあげたい気分である。」

B6変並製　三三六頁　**二〇〇〇円**

（一九九一年九月／二〇〇二年一月刊）

◇4-89434-265-0

LE TERRITOIRE DE L'HISTORIEN

Emmanuel LE ROY LADURIE

自然科学・人文科学の統合

気候の歴史

E・ル＝ロワ＝ラデュリ

稲垣文雄訳

ブローデルが称えた伝説的名著ついに完訳なる。諸学の専門化・細分化が進む中、知の総合の企てに挑戦した野心的大著。関連自然科学諸分野の成果と、歴史家の独擅場たる古文書データを総合した初の学際的な気候の歴史。

A5上製　五一二頁　**八八〇〇円**

（二〇〇〇年六月刊）

◇4-89434-181-6

HISTOIRE DU CLIMAT DEPUIS L'AN MIL

Emmanuel LE ROY LADURIE

全体を俯瞰する百年物語

「アナール」とは何か

（進化しつづける「アナール」の一〇〇年）

I・フランドロワ編

尾河直哉訳

十三人の巨匠の「肉声」で綴る世界初の画期的企画、日仏協力で実現。「歴史学」を超え、人文社会・自然科学の総合という野心を抱き出発した、いまだその全貌を知られざる「新しい歴史学」とは何か。**グベール、ショーニュ、フェロー、ル＝ゴフ、ル＝ロワ＝ラデュリ、コルバン、シャルチエほか**

四六上製　三六八頁　**三三〇〇円**

（二〇〇三年六月刊）

◇4-89434-345-2

表示価格は本体価格